동아시아
한국학
자료총서 1

小方壺齋輿地叢鈔 朝鮮篇

소방호재여지총초 조선편

인 하 대 학 교
한국학연구소 편

인하대학교출판부

• 왕석기(王錫祺: 1855~1913)

清末의 藏書家이자 지리학자. 江蘇省 淸河縣(지금의 淮陽市) 사람이다. 字는 壽萱, 號는 瘦冉이다. 小方壺齋는 淮安城 안에 있던 왕석기의 書室名으로, 『續淸河縣志』에 의하면 그의 장서가 수만 권에 달했다고 한다. 1891년(光緖 17)부터 1901년(光緖 27)까지 『小方壺齋輿地叢鈔』 初編·補編·再補編·三補編을 차례로 편찬·간행하였다. 그밖에 『小方壺齋叢書』·『中外遊記匯編』·『續山陽詩徵』·『小方壺齋詩存』·『辟邪錄』 등의 저술이 있다.

• 소방호재여지총초(小方壺齋輿地叢鈔)

清末 왕석기가 편찬한 세계 지리총서이다. 1891년(光緖 17) 初編 1,197종이 간행된 이래, 1894년(光緖 20) 補編 55종, 1897년(光緖 23) 再補編 180종이 上海 著易堂에서 新式活字로 출판되었다. 그리고 1901년(光緖 27) 三補編 96종이 편찬되었는데, 현재 大連市圖書館에 筆寫本이 소장되어 있다. 중국 및 해외 여러 나라에 관한 저술들을 모아 지역별로 엮은 대형 총서로, 각 지역의 역사·풍속·교통·물산 등과 관련된 방대한 인문지리 정보를 담고 있다.

간행사

20세기 한국학은 식민지와 분단 시대를 넘으면서 서구주의를 보편성으로 수용하는 한편 민족주의적 특수성의 정당성을 옹호하는 두 편향을 주기적으로 반복하는 모습을 보여 왔다. 근대와 전통, 보편과 특수, 서양과 동양, 세계와 민족 사이에서 양자택일의 강요는 자리를 바꾸고 차원을 달리하면서 상쟁의 자기장을 형성하였다. 21세기 들어 동아시아로의 우회로를 통해 한국학의 지평을 일신하려는 시도는 그래서 제3의 길로서 주목되고 있다. '동아시아한국학'의 제창은 바로 그런 맥락에 놓여 있다.

인하대학교 인문학부 소속의 한국어문학, 사학, 철학, 문화콘텐츠 전공은 한국학의 동아시아적 융합의 필요성을 절감하고 대학원에 한국학과정을 합동으로 개설하였다. 동아시아 각국으로부터 한국학을 공유하고자 쇄도하는 유학생의 행렬, 그리고 이를 계기로 동아시아를 향해 열린 시각을 갖추고자 하는 우리의 학술적 자세가 결합한 결과다. 그렇지만 한국학 연구에서 융합적 방법론의 창출 없이는 동아시아한국학의 학제적 안착을 낙관하기는 어려울 것이다.

본 연구소에서 한국연구재단의 인문한국사업Humanities Korea Project에 동참하여 '동아시아 상생과 소통의 한국학Koreanology for East-Asia Community'을 내세운 것은 한국학 연구의 융합적 방법론을 인문학적 차원에서 모색하기 위한 것이다. 우리의 프로젝트는 동아시아한국학을 학제적學際的 국제적國際的 연구영역으로서 정립하여 승자와 패자를 구분 짓는 20세기 상쟁相爭의 전장을 벗어나 이웃과 생산적 연대를 맺는 21세기 상생相生의 보금자리를 틀고자 한다. 제국주의적 발상에서 구조화된 지역학의 전략적 일방성을 벗어나 쌍방향적 소통을 제안한 것은 이 때문이다.

21세기 한국학을 재구축하려는 동아시아로의 우회로에도 복병은 있다. 동아시아를 자기 중심의 위계로 재구축하려는 상쟁적 의지는 과거의 위대한 역사를 재현하려는 열망과 얽혀 새로운 형태로 반복 재생된다. 이제 상생의 길은 융합과 교섭에 있다고 본다. 우선, 한국학 내부에서 인문학의 융합이 필요하다. 어학·문학·역사·철학·문화의 기계적 조합이 아닌 화학적 융합이 요청된다. 그리고 그 효과는 사회과학과 자연과학에도 미쳐야 한다. 나아가, 동아시아 각국의 한국학 및 자국학과의 교섭도 확대되어야 한다. 탄생 단계에 있는 동아시아 각국의 한국학과 쌍방향적 시선의 교환이 필요할 뿐 아니라 그 지역 자국학과의 만남도 절실하다. 중국학, 일본학에 머물지 않고 동아시아의 범주를 동남아시아에 이르기까지 확대하고 아시아 전체에도 미칠 수 있어야 할 것이다.

'동아시아한국학 자료총서'는 일국학一國學의 제한을 넘어 동아시아라는 새로운 지평 위에서 한국학을 바라보기 위한 기초 작업으로서 의미를 지닌다. 본 연구소는 동아시아한국학 자료총서의 간행을 통하여 국경의 바깥에서 이방인들이 바라보았던 한국 및 동아시아 각 지역의 역사상을 상호 비교하는 한편, 민족주의의 시야에서 벗어나 있다는 이유로 우리의 인식 범위에 들어오지 못했던 동아시아적 현상들을 재발견하고자 한다. 그리고 이러한 작업들을 토대로 삼아 한국학의 타자성과 복수성을 재인식하는 한편, 해외에 존재하는 복수複數의 한국학과의 소통을 통해 동아시아의 이웃들과 미래지향적인 동반자가 되는 데 기여하는 한국학을 정립하고자 한다. 동아시아한국학 자료총서가 바로 수천 년 동안 사상과 제도, 문화와 역사를 공유해 온 동아시아의 전통을 다시 성찰하고 '상생'의 한국학을 창조해 내는 발판이 될 것이라 믿는다.

2010년 7월

인하대학교 한국학연구소장

이 영 호

解題

우 경 섭*

1. 머리말

인하대학교 한국학연구소는 지난 2007년부터 "동아시아 상생과 소통의 한국학"이라는 아젠다 아래 HK사업을 수행 중에 있다. 동아시아의 상생과 소통을 위한 학문적 방법으로서 새로운 한국학의 패러다임을 수립하고자 하는 본 연구소는 그간의 한국학 연구가 안고 있던 일국주의의 한계를 극복하려는 목표 아래 동아시아라는 매개를 설정하였다. 그리고 한국 사회의 타자성他者性과 복수성複數性에 대한 재인식에 기반하여 한국·한국학에 대한 인식의 계보를 정리, 구축하는 일을 연구의 목표로 삼았다. 기존 한국학에서 배제되고 망각되어 온 우리 사회의 타자성과 복수성을 동아시아적 맥락에서 재구성하여, 한국학이 고립적으로 존재하지 않으며 동아시아 각국과의 관련 하에서 인식될 때 더욱 풍요로워질 수 있음을 확인하고자 하는 것이다.

이를 위해 본 연구소는 "복수(複數)의 한국학"이라는 개념을 도입하였다. 이는 동아시아 각국에서 수행되어 온 한국학 연구들과 호

* 인하대학교 한국학연구소 HK교수

환적으로 연대하기 위한 새로운 방법론으로, 각국의 국민국가적 시각에 따라 구성된, 자국학의 연장으로서 한국학이라고 할 수 있다. 이때 복수의 한국학 전통 속에서 형성되어 온 문헌들에 대한 검토는 현재 한국학의 일국주의적 면모를 반성하고 상생과 소통의 새로운 한국학 방법론을 정립하는데 필수적 과제이다. 이는 복수의 한국학과의 소통을 통해 우리의 자국학인 한국학뿐 아니라 동아시아 각국의 자국학도 재구축될 수 있는 논리적 근거를 마련하는 문명사적 작업이기도 하다.

본 연구소는 그 같은 연구 목표 아래 한국에 대한 외국인들의 시선에 각별한 주목을 기울이고 있다. 그리고 외국인들이 한국에 대해 남긴 문헌들을 정리하여 '동아시아한국학 자료총서'의 일환으로 정리하여 출간하는 사업을 진행 중에 있다. 본서는 그 첫 번째 결과물로, 중국 청말清末의 지리학자 왕석기王錫祺(1855~1913)가 편찬한 지리지인 『소방호재여지총초小方壺齋輿地叢鈔』 가운데 수록된 한국 관련 문헌들을 입력하고 표점 및 교감 작업을 수행한 성과물이다.

2. 『소방호재여지총초』의 저자 및 체재[1)]

『소방호재여지총초』는 1998년 순천향대 박현규朴現圭 교수에 의해 처음으로 한국 학계에 소개되었다.[2)] 한국 관련 중국 문헌들에

---

1) 『소방호재여지총초』의 편찬 과정 및 내용에 관해서는 다음의 연구들을 참조할 것. 吳豊培, 「王錫祺與小方壺齋輿地叢鈔及其他」, 『中國邊疆史地硏究』 1995-1; 박현규, 「청말 王錫祺 小方壺齋輿地叢鈔 중 한국지역학 문헌: 19세기 중국에서 본 한국 자료」, 『정신문화연구』 73, 1998; 박정현, 「19세기 말 조선에 온 중국인의 조선 인식: 王錫祺, 小方壺齋輿地叢鈔를 중심으로」, 『中國學報』 51, 2005.

2) 박현규, 위의 글 참조.

대한 발굴 및 연구에 오랜 기간 매진해 온 박현규 교수는 그 이듬해 『소방호재여지총초』에 수록된 35편의 글을 표점·교감하고 상세한 해제를 덧붙여 『19세기 中國에서 본 韓國 資料: 청말 王錫祺 ≪小方壺齋輿地叢鈔≫ 중 韓國 地域學 文獻』(亞細亞文化社, 1999)을 편찬·간행하였는데, 이를 통해 『소방호재여지총초』의 개괄적인 내용 및 거기에 수록된 한국 관련 자료들의 전모가 알려지게 되었다.

『소방호재여지총초』의 편자 왕석기는 강소성江蘇省 청하현淸河縣(지금의 회양시淮陽市) 출신으로, 그의 조부는 염상鹽商이었다. 당시 그 지역에서 엄청난 부를 축적한 염상들의 후손들 가운데 다수의 고증학자들이 배출되었던 정황을 감안하면, 그 역시 어린 시절부터 고증학풍을 익히 접하며 학문적으로 성장했던 듯하다. 회안성淮安城 안에 있던 그의 서실 '소방호재小方壺齋'에는 수 만권에 달하는 서적이 소장되어 있었다고 한다.

왕석기는 1891년부터 1901년까지 중국 및 해외 여러 나라의 지리 및 풍속에 관한 저술들을 모아 지역별로 재편집한 『소방호재여지총초』를 편찬하였다. 당시 『해국도지海國圖志』와 『영환지략瀛環志略』의 보급에서 엿볼 수 있듯이, 서구의 충격으로 말미암아 전통적 천하관天下觀에서 벗어나게 되었던 당대 중국 지식인들의 고민이 편찬의 근본적인 원인이었을 것이다.

『소방호재여지총초』는 1891년 초편初編 1,200종이 간행된 이래, 1894년 보편補編 58종, 1897년 재보편再補編 180종이 상해上海 저역당著易堂에서 신식활자新式活字로 출판되었다. 그리고 1901년 삼보편三補編 96종이 편찬되었는데, 대련시도서관大連市圖書館에 필사본이 남아 있다. 그 가운데 초편에서 재보편까지 총 84책은 현재 서울대학교 중앙도서관 고문헌자료실에 소장되어 있는데, 본서는 서울대 소장본을 저본으로 삼고 박현규 교수의 위의 책을 참조하여 엮은 것이다. 아울러 삼보편에 수록된 글들은 2004년의 영인본을 저본으로 삼았다.

『소방호재여지총초』의 간행 현황

	간행연도	출판사	질수	종수	영인본
初編	1891년(光緒 17)	上海著易堂	12	1200	臺灣 學生書局(1975) 杭州古籍書店(1985)
補編	1894년(光緒 20)	上海著易堂	12	58	
再補編	1897년(光緒 23)	上海著易堂	12	180	
三補編	1901년(光緒 27)	未刊行稿本 (大連圖書館藏)	12	96	杭州西泠印社(2004) 遼海出版社(2006)

3. 『소방호재여지총초』 수록 조선 관련 문헌의 내용

본서는 『소방호재여지총초』에 수록된 조선 관련 문헌 총 34편을 모아 엮은 것이다. (1)편에서 (22)편까지는 초편 제10질 49책, (23)편에서 (24)편까지는 초편 제10질 50책, (25)편은 보편 제10질 67책, (26)편에서 (30)편까지는 재보편 제10질 75책, (31)편에서 (34)편까지는 삼보편 제11질 95책에 수록되어 있다. 각 편의 내용을 개략적이나마 살펴보면 다음과 같다.

(1) 동남삼국기東南三國記

청 가경 연간의 학자 강등운江登雲이 중국 동남방에 위치한 조선, 안남安南, 류구琉球 등 3국의 형세에 관하여 기록한 글이다. 기자箕子로부터 시작되어 한사군, 삼국, 고려를 거쳐 이어지는 조선의 역사와 더불어 안남·유구의 위치, 규모, 역대 왕조에 관한 내용이 함께 수록되어 있다. 저자는 먼 옛날부터 중국에 조공한 이들 세 나라가 중국의 영토나 다름이 없으며 의복과 문물에 중화의 풍습이 남아 있으므로 여타 나라들이 미칠 수 없는 바라는 평을 남기고 있다.

(2) 고려논략高麗論略

청 도광-함풍 연간의 학자 주봉갑朱逢甲이 조선의 지세와 특산에 관하여 서술한 글이다. 저자 주봉갑은 강소성 화정인華亭人으로, 중국 역대의 첩자들에 관한 연구서인 『간서間書』를 저술하였다. 이 글에서는 조선과 중국의 경계, 8도의 주요 도서 및 산세 등을 기록하였고, 특산물로서 인삼·종이·베·붓·먹·약재 등에 대해 소개하였다.

(3) 조선고략朝鮮考略

청 광서 연간의 지리학자 공시龔柴가 저술한 『오주도고五洲圖考』 가운데 조선과 관련된 부분을 초록한 글이다.[3] 조선의 형세 전반에 관한 총 5개의 단락으로 구성되었다. 첫째는 조선의 역사에 관한 내용으로, 기자 이래 삼국과 고려 왕조를 거쳐 19세기 후반 개항에 이르는 시기에 관하여 간략히 서술하였는데, 특히 중국과의 국경 및 외교 관계가 중심을 이룬다. 둘째는 조선의 관직, 행정·군사 제도, 일반 백성들의 풍속에 관하여 서술한 부분인데, 5군영 및 유수부를 비롯한 조선의 방어체제에 대한 지대한 관심을 엿볼 수 있다. 셋째는 산과 강을 중심으로 조선의 자연환경에 대하여 서술

3) 朴現圭, 『19세기 中國에서 본 韓國 資料: 청말 王錫祺 ≪小方壺齋輿地叢鈔≫ 중 韓國 地域學 文獻』(亞細亞文化社, 1999), 56쪽 참조.

한 부분인데, 백두산과 도문강圖門江에 대한 상세한 언급이 주목된다. 넷째는 최치원崔致遠·최광유崔匡裕·정몽주鄭夢周·이색李穡 등으로부터 서거정徐居正·신숙주申叔舟·허봉許篈·허균許筠 등 중국에 이름이 알려진 조선인들에 대하여 기술한 내용이다. 다섯째는 물산에 관한 부분으로, 금·은·동·철, 인삼과 황칠黃漆 등 특산물을 소개한 내용이다. 여타의 기록들과 견주어 볼 때, 그 내용이 비교적 상세하고 정확하다.

(4) 정무조선기征撫朝鮮記

『해국도지』의 저자 위원魏源(1794~1857)이 저술한 『성무기聖武記』의 일부로, 정묘·병자호란에 대한 중국 측의 대표적인 기록이다. 강홍립姜弘立 파병, 모문룡毛文龍 문제, 한윤韓潤의 망명 등을 기화로 정묘호란이 발발하고 청군이 한성을 점령하여 형제의 관계를 맺게 된 과정, 그리고 강화 이후 조선이 도주인 쇄환 및 호시互市 개설의 약속을 지키지 않자 다시 군대를 일으켜 정벌하여 남한산성을 함락하고 삼전도의 항복을 받아내는 과정을 청조의 시각 아래 서술하였다. 또한 병자호란 이후에도 정명전征明戰에 조선을 참여시키고 강희 이후 건륭제에 이르기까지 세공을 감면해 주는 등, 청조가 조선을 한 집안같이 대하며 은혜를 베풀었던 사실을 강조하고 있다.

(5) 조선소기朝鮮小記

정조대 북학파北學派 학자 중 하나인 척재惕齋 이서구李書九(1754~1825)의 동생 이소구李韶九의 저술이다. 조선의 풍속에 관한 12조의 짤막한 언설을 모아놓은 글로, 장원급제자의 면신례免新禮, 한무제가

보냈다는 팽오彭吳의 비석 위치, 감악산의 설인귀薛仁貴 공적비, 한양성의 인구, 설날의 민간 풍속 등에 관하여 서술하였다.

(6) 고려형세高麗形勢

청말의 학자 오종사吳鍾史가 조선 팔도의 지리적 환경에 대하여 서술한 글이다. 아래 「조선풍토약술」과 비교해 볼 때 비교적 정돈된 체재와 내용을 갖추었다. 팔도의 위치, 경계, 특산, 기후, 풍속 등에 관한 내용이 주를 이루는데, 특히 인천·원산·부산 등 개항장에 주목하며 중국의 입장에서 조선의 역할에 대한 기대를 피력하였다. 저자는 중국의 동북과 인접한 지역으로서 조선의 전략적 가치에 대해 관심을 기울이는 가운데, 조선인들이 고루한 습속을 개혁하고 부국강병을 추구하지 않는다면 10년 이후 조선의 처지가 어찌될지 알 수 없다고 예측하였다. 그러나 조선의 자원과 토산이 일본에 못지않으며 사람들의 성품 또한 강건하기 때문에, 과거의 구태를 반성하고 일신한다면 스스로를 보전하는 계책[自全之術]을 이룰 수 있을 뿐 아니라 조선에 대한 중국의 우환[東顧之憂]도 사라질 것이라 기대하고 있다. 대체로 조선과 중국이 기각掎角의 형세를 이루어 일본의 침략에 대비해야 할 것이라는 입장 아래 서술된 내용이다.

(7) 조선풍토약술朝鮮風土略述

오종사가 조선의 지리적 환경 및 풍속·문화에 관하여 간략하게 서술한 글이다. '변방'의 조선 문화가 기자 이래 3천년의 역사를 가지고 있지만 그 풍속이 매우 낙후하였음을 지적함이 두드러진다.

조선인들이 쉽게 더러워지는 흰 옷을 즐겨 입으며 관리들에게 굴종하는 풍속, 한결같이 작고 초라한 주택들과 불결한 거리, 미신에 대한 지극한 숭배 등 문화적 우월감에 기반하여 조선 문화를 비판적으로 바라보는 태도가 드러난다. 다만 한글의 자모 및 그 활용 방법을 소개하며 이해하기 쉬움을 서술한 내용이 주목된다.

(8) 고려풍속기高麗風俗記

조선의 풍속에 관한 32조의 기록으로, 저자가 누구인지는 알 수 없으나 본문의 내용으로 미루어 보아 19세기 말 조선을 방문했던 서양인이 남긴 글로 추정된다. 조선인의 복식과 음식문화, 주거생활, 농사, 관·혼·상례, 남존여비男尊女卑의 풍조, 승려와 무반武班에 대한 천시, 민간신앙 등 다양한 방면의 사회풍습을 비교적 정확한 사실에 기초하여 서술하였다. 그러나 중국 혹은 일본을 기준으로 삼아 조선인들의 보수적이고 고루한 성품, 나태하고 불결한 생활상, 외국에 대한 배타적 태도 등을 두드러지게 서술한 점은 여타의 기록들과 대동소이하다.

(9) 조선풍속기朝鮮風俗記

설배용薛培榕이 서술한 『동번기요東藩紀要』의 일부분이다.[4] 1882년 6월의 임오군란壬午軍亂 직후 오장경吳長慶을 따라 조선에 들어왔던 저자가 군사적인 목적 아래 조선의 상황을 자국에 소개하기 위해 편찬한 글로, 조선의 정치와 풍토 및 지형과 군제에 대한 내용이 주

4) 위의 책, 80쪽 참조.

를 이룬다. 본문은 크게 두 부분으로 나뉘어져 있다. 앞부분은 저자가 산동성 등주登州에서 배를 타고 건너온 이래 한성 인근을 돌아다니며 관찰한 조선의 지형·기후·산업·언어·제도·복식 등 풍속 일반에 대하여 개괄한 것으로, 그 내용이 단편적이고 소략하여 여타의 기록들과 비교하여 그다지 특이한 바가 없다. 그러나 조선의 정치·경제적 상황에 대한 저자의 견해를 피력한 뒷부분은, 본서에 수록된 여러 글 가운데 가장 정확하고 깊이 있게 조선의 현실을 이해하려는 태도를 보인다. 저자는 조선이 결코 경제적으로 빈약한 국가가 아니라고 전제한 뒤 정치적 요인으로 인해 국부가 개발되지 못하고 국론이 통일되지 못한 상황을 지적하였다. 그리고 부국강병의 핵심으로 광산 개발, 해외 통상, 군대 양성, 무기 개발 등의 정책을 제시하며, 조선이 여러 차례 외침을 겪으면서도 나라를 보전할 수 있었던 것은 검소함을 숭상하여 백성들에 대한 수탈을 최소화했기 때문이라 진단하였다. 그리고 조선이 수구와 개화의 장점을 잘 조화하여 부국강병을 이룬 뒤 중국과 함께 평화를 누릴 수 있을 것이라는 전망을 제시하였다.

(10) 조선팔도기요朝鮮八道紀要

설배용이 한성과 팔도 각 군의 지리적 환경에 관하여 서술한 글이다. 첫머리 한양에 대해 서술한 부분에서는 한양의 산천, 도성, 궁궐에 대하여 설명하였는데, 특히 한양 내부의 물길을 상세히 기록한 점이 주목된다. 그리고 경기·함경·강원·경상·전라·충청·황해·평안도의 순서에 따라 각 군의 위치·별명·명산·대천·물산 등 다섯 항목을 기재하였으며, 마지막에는 한양에서 의주 및 동래에 이르는 역참驛站 및 중국·일본에 이르는 노정을 자세히 기록해 놓았다. 조선의 지리적 상황을 일목요연하게 파악할 수 있는 자료이다.

(11) 조선풍토기朝鮮風土記

18~19세기 무렵 조선을 방문했던 미상의 중국인이 조선의 풍속 전반에 관하여 견문했던 바를 서술한 글이다. 왕실과 관료들로부터 시작하여 시정의 하층민에 이르기까지 당시 조선인들의 세세한 생활상을 기록으로 남겼다는 점에서 사료적 가치를 높이 평가할 수 있다. 중국인의 눈에 비친 조선의 기이한 풍속들, 예컨대 중국과 다른 의·식·주의 차별성, 실내에서 신발을 벗는 관습, 설날을 비롯한 명절 풍속, 신분제와 문벌제도로 인한 폐단, 그밖에 형벌, 상례, 기생, 환관, 온돌, 연회, 습사習射, 금송禁松, 인삼, 골동서화, 문방구 등에 대한 상세한 묘사가 주목할 만하다. 필자는 조선의 풍속이 순박하고 옛날의 법도가 남아있다는 점을 긍정적으로 평가하지만, 경제적 궁핍과 강고한 신분제로 말미암아 사회적 생기를 상실한 조선의 현실을 비판적으로 서술하였다. 특히 재정의 고갈로 인해 국가적 개혁을 추진할 수 없으며, 신분적 제약으로 인해 하층민의 사회 참여가 부진한 점을 조선 사회가 안고 있는 가장 중대한 결함으로 지적한 부분에서 필자의 예리한 안목을 엿볼 수 있다.

(12) 고려쇄기高麗瑣記

『문헌통고文獻通考』를 비롯한 중국의 기록을 참조하여 조선의 풍속 20조항에 관하여 서술한 글로, 저자는 미상이다. 풍속의 문란함, 관직제도와 과거제도의 붕괴, 형벌제도의 가혹함, 군사·교육·의술의 낙후함 등 조선후기 사회의 부정적 모습에 주안점을 두고 기술

되었다.

(13) 조선여지설朝鮮輿地說

설배용이 조선 8도의 개략적인 연혁 및 지리적 환경에 대하여 기록한 글로, 역시 『동번기요』의 일부분이다.[5] 먼저 중국 동삼성東三省에 연접한 조선의 위치를 약술하고, 함경도·강원도·경상도·전라도·충청도·경기도·황해도·평안도의 순서에 따라 주요 하천을 중심으로 한 자연지리적 특징을 서술하였다. 그리고 마지막 부분에는 한반도의 위도와 경도에 관한 정보를 수록하고 있다.

(14) 조선강역기략朝鮮疆域紀略

조선의 강역 및 지역적 특징에 관해 약술한 글로, 저자는 미상이다. 제일 먼저 1712년(숙종 38) 건립된 백두산정계비의 내용을 소개하고, 중국과의 접경지대인 함경도로부터 시작하여 강원도·경상도·평안도·황해도·충청도·전라도·경기도 등 8도의 주요 지명 및 지세, 명승고적에 관하여 서술하였다. 그리고 주요 도서 및 의주·평양·수원의 지리적 특징을 기록하였는데, 대마도에 관한 정보를 포함하고 있음이 주목된다.

(15) 조선회통조례朝鮮會通條例

설배용이 조선의 법제와 의례에 관한 내용을 정리한 글로, 역시

---

5) 위의 책, 150쪽 참조.

『동번기요』의 일부분이다.[6] 풍속을 위주로 서술된 앞의 기록들과 달리, 여기에서는 조선왕조에서 행해지던 구체적인 제도 관련 사실들이 상세히 언급되고 있음이 특징적이다. 조정에서 거행되는 조회朝會로부터 시작하여, 진하陳賀, 입직入直, 입대入對, 수하受賀, 출가出駕, 새보璽寶, 사대事大, 교린交隣, 고묘告廟, 국상國喪, 종실宗室, 문과文科, 무과武科, 화원畵員, 내의內醫, 영송迎送, 치사致仕, 음직蔭職, 봉작封爵, 가자加資, 추증追贈, 정려旌閭, 구휼救恤, 청가請假, 금고禁錮, 적몰籍沒, 형률刑律, 혼가婚嫁, 면역免役, 급복給復, 양잠養蠶, 목장牧場, 군량軍糧, 호구戶口 등에 관한 사실들이 기록되어 있다.

(16) 동유기략東遊記略

1882년(고종 19) 조미수호통상조약朝美修好通商條約의 예비 교섭 차 파견된 정여창丁汝昌(1836~1895) 및 마건충馬建忠(1844~1900)과 더불어 조선을 방문했던 오종사가 4월 4일부터 10일까지 한성 일대를 돌아보며 남긴 기록이다. 인천 월미도에 도착하여 한성에 이르기까지의 노정, 한성의 지세와 풍속, 물산과 상업의 현황, 조선의 역사 등에 대해 간단히 소개한 내용으로, 필자는 마지막 부분에서 조선의 형세가 비록 궁핍하지만 속히 구태를 벗어던지고 개국한다면 부강한 나라를 이룰 수 있으리라는 기대감을 피력하였다.

(17) 유고려왕성기遊高麗王城記

오종사가 한성의 규모와 주요 시설, 백성들의 풍속에 관하여 기

6) 위의 책, 160쪽 참조.

술한 글이다. 강역의 중앙에 위치한 한성의 성곽·문루·지세 및 백성들의 지역별 거주 현황을 서술한 뒤, 흰옷을 좋아하고 순박하지만 나태하고 불결한 백성들의 생활 태도 등을 간략하게 서술하였다.

(18) 동유기東遊記

정여창·마건충을 수행하여 조선에 다녀간 오종사가 1882년 3월 12일부터 4월 20일까지의 행적을 기록한 일기이다. 3월 12일 상해上海 초상총국招商總局의 부탁을 받고 조선의 상업 현황을 시찰하기 위해 파견된 저자가 산동성 연대煙臺를 출발하여 인천·부평·양화진을 거쳐 서울에 도착한 뒤 임무를 마치고 상해로 돌아가기까지의 여정 및 견문한 바를 기록한 내용이다. 저자는 서울에 머무는 동안 남대문과 동대문 일대를 비롯한 상업 중심지들을 두루 돌아보며 화폐제도, 환율, 매매 관습, 상품 종류 등 19세기 말 조선의 상업 현황에 관한 상세한 정보를 세세히 기록하였다. 아울러 복식과 언어, 하마연下馬宴의 음식, 성곽과 문루 등 당시의 사회 풍속에 대해서도 많은 언급을 남겨놓았다.

(19) 조선잡술朝鮮雜述

청말의 허오許午라는 인물이 남긴 조선의 지리와 역사·풍속·제도·복식 등에 관한 64조항의 기록이다. 본문 말미의 내용에 의하면, 저자가 1884년(광서 10) 봄부터 1886년(광서 12) 봄까지 약 2년간 서울에 머물며 견문한 바의 대강을 서술한 것이라고 하였다. 본문의 주요 항목을 살펴보면, 한양漢陽, 옥우屋宇, 왕궁王宮, 법복法服, 문묘文廟, 관묘關廟, 백악산白嶽山, 목멱산木覓山, 봉대烽臺, 사환仕宦, 직관조

복職官朝服, 제복祭服, 공복公服, 상복商服, 융복戎服, 유생儒生, 변장邊將, 문과文科, 무과武科, 농전農田, 공장工匠, 상고商賈, 친영례親迎禮, 우귀례于歸禮, 사관례士冠禮, 향음주례鄕飮酒禮, 향사례鄕射禮, 양로연養老宴, 상례喪禮, 귀선龜船, 군교軍校, 별감別監, 노비奴婢, 창기娼妓, 장속粧俗, 걸개乞丐, 방언方言 등이 있다.

(20) 동국명승기東國名勝記

금강산을 비롯한 조선의 명승지들을 소개한 글로, 저자는 추사秋史 김정희金正喜(1786~1856)의 친구인 동리東籬 김경연金敬淵(1778~?)으로 추정된다. 김경연의 본관은 청풍淸風, 자는 시현時顯이며, 1816년(순조 16) 김정희가 북한산에 올라 진흥왕순수비를 발견할 때 동행하였다. 모두 30조항으로 이루어진 본문은 김경연이 편찬한『동리우담東籬藕談』의 일부분으로, 서문에 의하면 이 글은 김정희와 함께 찬술한 글이라 한다.[7] 금강산 천일대天一臺·만폭동萬瀑洞·해산정海山亭을 비롯하여 개성 박연폭포, 속리산 화양동華陽洞·선유동仙遊洞, 문경 양산사陽山寺, 설악산 한계사寒溪寺·보문암普門庵, 강릉 경포대鏡浦臺 등의 형승을 소개한 내용이다.

(21) 입고기정入高紀程

청나라 초상국 사절의 일원으로 조선에 다녀갔던 성명 미상의 중국인이 남긴 글이다. 본문 중 김홍집이 예조판서의 직함을 지녔던 것으로 미루어 보아 1884년에 저술된 것으로 추정된다. 산동성

7) 위의 책, 202쪽 참조.

연대를 출발하여 인천에 도착한 뒤 서울에 이르는 여정 중에 견문했던 조선인의 생활 풍속을 간략히 기록하였다. 경로의 구체적 지명을 적시하지 못하고, 조선의 가옥 구조 등을 묘사하며 일본의 경우를 자주 거론하는 점 등으로 짐작컨대, 조선에 별다른 관심이 없었던 인물이 남긴 글로 짐작된다.

(22) 거문도형세巨文島形勢

해로의 요충인 거문도의 위치와 지세에 관해 서술한 글로, 저자는 미상이다. 서양인들이 붙인 '합밀돈哈密墩'이라는 별칭을 소개하고, 인접 지역으로부터의 거리 및 거문도의 지형·가호·산업·특산 등을 소개하였다. 특히 큰 선박이 정박할 수 있을 만큼 수심이 깊어 훌륭한 천연의 항구임을 말한 내용이 주목된다.

(23) 조선제수편朝鮮諸水編

청 건륭 연간의 학자 제소남齊召南(1703~1768)이 조선의 주요 물길에 관한 정보를 기록한 글이다. 저자 제소남은 절강성 천태인天台人으로 『대청일통지大淸一統志』의 편찬에 참여한 인물이다. 중국 및 인근 지역의 물길을 정리한 『수도제강水道提綱』을 저술하였는데, 이 글 역시 거기에 수록되었던 일부이다.[8] 함경도 두만강 어귀로부터 시작하여 강원도, 경상도, 전라도, 충청도, 경기도, 평안도 등 한반도를 한 바퀴 순회하는 순서에 따라 해안의 지세와 주요 도서, 하천의 흐름과 경유지, 주요 거점의 크기와 형세 및 경·위도 등을 소상

8) 위의 책, 214쪽 참조.

히 기재하였다. 특히 내륙 진출의 주요한 통로인 낙동강, 금강, 한강, 임진강, 대동강, 청천강 및 흑산도, 제주도, 대부도, 인천 등지의 정보가 상세함이 주목된다.

(24) 고려수도고高麗水道考

한반도 동부의 물길에 관하여 약술한 글로, 역시 제소남의 『수도제강』 가운데 일부이다.[9] 토문강土門江에서 발원한 강줄기를 동북수도東北水道와 동남수도東南水道로 대별하여 서술하였는데, 함경도·강원도·경상도의 주요 경유지, 수구水口, 섬 등에 관한 정보를 기재하였다.

(25) 봉사조선일기奉使朝鮮日記

1890년(고종 27) 9월 대왕대비 조씨趙氏의 조문을 위해 조선에 다녀간 청나라 사신 숭례崇禮의 사행 일기이다. 북경을 출발한 뒤 통주通州·산해관山海關·천진天津 및 인천을 경유하여 한양을 왕복하는 여정을 서술하였다. 조문사를 파견하기까지 중국 내부의 정황에 대해서는 소상하게 기록하였지만, 조선에 체류하는 기간의 일정 및 견문에 관한 내용은 매우 소략하다.

(26) 동행초록東行初錄

1882년(고종 19) 조미수호통상조약의 체결을 원조하기 위해 조선

9) 위의 책, 228쪽 참조.

에 파견되었던 마건충馬建忠(1844~1900)의 저술이다. "외교에 어두운 속토屬土 조선이 미국과의 통상조약 체결을 도와달라고 요청"했다는 말로 자신의 조선 방문 이유를 설명한 저자는 북양수사北洋水師와 함께 3월 14일 천진을 출발하여 산동반도의 등주를 경유하여 조선에 도착한 뒤 4월 24일 귀환하기까지의 여정 및 활동을 날짜순에 따라 서술하였다. 조선이 부국강병을 이루기 위해서는 미국을 비롯한 서구와의 통상조약 체결이 필수적임을 강조한 저자는 김홍집金弘集·서상우徐相雨·조준영趙準永·이응준李應俊·신헌申櫶 등 조선 측 실무자들과 협의한 내용뿐 아니라, 미국 전권대신 슈펠트(薛孚爾) 및 일본공사 하나부사 요시모토(花房義質) 등의 행동과 의중을 상세히 기록하였다. 아울러 영국·프랑스·독일 등의 반응에도 상당한 분량을 할애하는 등, 당시 조미수호통상조약 체결을 둘러싼 열강들의 동태에 관하여 많은 정보를 담고 있다는 점에서 대단히 중요한 자료라 평가할 수 있다.

(27) 동행속록東行續錄

마건충의 두 번째 조선 방문기로, 1882년 5월 2일부터 18일까지의 일기이다. 이번에는 독일과의 협의를 위해 주청독일공사 브란트(巴蘭德)를 대동하고 조선에 건너온 저자는 조영하·김홍집·조준영·이조연李祖淵·박영교朴泳敎 등 조선 관리들과 독일측의 통상조약 체결을 중재하며 협상을 진행하던 과정을 소상히 서술하였다. 또한 하나부사 및 곤도 마스키(近藤眞鋤) 등 조선에 주재하던 일본 외교관들의 개입 정황도 자세히 소개하였다.

(28) 동행삼록東行三錄

마건충의 세 번째 조선 방문기이다. 1882년 5월 조선과 독일의 수호통상조약 협상을 성사시킨 뒤 귀국했던 필자가 임오군란의 처리를 위해 6월 21일 연대를 출발하여 다시 조선으로 건너갔다가 7월 23일 지부之罘로 귀환하기까지의 행적을 정리한 내용이다. 임오군란이 발생하자 북양대신北洋大臣 장수성張樹聲의 명령을 받고 정여창·오장경과 함께 조선에 파견된 저자는 조선 정부와 일본공사 하나부사 사이의 협상을 중재하는 한편, 대원군을 남양南陽 마산포馬山浦로 끌고가 청국 군함에 태워 천진으로 압송하는 일을 주도하였는데, 이 글은 당시 임오군란의 수습을 둘러싸고 조선 및 청·일 사이에서 복잡하게 전개된 위와 같은 정황들을 날짜별로 일목요연하게 기록해 놓았다.

(29) 조아교계고朝俄交界考

마건충이 조선과 러시아의 국경에 관하여 논한 글이다. 1860년 청나라와 러시아 사이에 체결된 북경조약으로 도문강 동쪽이 러시아에 귀속됨에 따라, 본래 국경을 접하지 않던 조선과 러시아가 두만강 하구의 좁은 지역을 두고 서로 인접하게 되었음을 설명한 내용이다.

(30) 진남포개부기鎭南浦開埠記

저자는 미상이며, 일본인 코죠 테이키치古城貞吉가 한문으로 번역한 글이다. 평안도 진남포鎭南浦의 위치·지형·조류·기후 등을 설명하고, 원산元山을 대신하여 한반도 북부의 무역 중심항으로 개발될 가능성을 높이 평가하였다.

(31) 유삼선동기遊三仙洞記

조선을 방문한 성명 미상의 중국인이 동대문 밖 30여 리에 있는 삼선동三仙洞을 둘러보고 쓴 유람록이다. 동굴 안 석상과 종유석 등의 기이함을 묘사하고, 인근 민가에서 하룻밤 머물며 동네 사람들의 환대를 받은 경험을 서술하였다.

(32) 고려신개부기高麗新開埠記

1897년(광무 1) 개항한 평안도 진남포와 전라도 목포의 위치·지세·물산·풍속 등을 소개한 글이다. 서력西曆과 영리英里 등의 단위를 사용한 것으로 보아 서양인이 남긴 기록이 아닌가 추정된다. 저자는 진남포와 목포가 상업이 발달하고 물산이 풍부한 평안도와 전라도의 중심지임을 설명하고, 두 항구의 개방을 발판으로 삼아 조선의 농업과 상업이 발전하여 온 백성들에게 복이 될 것이라 전망하였다.

(33) 평양제남포기平壤濟南浦記

1890년대 말 성명 미상의 영국인이 제남포濟南浦(진남포)를 둘러보고 남긴 기록이다. 평양에서 제남포까지의 뱃길과 지세, 개항 이후 통상이 이루어지던 현황 등을 약술하였다. 특히 개항 이후 항만의 신축 가능성 등 교통 상황에 관하여 지대한 관심을 보이고 있음이 주목된다.

(34) 조선해도도설朝鮮海道圖說

청 말의 학자 왕덕균王德均의 저술로, 한반도 해안 인근의 도서·암초·항구를 비롯하여 오澳·만灣·탄灘·각角 등 해안 지형들에 대하여 서술한 글이다. 각 지형지물을 하나의 항목으로 설정하고, 위도·경도·지형·모양·물길·수심·조류·바람·항로 등에 관한 상세한 정보를 담고 있다. 아울러 조선과 연접한 류구 및 일본의 지형과 관련된 내용도 포함되어 있음이 특이하다.

4. 맺음말

『소방호재여지총초』에 대한 박현규 교수의 선구적이고 탁월한 연구가 있음에도 불구하고 본 연구소에서 이 책을 다시 정리하여 출간하려는 까닭은 다음과 같다.

첫째, 박현규 교수의 위의 책은 소장 기관과의 교섭이 원활하게 이루어지지 못했던 관계로 삼보편에 수록된 글들은 부득이하게 제외할 수밖에 없었다고 한다.[10] 이에 본서에서는 근래 출간된 삼보편의 영인본을 구하여 그 가운데 실려 있는 한국 관련 4편의 글을 추가로 입력하여 수록하였다.

둘째, 위의 책에 실린 총 35편의 글 가운데 「봉장백산기封長白山記」, 「장백산기長白山記」, 「동북해제수편東北海諸水編」, 「성경제수편盛京諸水編」,

10) 위의 책, 28~29쪽 참조.

「동성여한아교계도로표東省與韓俄交界道路表」 등 5편을 제외하였다. 그 이유는 『소방호재여지총초』 본래의 목차를 살펴볼 때, 위 5편의 글은 각기 다른 지역의 관계 속에 위치해 있기 때문이다. 예컨대 백두산에 관한 앞의 2편의 경우, 한국 관련 문헌들과는 별도로 편집되어 있는 중국 동북 3성에 관한 글들 사이에 수록되어 있다. 그런데 압록강과 두만강 너머의 지역, 지금 중국의 동북 3성이라 칭해지는 지역에 관한 글들 전반에서 한국과 관련된 내용을 적지 않게 발견할 수 있는 만큼, 백두산에 대한 2편만을 추려 조선 관련 문헌 속에 포함시키기보다는 한국사와 밀접한 연관이 있는 관한 글들 전체를 묶어 별도의 책(『소방호재여지총초: 만주편滿洲篇』)으로 정리하는 방안이 좋겠다고 판단되었기 때문이다.

셋째, 전통적인 '한국학'의 관점에서 바라본다면, 본서의 내용은 사실 독자들의 관심을 이끌어내기에 그다지 매력적이지 못하다. 중국인들의 중화주의적인 평가, 서양인들의 제국주의적인 관심을 읽어내는 것 이외에, 19세기 한국 사회에 대한 새로운 해석의 여지를 발견하기가 쉽지 않을 만큼 그 내용이 소략하고 편파적이다. 다만 비교사적 관점 더 나아가 동아시아적 관점에서 살펴본다면, 중국 및 서양인들이 조선을 바라보던 그 같은 인식의 흐름들을 또 다른 차원에서 해석할 수 있는 여지를 찾아볼 수 있지 않을까 기대한다. 이러한 고민은 본서와 함께 간행되는 『소방호재여지총초: 월남편越南篇』 및 추후 계획된 『소방호재여지총초: 일본편日本篇』, 『소방호재여지총초: 류구편琉球篇』 등을 통해 지속적으로 진행될 것이다.

마지막으로 이미 10여 년 전에 『소방호재여지총초』의 자료적 가치를 간파하고 상세한 표점과 교감 작업을 수행하였던 박현규 선생의 학문적 열정에 깊은 경의를 표하며, 선생의 저술로부터 많은 도움을 받았음을 다시 한 번 밝힌다. 아울러 그동안 입력·표점·교감에 노력을 기울여 준 본 연구소의 여러분들, 특히 『소방호재여지총초』의 입수 과정으로부터 간행에 이르기까지 고생한 이사유李思儒 및 김영숙金英淑·호욱염胡旭艷·백로白璐·진원陳媛 등 중국인 동학同學들에게 감사의 마음을 전한다.

목 차

小方壺齋輿地叢鈔
朝鮮篇

소방호재여지총초 조선편

1

東南三國記

江登雲 著

皇朝撫有區宇, 中國以外奉朝貢者, 百有餘國, 而朝鮮密邇神京, 歷奉正朔. 安南則本古時郡邑, 與中國壤相錯焉. 至琉球, 雖隔重洋, 而世守藩服, 最爲恭順. 此三國與中土版圖無異, 且冠裳文物有華風焉, 非諸國所能及也. 按朝鮮在中國東北, 東西南皆瀕海, 西北通興京與盛京, 相隔鴨綠江, 至京師二千五百里. 其境東西相距二千里, 南北四千里. 本周封箕子之地, 秦爲遼東外徼, 漢初爲燕衛滿所據, 武帝取爲眞番·臨屯·樂浪·元[1]菟四郡. 公孫氏復據之, 至魏而滅, 後高璉有其地, 都樂浪. 唐時王建代高氏, 弁有新羅·百濟, 徙東松岳, 以樂浪爲西京, 始遣使入貢, 歷數百年. 元至元中, 西京內屬, 爲東寧總管府. 明太祖代元, 其王王顓表賀, 賜復舊地, 封爲高麗國王, 卒謚恭愍. 歷四世, 其臣李成桂謀代之, 更名旦, 遣使請更國號, 詔改朝鮮, 國朝因之, 奉正朔朝貢. 其國八道, 領郡州縣, 從中國之制. 安南, 卽唐虞南交之地, 東南瀕海, 東北界廣東, 西北界廣西, 正西界雲南. 東西相距約二千里, 南北千里. 秦

1) '元'은 '玄'의 諱字이다.

爲象郡, 漢初屬南越, 武帝平南越, 分爲三郡, 曰交趾, 曰九眞, 曰日南, 嗣爲交州. 三國六朝, 統屬不一. 唐置總管府, 後以刺史丁公著之子爲都領, 交民推爲帥, 號大勝王, 子璿嗣, 爲大將黎恒所簒, 內附, 封安南王. 子龍廷嗣. 宋眞宗時, 其將李公蘊復簒黎氏內附, 封交趾郡王, 旋僭稱帝, 國號大越, 傳七世絶. 女昭聖主國事, 爲壻陳日煚所有, 傳位其子光昺, 元封爲安南國王, 歷十五主. 明建文時, 其臣黎季犛弑簒自立, 更姓名爲胡一元, 傳子蒼, 曰胡奃, 僭稱帝, 國號大虞. 永樂五年, 張輔征破之, 改安南爲交趾布政使司, 分爲十七府. 未幾, 陳氏故官陳簡定乘隙叛, 僭號大越, 沐晟擊走之. 其將阮帥等復立陳季擴, 亦爲晟所敗. 其黨范玉僭稱羅平王, 尋滅. 季犛族黎利據國, 僭稱帝, 屢征屢叛, 歷十一傳. 其臣阮种·陳暠相繼簒位, 暠仍稱大虞, 復爲莫登庸所奪, 傳五世而黎氏復興. 自明至國朝, 請封入貢, 自置東西二京, 十二承政司. 琉球在海東南, 周廻五六千里. 自福州開洋至琉球, 據鄭若曾≪日本圖纂≫, 計程七十四更. 更之驗, 以木梯繫繩, 自船頭抛下, 人從船面疾行至梢, 人至而梯俱至, 爲一更, 而更之說不一, 或曰一更六十里, 或曰一更百里, 或曰一晝夜十更. 大槪梯至而人未至, 是風大船速, 一更便有百里. 人至而梯未至, 是風小船遲, 一更不過六十里. 一晝夜可得十更, 乃約略之數, 總視風爲疾徐耳. 然慣行海舶, 皆言大利順風, 七晝夜可到, 則一更百里, 十更一晝夜, 與七十四更之說頗合. 是中國至琉球, 總在萬里以內. 其國唐以前不通往來, 隋時嘗欲致之, 或脅以兵, 皆未至. 元延祐間, 國分中山·山南·山北, 稱三王. 明初遣使朝貢, 乃賜中山王察度, 山南王承察度, 山北王帕尼芝印幣. 洪武二十五年, 中山遣子姪及陪臣子弟, 請入國學讀書, 優詔答之, 賜閩人善操舟者三十六姓, 令往來朝貢. 嗣是中山王武寧, 山南王汪應祖, 山北王攀安知嗣位, 皆請於朝. 宣德間, 山南·山北皆爲中山所幷, 中朝不問焉, 而中山朝貢不絶. 自察度至尙賢, 凡十八傳, 迄我大淸順治十一年, 尙賢之弟尙質遣使入貢請封, 乃封尙質爲琉球國中山王, 康熙十九年卒, 二十一年, 詔世子, 尙貞嗣.

2

高麗論略

華亭 朱逢甲 著

周武王封箕子於朝鮮, 此高麗開國之始, 見於經, 後唐太宗嘗征之, 見於史. 迨國朝文德綏遠, 奉貢獻爲屬國, 其君立, 中國必遣使冊封. 每歲貢使於冬至時領頒歷奉正朔, 元旦朝賀於午門外坐班, 其來也, 商附之, 以土物售中國焉. 國在東海中, 西與中國山東之煙臺相對, 輪舟一日可達. 東西南臨海, 北負山, 正北鴨綠江, 與中國遼東以江爲界, 東北混同江, 與中國蒙古以江爲界, 兩江之間, 有白頭山, 與中國兀良哈以山爲界. 都城在正西而近於海, 國分八道, 西曰京畿道·黃海道, 東曰江源道, 南曰忠淸道·慶尙道·全羅道, 北曰咸鏡道·平安道. 八道所轄, 曰郡曰府曰州之外, 又有曰牧曰令曰監者. 北無島, 東曰鬱林島, 最大, 西曰羣山島·安馬島·身尾島, 南曰鹿島·牛島·古今島·珍島·荒島, 此島之最著者. 多山, 西曰摩尼山, 東曰伊山·黃龍山·金剛山·痲耆羅山·臥龍山·五臺山·雷嶽飛峰山·水精山·居瑟山·午取山·大白山, 南曰雞籠山·雲鷲山·天冠山·羅漢山·智力山. 北境尤多, 曰白頭山·五峰山·漢見山·長白山·聖代山·豆里山·祖白山·白山·小白山·江龍山·吐羅山·檜山·鼻白山·馬喩山·臥龍山·白壁山·西陽山·臨漢山·蓋慕山·延平山·大蝦山·松山·達賢山·雙山·積山·奉天山·妙香山·九峰山, 此山之最著者. 北境之山多金鑛, 惜不開, 故國不富. 貨以參爲大宗, 餘則紙·布·筆·墨·藥物而已. 參以枝之大小爲價之高下, 大率一斤十六枝者, 値銀十六兩. 若一斤四十枝有奇, 値銀不過三四兩而已. 紙滑而級以鏡面爲上, 有髮者曰髮箋, 五色咸備, 而少巨幅. 布色白而縷麤, 宜於爲盥面巾. 筆則毫硬, 鼠鬚絶少. 墨則膠黏, 外加以漆, 不足貴也. 藥以淸心丸爲佳. 其人多秀而文, 冠紗笠, 服短衣, 繫絲縧, 喜中國書籍, 厚價購求, 字喜學蘇·董, 畵喜爲山水, 惜蒼而不潤, 濃而不秀.

3

朝鮮考略

寧波 龔柴 著

朝鮮別名高麗, 以蕞爾國, 僻處東隅. 自箕子受封, 至今幾三千年, 臣服中邦, 向稱恭順, 洵屏藩要地王室爪牙也. 南北相距約千八百里, 東西最寬處僅八百里, 地形長袤, 中狹而首尾較廣, 似巨人鞾. 東西南三面濱海, 西北至盛京, 以鴨綠江爲界, 北界吉林, 東北與俄羅斯爲鄰. 沿海島嶼環列, 棊布星羅, 或斷或續, 數難更僕, 濟州·巨濟, 其大者也. 秦代爲遼東外徼, 漢末爲公孫度所據. 傳至孫淵, 魏滅之. 五代以後, 王建闢地益廣, 幷新羅·百濟爲一, 都開城, 以平壤爲西京, 國號高麗. 尋子孫遣使朝貢於宋, 亦貢遼·金, 歷四百餘年, 未嘗易姓. 明洪武二年, 其君王顓表賀卽位, 賜以金印·誥命, 封高麗國王. 在位二十五年, 子瑤嗣立, 昏庸無度, 荒耽酒色. 衆推門下侍郎李成桂主國事, 詔許其自立聲敎. 成桂更名旦, 遷鼎漢城, 請中朝改國號, 詔更號朝鮮. 旦衰, 請以子芳遠襲. 永樂元年, 詔賜芳遠金印誥命冕服, 以承統緖. 十七年, 芳遠年邁, 以其子請襲, 厥後世世繼繩, 遵守罔替. 萬曆時, 關白來寇, 國中以承平日久, 不諳戰事, 望風四潰, 全境失陷. 王出奔, 請救中朝, 遣兵征之, 會敵酋死, 遂復故土. 國析爲八道, 中曰京畿, 東曰江源, 西曰黃海, 南曰全羅, 東南曰慶尙, 西南曰忠淸, 東北曰咸鏡, 西北曰平安. 國朝仍其制, 頒定歲貢章程, 歲將終, 王遣陪臣來京, 具儀上表, 泥首宮門, 中朝厚賚其王, 大饗使臣, 飭領欽天監時憲新書以歸. 凡逢兩國慶喪等大事, 亦刊有賀弔定制, 常行弗替. 近年該國與泰西諸大國立約通商, 開設釜山·鳳山·鶴山等埠, 朝廷命合肥相國李鴻章, 與其使臣議定互市章程, 縷存君臣上下之分, 以明中朝藩服, 非通商諸國所得較短長. 條款甚繁, 闕而不書.

朝鮮官階品秩暨風土人情, 與中國大同小異. 上有三公, 位居丞相, 贊襄國政, 冢宰百官, 名曰領議政及左右議政. 亦有六部, 曰吏曹·戶曹·禮曹·兵曹·刑曹·工曹. 各曹判書一人, 位幷中朝尙書, 參判一人, 參議·參知各一人, 下有正郎·左郎等官. 外官每道設監司一員, 如中朝督撫然. 下有府尹, 及大都護府牧使·都護府都事·判官·郡守·縣令·縣監等職. 有所謂留守者, 額設四缺, 用以護衛都城, 位副監司而職幷焉. 分駐江華·廣州·開城·水原四城, 均隸京畿道. 武秩內官, 除兵曹外, 設有五衛. 京畿·江源·忠淸·黃海四道爲中衛, 慶尙爲左衛, 平安爲右衛, 全羅道爲前衛, 咸鏡道爲後衛. 五衛各裨將十二人. 又設禁衛營·總戎廳·守禦廳·調練都監·左右捕廳大將, 率皆文武二品大員兼職. 外官有統制使·節度使·虞侯·僉節制使等職, 各分兵馬·水軍兩班, 名目紛煩, 不勝縷述. 國中官爵, 世祿居多, 罕有以才學登選者, 至以白屋而躋公卿, 則更寥寥焉, 蓋限於資格, 拘於畛域, 習俗相沿, 牢不可破. 募兵之制, 凡平民男丁年十六强壯能用武者, 選以充役. 年屆五十者免, 篤疾廢疾者亦如之. 若篤疾廢疾, 且年七十以上者, 其胞兄弟, 亦准免役. 若至九十以上, 則諸子盡免役. 人民貧多富少, 居皆茅茨, 屋之覆瓦者, 十僅一二. 室無桌倚, 皆席地而坐. 衣服多麻苧, 衫皆大袖, 巾形如弁. 知文字, 喜讀書, 性柔而謹, 孝親敬長, 風氣頗敦.

凡遇婚喪大事, 或水火之災, 鄰里之人莫不爭先勛助, 不吝財, 不惜力. 其仁愛公義之誠, 有足多者. 待賓客甚厚, 雖行道人, 素昧平生者, 苟欲假館, 亦必殷勤款接, 飮之食之, 與至親密邇者無間. 設風雨間阻, 卽連朝下榻, 亦莫之怪, 因之風氣漸卽於濫, 而游惰之習起矣. 北方之民, 性概强悍, 耕漁操作, 倍勤於南方. 南民氣質寬厚, 人才輩出, 頗有文質彬彬之槪.

朝鮮山嶺縱橫, 盤旋紆曲, 入其國者, 終日行羊腸鳥道中, 無平坦之區, 履步殊欠暢適. 計自圖門江遵海而南, 蜿蜒奧衍, 綿亘千餘里. 其最著者, 京畿道有寶蓋山, 其形確肖, 在都城東南百里. 北有三角山·白岳山, 風景絶佳, 爲游人玩賞之所. 西北有神嵩山, 一名嵩嶽山, 又作松嶽山, 在開城西, 王建都此, 爲開國主山, 故城曰開城. 咸鏡道有白頭山, 通國諸山, 此爲最峻, 山頂積雪, 經月不消, 晶瑩皎潔, 一望如銀, 以是得名. 其次爲全羅道濟州島之漢羅山, 或作漢拏山. 慶尙道之鳥嶺山又次之, 廣袤數十里, 懸崖巉削, 中通一綫之路. 江河之大者, 一曰漢江, 源出金剛·五臺二山, 合流過漢城陽入海, 其南卽古百濟國. 大同江, 一作大通江, 舊名浿水, 唐蘇定方破魯兵於浿水, 卽此. 西北有鴨綠江, 一名馬訾水. 圖門江, 或作豆滿江, 東南流入海.

人物, 唐有崔致遠·崔匡裕, 游學中華, 成進士, 名震一時. 明洪武初, 金濤, 登丙辰進士榜, 宋濂〈會試錄序〉稱, 高麗之士與焉, 濤其一也. 鄭夢周, 少負忠孝大節, 精硏性理, 爲東方理學之宗, 累官門下侍郎. 當國家多故, 處大事, 決大疑, 不動聲色, 時稱王佐才. 李穡, 秉質聰敏, 博通經籍. 自政歸李氏, 穡與夢周等思奪社稷於成桂之手, 以延王氏一綫緖, 雖貶徙流離, 始終不變, 忠節可風, 時稱僅見. 南袞, 累官吏曹參判, 輯≪三綱行實≫問世. 徐居正, 字剛中, 有文學名, 著有≪北征稿≫. 申叔舟, 官左參政, 天順間, 張寧使朝鮮, 叔舟爲館伴, 唱和甚多, 淸麗芊綿, 亦絶域才也. 申光漢, 擧進士, 有≪綱常常變策≫, 傳誦一時. 許篈同弟許筠, 先後掇狀頭, 皆以文鳴於時, 妹許景樊, 名亞二兄, 爲閨秀中所不可多得.

物産, 金·銀·銅·鐵之鑛皆有, 亦産參·黃漆等物. 黃漆樹似椶, 六月取汁, 漆物色如金. 馬高三尺, 身小力强, 俗名果下馬. 又有長尾雞, 尾長三尺許. 其綿布·苧布·粉紬·各色紬·虎皮·赤狐皮·海參等, 尤爲國中富有之物云.

4

征撫朝鮮記

邵陽 魏源 著

康熙四十五年, 聖祖諭曰, 外藩惟朝鮮, 聲明文物近中國, 我太宗文皇帝親征其國時, 八道諸島, 軍無不到, 其國亡而復存, 故國人樹碑於文皇帝駐蹕之地, 頌德至今, 其尤可嘉者. 當明末造, 固守臣節, 始終未嘗貳明, 大哉王言, 勸忠海外, 敎忠百世乎. 朝鮮, 〈禹貢〉青州逾海之地. 舜割爲營州, 周封箕子, 本中國地也, 與盛京僅界鴨綠一江. 我太祖高皇帝天命四年, 明兵二十萬四路來侵, 朝鮮遣其將姜宏[2]立以兵助明海,[3] 蓋軍合營富察之野, 天反風疾雨, 火器郤焚, 我師乘之大捷, 姜宏立以兵五千降. 上歸其部將十餘, 以書諭國王李暉曰, 昔明以兵救爾倭難, 故爾國亦以兵勤明, 勢不得已, 非於我有怨也. 今所擒將吏, 以王之故, 釋令還國, 王其自審去就. 朝鮮不報謝, 我軍征瓦爾喀, 復出境拒我[瓦爾喀部, 在鴨綠江之北, 興京之南, 長白山之麓, 與朝鮮接界], 屢與我烏拉部貝勒布占泰搆兵. 太祖上賓, 亦不遣使弔問, 而明總兵毛文龍招遼遺民數萬守皮

2) '宏'은 '弘'의 諱字이다.

3) '海'는 衍字이다.

島, 亦名東江, 在鴨綠江口, 去朝鮮及我朝東境各八十里, 屢出師襲沿海城寨, 牽制我朝, 與朝鮮犄角. 會朝鮮叛人韓潤·鄭海亡入我朝, 請爲鄉導, 搆兵端. 時太宗文皇帝天聰元年, 當明天啓七年, 朝鮮國王李倧嗣位之三年也. 正月, 命貝勒阿敏等, 率師征朝鮮, 渡鴨綠江, 先敗文龍兵於鐵山, 遁還皮島, 遂克義州·定州及漢山城, 屠其軍民數萬, 焚糧百餘萬, 長驅而進. 是月渡靑泉江, 克安州, 唐太宗所攻安市城也. 進師平壤, 城中官民悉遁, 遂渡大同江, 次中和. 二月, 次黃州, 國中震恐, 求援於明, 及求成於我之使絡繹. 明遼東巡撫袁崇煥遣舟師援皮島, 又遣精兵九千, 偪三岔河, 圖牽制, 而我太宗亦恐明窺國兵虛實, 親出巡邊, 耀兵遼河岸爲備. 時征朝鮮之師已偪國都, 倧棄妻子, 遁江華島, 復遣使詣軍謝罪. 江華島, 在開州南海中, 我軍無舟, 不能渡也. 乃遣使赴島宣諭, 而駐軍平山以待. 倧遣族弟原昌君李覺等, 獻馬百, 虎豹皮百, 綿紬苧布百, 布萬有五千, 於是遣使往江華島涖盟. 三月庚午, 刑白馬·烏牛, 誓告天地, 和議成, 約爲兄弟之國. 初, 朝鮮之求成也, 諸貝勒等議以明與蒙古兩敵環伺, 國兵不可久出, 且俘獲已慊願, 宜許其成, 而阿敏慕朝鮮國都城郭宮殿之壯, 不肯旋師. 於是貝勒濟爾哈朗及岳託碩託乃密議, 令阿敏軍平山, 而先與朝鮮盟, 事成, 乃告阿敏. 阿敏謂己不預盟, 仍縱兵四掠, 乃使李覺復與阿敏盟於平壤城. 上復馳諭阿敏, 毋復秋毫擾, 乃分兵三千戍義州, 振旅而還. 四月, 李覺隨大軍入朝. 是秋, 從倧請, 召還義州之兵, 并許贖所俘人民, 定議春秋輸歲幣, 互市中江. 是年, 明經略袁崇煥殺毛文龍於雙島, 諸島兵無主. 三年, 我師伐明, 縱反間殺明督師袁崇煥. 五年, 將乘虛征諸島, 徵兵船於朝鮮, 使至其國, 三日乃見. 倧曰, 明國猶吾父也, 助人攻吾父之國, 可乎. 自是漸渝成約. 七年, 賜倧書, 責以減我歲幣·匿我逃人·侵我蔘畜之罪, 并議罷遣使專互市. 是夏, 明毛文龍所部副將孔有德·耿仲明·尚可喜等叛明, 以舟師二萬人, 自登州渡海來降, 遣使徵糧, 曰朝鮮爾國, 視明猶父, 十輸其粟, 我今旣爲兄, 獨不可與一次乎. 倧不從. 俟孔·耿已歸瀋陽, 獨我朝將吏在舟, 始發粟往濟. 然於所索會寧城逃人及布占泰之人, 屢書陳辯, 復加築京畿·黃海·平安二[4]道十二城. 上以書責倧負義州互市之約, 停我段布, 減我蔘價[原議, 蔘每兩價銀十六兩, 朝鮮止給九兩, 又吳漢槎初至寧古塔, 煎服人蔘半斤, 反腹瀉. 國初蔘價之賤如此], 且瓦爾喀係女眞部落, 非布占泰·蒙古之比, 謂我不當索, 曷觀遼·金二史. 八年春, 上欲與明議和, 令倧轉達, 倧以書告皮島守將, 迄無成議. 是冬, 倧使至, 拒索逃人及互市, 其詞甚厲. 又欲坐我使臣於朝鮮大臣之下. 上怒, 却其幣, 留其使. 初, 朝鮮使來, 我朝亦屢使報禮, 又遣往弔其祖母及王妃之喪. 其上書稱奉書, 貢物曰歲幣, 彼此相稱曰貴國·敝國, 曰不穀, 蓋猶用鄰國通聘之禮也. 至是大軍平插漢部林丹汗, 得元傳國玉璽, 於是八和碩貝勒及外藩蒙古四十九貝勒, 表請上尊號. 上曰, 朝鮮兄弟之國, 宜與共議. 於是內外諸貝勒各修書遣使, 約朝鮮共推戴, 朝鮮諸臣爭言不可, 且以兵守我使臣. 我使臣英俄爾泰率衆奪馬突門, 倧遣人追付報書, 又以書諭其邊城戒嚴, 有丁卯年誤與講和, 合當決絶之語. 我使幷奪之以獻, 時天聰十年, 當明崇禎八年也. 四月, 改元崇德, 國大淸. 朝鮮使李郭等來朝賀, 不拜. 賜書令送質子, 復不報. 是時我朝已臣蒙古, 破明軍, 無內顧憂, 乃於十一月祭告天地·太廟·堂子·禡牙親征, 馳檄朝鮮官民, 討其敗盟之罪. 十二月, 諸蒙古各以兵來會, 命鄭親王濟爾哈朗居守. 命武英郡王阿濟格多羅饒餘·貝勒阿巴泰, 分屯遼河海口, 以備明海師援襲之路. 命睿親王多爾袞·貝勒

---

4) '二'는 '三'의 誤字이다.

豪格, 分統左翼滿洲·蒙古兵, 從寬甸入長山口. 命豫親王多鐸等, 統先鋒千有五百, 徑擣國都, 貝勒岳託等, 以兵三千繼之, 而上親率禮親王代善等諸軍進發, 共十萬, 渡鎭江, 次郭山城, 降定州·安州, 次臨津江. 江在國都北百餘里, 與都南之漢江夾拱王城者也. 時江冰未合, 及車駕將至, 冰驟堅, 六師畢濟, 而豫親王前鋒馬福塔等, 以三百騎潛襲王京, 敗其精兵數千. 倧倉皇遣使迎勞城外款兵, 而徙妻子江華島, 自率親兵逾江, 保南漢山城, 皆其國天險也[漢江, 一名熊津江, 其國餉都, 恃以爲險, 運皆萃於此]. 我軍入其都城, 豫親王及貝勒岳託亦定平壤, 抵王京, 合軍渡江, 圍南漢山城. 敗其外援者三, 敗其城中兵者再, 其前投朝鮮之瓦爾喀三百餘戶皆來歸. 上至, 分兵搜勦都城, 而又親統大軍渡江, 敗全羅·忠淸兩道援兵, 遣使賫勅往責朝鮮大臣. 明年正月, 旋師北渡, 營城東二十里江岸. 其睿親王等左翼軍, 由長山口, 克昌州, 敗安·黃·寧邊等州援兵萬有五千, 至是來會. 貝勒杜度送大礮至臨津江, 冰泮復合如前. 初, 倧遣使告急於明, 幷檄國中諸道勤王, 欲固守以待外援. 時明國方急流寇, 不暇恤鄰, 登萊總兵陳洪範舟師出海, 守風不敢渡. 國中東南諸道援兵相繼奔潰, 西北援兵逗撓峽內不進, 城中食且盡. 我軍四路幷出, 分略諸道, 如震霆烈燄. 倧再上書請成, 上降勅切責, 令出城親覲, 幷縛獻倡議敗盟之人. 倧始奏書稱臣, 乞免出城, 適其妻子及大臣家口在江華島者, 我睿親王以輪挽小舸由陸出海, 礮沈其大艘三十, 而小舸徑渡, 敗其鳥槍兵千餘, 遂入島城, 獲王妃·王子·宗室七十有六人, 羣臣家口百有六十六人, 皆客諸別室. 上諭倧, 江華島已克, 家室無恙, 速遵前詔, 出城來見. 倧乃獻出倡議敗盟之宏[5]文館校理尹集·修撰吳達[6]濟及臺諫洪翼漢詣軍前.

5) '宏'은 '弘'의 諱字이다.

上勅令, 納明所給誥命冊印, 委身歸命, 質二子, 奉正朔, 歲時貢獻表賀, 一如中國舊制. 有征伐調兵扈從, 幷獻犒師禮物, 毋擅築城垣, 毋擅收逃人, 則三百年宗社, 數千里封疆, 保爾無恙. 倧頓首受命. 二月, 從數十騎出城, 先於漢江東岸三田渡築壇, 設黃幄, 上陳儀衛渡江, 登壇作樂, 將士環甲肅列. 倧率其羣臣, 離南漢山五里許步行, 我朝遣使迎一里外, 告以儀節. 上降坐, 率倧及其諸子羣臣拜天. 禮畢, 上還坐, 倧率其下伏地請罪, 宣詔赦之. 倧復率諸子羣臣九頓首謝, 令坐壇下左側西向, 位諸王上, 賜燕畢, 還其君臣家屬於王京. 二月, 盡召回諸道之兵, 振旅而西, 倧及諸子羣臣跪送十里外. 詔以朝鮮新被兵, 先免其丁丑·戊寅兩年貢物, 以己卯年秋爲始. 如力有不逮, 臨時自有定奪, 朝鮮臣民樹碑頌德於三田渡壇下. 四月, 倧送質子溰·淏等至. 五月, 攻明皮島. 以明降將孔有德等爲鄕導, 乘朝鮮兵船, 盡俘島衆數萬而還, 明人自是不復守島. 崇德三年, 上將伐明, 徵朝鮮兵從. 失軍期, 降勅切責, 命遣舟師討東方庫爾喀之叛入熊島者, 俘其渠來獻. 六年, 大軍攻明錦州, 調朝鮮舟師五千, 運糧萬石. 尋倧奏言, 軍船·糧船三十二艘, 幷米石水手, 漂沒無存. 上以從前海運間遭風未有全漂者, 降詔切責, 刻期督催復運糧萬石. 船百有十五艘, 由大小淩河口, 進至三山島, 遭風礁所壞者五十餘艘. 又爲明水師所截擊, 僅存五十二艘, 至蓋州不能前進, 請從陸運. 詔責, 朝鮮三艘漂入明境通信, 及見明兵不迎敵, 又不由水路前進. 朕亦安用此米爲. 或棄道路, 或載歸本國, 聽爾自便. 朝鮮臣李慶業大懼, 請冒險水運. 上許其改從陸, 止留火器兵千, 廝役五百, 餘悉遣還. 既而運糧士馬久不至, 遣使往朝鮮詰責, 幷鞫其大臣, 得其尚書金聲·黑泥閣臣申得英阻撓

6) '連'은 '達'의 誤字이다.

狀. 七年, 錦州大捷, 明遣使議和, 上將許之, 而將士咸欲進兵. 上降勅詢倧, 令直陳所見. 倧以止殺安民, 上符天意對. 已復偵有明兵船二至朝鮮界, 上嚴詰之, 得其閣臣崔鳴吉·兵使林慶業等潛通明國書饋往來諸狀, 逮訊治罪. 八年九月, 世祖章皇帝卽位, 頒太宗文皇帝遺詔, 免朝鮮歲貢三之一. 順治元年, 以平定中原, 遣質子歸國, 免其歲貢之半, 幷大赦其國中死罪以下. 其後康熙·雍正·乾隆三朝, 屢免貢額, 僅存十之一, 不悉書. 朝鮮雖外藩也, 實同內服. 自康熙以後, 國大饑, 則海運漕糧以賑之. 國中討賊, 則頒有功將士萬金以犒之, ≪明史≫告成, 許更正其先世莊穆王倧簒逆之誣, 皆他國所未有, 而使臣筵宴國王, 輒卽席賦詩, 其陪臣來貢, 亦輒預上元詩宴. 國雖不競於武, 而文學禮教, 有箕子遺風. 箕子以後至唐, 世都平壤[在今都西四百里, 距鴨綠江三百里]. 五代始東徙開州[在今都之西二百里, 距鴨綠江五百餘里]. 明初, 王旦又東徙今都, 夾熊津·臨津二江之間, 以控制諸道. 其中脈自長白山之陽, 東南走四千餘里, 而至釜山際海, 與日本對馬島相峙, 一帆半日可達. 崇德三年, 日本島主平智連致書朝鮮, 增索土産器幣, 國王李倧獻其書, 幷請遣使往以觀其變. 時日本觀釁而動, 卒慴我朝天威, 不敢犯朝鮮. 其國南北二千里, 分八道, 統郡四十有一, 府三十有三, 州三十有八, 縣七十.

有國家者, 禮義以爲防, 城郭甲兵以爲固, 自羲皇以來, 不能偏廢. 朝鮮北距遼, 東南西三面距海, 東西皆崇山絶島, 惟釜山與對馬島相望, 爲倭寇出入之闥. 由釜山入王京, 必經全羅·慶尙二道, 而全·慶之間, 雲峰·大邱皆可據之險. 萬曆間, 劉綎以兵五千戍全羅二載, 海外戢然. 其王京踞八道之中, 北倚叢山, 南環滄嶠. 忠州左右鳥·竹二嶺, 羊腸繞曲, 有一夫當關之雄. 倭嘗守此以防明師之南渡, 而明副將吳惟忠孤軍久戍, 以備倭船之內窺, 是其地利非不可恃也. 安平[7]·咸鏡俗尙弓馬, 人鷙悍, 耐寒苦, 是兵非不可用也. 徒以八道十九無城, 不知王公設險守國之義, 兵多長衫大袖無訓練, 又俗貴世官賤世役, 一切草莽梟桀之材, 禁錮勃鬱, 往往東走倭西走遼, 爲腹心患, 故屢覆於敵國. 且平壤西北鴨·浿二江, 俱南通渤海, 倭夷尤長陸戰, 儻別遣一旅斷平壤, 則王京無西南之援. 有國者自强爲上, 能審己結大援者次之, 故一意親附中朝, 馮藉聲靈, 折衝外侮, 自明至今, 卒收其效. 危蒙卹救之助, 安被怙幬之福, 所謂甲胄乎忠信, 干櫓乎禮義者, 則庶幾焉.

7) '安平'은 '平安'의 誤植이다.

5

朝鮮小記

朝鮮 李韶九 著

每登科, 國主臨春塘臺, 拆榜次第呼入. 凡初登科者, 塗墨於面, 進士著綠紬襴衫·黑絲鈴帶.

漢武帝使彭吳通滄海, 今彭吳碑尚在春川府南十里.

紺嶽山絶頂有碑, 年久沒字, 俗傳唐將薛仁貴事蹟碑, 今不可考證. 山南巖罅, 置小石龕, 立片碑, 前刻神人像, 偉容美鬚, 衣履皆具, 背鏤三十五字, 不知何儀, 俗稱元門像.

俗云, 漢陽城内, 民戶八萬, 一日三千死, 一日三千生.

打稻時, 以杴聚稻, 曰龍垂, 以箕揚芒, 曰蝶事.

元日曉, 山僧下閭閻, 作隊而行, 大呼齊米差下, 家家給白米, 凡三日.

兒童切四角木爲瓊, 投之以占一歲之吉兇. 紙盤排二十八圈, 行馬相賭, 俗稱爲柶.

踏板用草作枕, 加薄板於上, 使之低昂, 年少婦女互相跳躍, 云能除百病.

家家除夕, 誦呪放銃, 逐諸鬼魔, 亦驅儺之意也.

元日夕, 燎髮庭中, 蓋亦除舊之意, 兒童相嚇, 此宵夜光神將降,燎髮則惡其煙而不來云. 夜光者, 不知指何神.

迎新, 圖畵海上神仙, 貼於壁間, 可以消災延祥云.

軍雄[神名], 東國巫女賽祀, 以爲有靈驗.

6

高麗形勢

歸安 吳鍾史 著

高麗在亞細亞洲赤道之北, 其形如指, 凸於海中. 以經緯二綫衡之, 自北赤道經綫三十四度至四十三度, 緯綫自一百二十四度至一百三十一度. 地週七千餘里, 東西南三面有五千餘里瀕海爲界. 土地饒沃, 民風樸儉. 國中分八道, 曰京畿道, 曰咸鏡道, 曰平安道, 曰江原道, 曰黃海道, 曰忠淸道, 曰慶尙道, 曰全羅道. 京畿道, 居國之中央, 最據形勝, 故築都城於其間, 以統轄各道. 通商之仁川口, 離王城八十餘里. 京畿之地, 西南界海約二百餘里, 南界忠淸約二百餘里, 東界江原約三百餘里, 北界黃海約百餘里. 山川靈秀, 商賈輻輳, 士庶修法度, 土地多礦. 國中政令皆出於王, 百官則奉令承敎而已. 咸鏡道, 在京畿之東北, 週三千三百餘里, 其闊處自五百里至百餘里不等. 通商之口, 元山在焉, 元山至王城六百餘里. 咸鏡之地, 東界海約一千二百餘里, 東北界琿春約二百餘里, 北界吉林省約八百餘里, 西界平安約七百餘里, 南界江原約二百餘里. 地勢綿亘, 多崇山大澤, 五金礦·煤礦多産其間, 而金銀爲尤多. 此處地氣嚴寒, 人煙稀少, 沿海之民, 率以耕漁爲業, 海濱多鰍魚. 東北界連俄羅斯, 及海及吉林沿海, 皆可建埠頭築海防, 實爲亞洲之關鍵. 倘非力矯錮習講求富强, 吾恐十年以後, 人事變遷, 更不知伊於何底. 言念及此, 非獨高麗之憂, 抑亦中朝之憂也. 土産高粱·麥·粟·參·皮等物, 海中之物雖多, 惜不甚採取耳. 平安道, 在京畿西北, 週二千六百餘里, 其境北界吉林省二百餘里, 西界吉林省六百餘里, 鴨綠江在焉, 西界海六百餘里, 大同江在焉, 二江亦屬險要, 東界咸鏡七百餘里, 南界黃海三百餘里, 東南界江原二百餘里. 亦多五金·煤礦, 地極寒. 今者五洲互市, 輪艦梭巡, 乘隙而動, 而該境毗連吉省, 隣近盛京, 與東直等省, 相隔匪遙, 詎非中朝要地哉. 江原道, 在京畿之東, 週約二千餘里, 東界海約七百餘里, 南界慶尙約百餘里, 西南界忠淸約百餘里, 西界京畿約三百餘里, 西界黃海約百餘里, 西北界平安約數十里, 北界咸鏡約二百餘里. 壤地毗連, 商貨咸集, 而五金礦尤多. 風氣與京畿道稍別, 土宜五穀桑麻, 民庶而富, 爲畿輔要地. 惜高麗風俗泥古而不通今, 故不能常保其富耳. 然俄羅斯·日本之覬覦此地者, 非一日矣. 黃海道, 在京畿之西北, 週約一千六百餘里, 南界海三百餘里, 西北界海六百餘里, 北界平安四百餘里, 東界江原百餘里, 南界京畿百餘里. 地氣略寒, 物産亦富且多礦. 土宜五穀雜糧桑麻, 海物亦多. 此地爲高京右輔, 與中國東省爲鄰, 若富敎兼施, 則屹然重鎭, 固可與中朝互相犄角也. 忠淸道, 在京畿之南, 週約千五百餘里, 北界京畿二百餘里, 東北界江原百餘里, 東南界慶尙四百餘里, 南界全羅三百餘里, 西界海三百餘里. 民居稠密, 地多礦, 産絲麻五穀. 俗尙與京畿稍異, 民性稍柔. 爲高境南土, 與中國山東省, 海面相對. 全羅道, 在京畿之南, 週約千四百餘里, 東界慶尙二百餘里, 西南界海約八百餘里, 北界忠淸三百餘里. 地處高境極南, 海島紛羅, 魚鹽富足, 亦多礦. 爲中日海道適中之區必爭之地也. 民氣較柔於北境, 樹畜繁滋, 國賦之所出也. 慶尙道, 在京畿東南, 週約一千六百餘里, 通商之釜山在焉, 釜山至王京九百餘里. 該境東北界江原二百餘里, 西南界海七百餘里, 西界全羅二百餘里, 西北界忠淸四百餘里. 地在高境東南, 隔日本對馬島, 不過百里. 該地甚美, 富有五金礦, 諸物咸備, 久爲日本所垂涎. 氣候和暖, 俗尙與忠淸·全羅相若. 日商之居釜山口者, 已有三千餘人. 自釜山至王城道路不甚險阻, 今旣與日本通商, 卽當嚴定海陸界限, 庶不致將來越畔起釁也. 高境較日本約少五分之一, 人數約少三分之一, 礦藏則多日本數十倍, 土産海貨不亞於日本, 而人性剛健則勝日本遠甚. 倘能力反前轍, 丕煥新猷, 則高麗旣得自全之術, 而中朝亦無東顧之憂, 豈不懿歟.

7

朝鮮風土略述

歸安 吳鍾史 著

朝鮮僻處海隅, 自箕子受封以來, 將及三千載. 南北約千八百里, 東南僅千里, 島嶼林立, 山嶺星羅. 疆域分八道, 京畿居其中, 統計十八州, 八十六府, 六十九郡, 一百六十三縣, 人民約一千萬有奇. 國中形勝, 推寶蓋·三角·白嶽·神嵩等山爲最, 仕宦紳商以至其地爲生平快事. 惟路徑崎嶇, 艱於跋涉, 雖有車舟以濟不通, 然大都窄陋, 不適用, 故入其國者, 每歎行路之難. 前有金礦一, 銀礦三, 銅礦四, 鐵礦十四, 今封閉不准開挖. 又有產高麗參地六十所, 隨時掘取, 民生賴之. 所產馬匹, 高三尺, 身小力强. 有雞一種, 尾長三尺許, 洵屬可觀. 國俗, 男子十五而娶, 女子十四而嫁. 婚姻喪葬之禮, 從儉不從豊. 士民平日之衣皆白色, 如華人之守孝者, 然沾染既易, 洗滌實難. 每有初猶皎潔可人, 而繼則汚穢, 不堪寓目, 幾莫辨廬山眞面. 寺廟與衙署, 多高大廓落, 而粉飾輝煌光明悅目者, 甚屬寥寥. 坐臥皆席地, 置小几一具, 爲倚身飮食書寫等用. 客至家, 必先去履, 然後升座, 蓋恐汚其席也. 小民見官吏, 不能立談, 兩手置地上, 作傴僂狀, 然後接語. 官吏審案, 亦席地坐, 服役諸人, 恭立兩旁, 受質者跪堦前, 俯首應答, 不敢少形抗違意. 民居土

屋, 居多覆以茅草, 且低陋殊甚, 不克挺身直入. 臥房中砌塼爲牀, 隆冬則置火於下, 以爲禦寒之計. 城中瓦房居多, 大率卑陋. 街道不甚淸潔, 間有穢物流露, 行人掩鼻. 婦女在家紡績, 見男人卽趨避, 罕有單身行路者, 惟鄕農寒苦之家, 婦女亦往隴畔操作, 然不數覯也. 釋氏久衰, 僧尼每爲人鄙薄, 然民間崇信鬼祟牢不可破. 有疾病災難, 卽隨處燒香求籤問筮, 巫覡輩勞於奔命, 寢食不安. 平民所食, 六畜與五穀, 惟貧戶終歲食蔬, 無異唐園之腹. 其書籍有華文者, 有高文者, 華文之書, 非仕宦縉紳家, 罕有讀者, 而高文則比戶皆知. 按高文如西文, 以二十五字爲母, 倂合成音, 數音成言, 乃寓一意. 玆以其字毋[8]列之, 아야으어여으이오요우유, ㅎㄱㅋㅁㄴㅇㅂㅍㄹㅅㄷㅌㅈㅊ. 其上十一字爲有音字, 其下十四字爲無音字, 蓋必附有音者而成音也. 譬如稱弟曰亞雅, 書아으二字. 稱魚曰愛, 書어字. 稱銀曰雲棨, 書은ㅈ二字. 由是遞推, 不勝枚擧, 祗以其易曉者, 錄之如此.

8) '毋'는 '母'의 誤字이다.

8

高麗風俗記

闕名

高麗人士, 大率不喜破除舊習開創新規, 自安固陋而不惜, 且於尊崇己國輕視外人之意, 尤斷斷特甚.

人民大率懶惰, 知有今日, 不知明日. 又不顧開墾土産廣起公益等事. 一椀之食, 一杯之酒, 曲肱枕之, 以爲極樂世界羲皇上人也.

雖受正朔於中國, 而不用年月, 語外國人則曰自主之國.

服飾皆遵中國明代之制, 其制不一, 然大略論之, 皆大袖長裾, 頭戴黑笠, 脚著布鞋而已. 服分三等, 曰公服, 朝臣之衣也, 曰戎服, 武弁之衣也, 曰常服, 平民之衣也. 貴顯人所穿者, 綾羅綢鍛絹帛不等, 賤民則麻布棉衣而已. 然官吏務論品位之尊卑, 以次遞降. 平民則皆用白布爲衣, 染色之衣, 不過婦女兒童所穿, 類於孝服勿顧也. 少女衣笇, 亦皆用白色. 帽分數式, 曰冠, 曰笠, 曰皮巾. 但冠有網巾, 以繫腦前, 又考試及第者, 冠下再戴皮巾以自別.

男人頭蓄長髮, 其髻如螺, 中揷以簪, 有金·銀·珊瑚·黃銅各類, 婦女髮如洋婦, 褲亦如之. 京中婦女出門, 必著被衣, 道遇外國人, 卽避入屋內, 勿論此處爲何等人家也. 公館近傍之婦女, 則習見不避.

兒童之髮皆編成一辮, 垂於背後, 成童以後, 尙不改髻, 人皆待之如童, 無有敬意. 故有財者, 年雖未長, 已行加冠之禮, 貧賤者, 不能購衣服, 往往年已三十, 尙作童裝也.

衣服甚爲淸潔, 不類他物, 其洗濯之法, 一如外國. 除貧困人外, 衣服之潔白, 出人意表.

各人皆不知沐浴爲何事, 貴顯者, 在家拭身, 貧賤者, 夏日在水池略浴, 故雖著美衣, 而穢臭殊不可耐.

五穀·肉·野菜·果實爲其所常食. 五穀卽米·麥·黍·稷·菽等, 肉卽牛·猪·雞·魚等, 野菜卽蘿蔔·葱·番椒·胡椒·茄·瓜·白菜等, 果實卽柿·梨·桃·蘋果·杏·李·栗·棗等. 醬醋與中國大同小異, 白糖國中不産, 故常採蜂蜜. 炊煑之法, 大略與中國同. 勿論何食, 皆用獸脂·麻油等, 用鹽甚少. 無論貴賤, 皆嗜煙酒, 貧甚而不能食米者, 往往以濁醪代之, 淸酒如中國紹興酒, 而加酸醋一半, 燒酒與中國高粱酒相似, 煙皆帶臭味. 不用茶, 以人參湯代之, 然貧賤者不能常飮也.

款客大率用痰壺·煙盆·尿壺等. 宴客如中國相似, 肴每一簋, 可食五六人, 從人等俟撤餘饌果腹. 聞高王宴日本公使之時, 肴凡數十簋, 各肴堆於大簋, 約可供四五十人之食云.

其房屋之結構, 官署皆如寺廟, 高大倍於民居. 日本公使署中央有房屋數座, 皆寬三丈六尺, 又有房兩座, 用石與黏土爲之. 各房南向有三尺方窗, 其窗數, 按房屋大小, 二三對不等, 此皆高麗縉紳之家也. 若民家房屋皆低陋不潔, 其門甚低, 殆非匍匐不能出入. 屋之高者凡八尺, 以草葺內塗黏土, 屋內暗黑, 不通風息. 臥牀與中國北方相似, 用塼積累, 內留小路, 冬寒之時, 炊煤其內. 大率各室狹小, 可睡二人, 然高麗人則妻子五六人雜睡. 總之, 彼處人家器具太少, 其睡衣等不過一二被窩而已, 除煙盆·膳椀之類之外, 不見他物. 說者謂, 該處人能防冬寒, 不能避夏暑也. 城內瓦房, 居十之八, 其茅屋者大率露店. 露店者, 蓋住宅之前, 另造小草房, 房內有賣古玩·五穀, 布鋪寄焉. 其城外瓦房與草房相鄰, 商賈不聚城外, 故城外比城內寂寥. 又勿論何家, 不設坑厠, 一應汚穢皆放流戶外, 偶一經過, 臭穢不堪言喩.

耕田之法, 與日本大同小異, 且有稍拙者, 況其稟性懶惰, 往往良田變爲荒蕪. 家蓄, 馬·牛·雞·犬·猪等. 所産之馬, 比他邦矮小, 若由滿洲·中國所購者稍大. 有人觀此小馬, 以爲不過一時可用, 然乘之而行, 不論山谷遠近, 歷四五十里之遠, 不必飮食憩息. 牛比他村稍大, 不過供耕田之用.

冠婚喪禮, 皆遵朱明之制. 總之, 尊崇鬼神, 信用卜筮. 其婚喪二禮, 尤據此制爲多.

冠禮, 大約自十五歲至二十歲之中, 其制結髮戴帽, 服新衣, 著網巾, 先拜天地四方, 後拜祖宗. 延請師友親戚, 開筵飮宴, 故貧人甚不易辦.

婚禮, 兩家父母媒妁互通書函, 男子親迎. 但嫁娶之事, 最嚴同姓, 亦與中國相似.

國法, 男自十五歲以上, 女自十四歲以上, 卽可婚娶. 然男子至二十歲尙無子息, 則以爲大恥, 故往往未至十五歲而娶者甚多. 且冀早日得子, 故婦大於夫者, 亦復不少.

女子所恥者再醮, 再醮所生之子, 雖甚俊秀, 不登朝籍.

喪禮, 父母守制三年, 祖父母·兄弟·叔姪皆守制一年, 從兄弟九月, 下皆倣之. 丁父母之憂者, 更不許與宴樂. 父母死後四日, 俗謂成服, 親戚世友聚會, 其子不食禽獸之肉, 每日晝夜號哭於靈櫬之前者四次, 哭後在靈前叩首而謝. 第五日後, 選卜墓地以爲葬禮. 至第七日, 云爲初齋, 第一百日爲百齋, 一年爲小祥, 三年爲大祥. 喪制內, 至忌日, 必須祭奠. 墓地不在一處, 高山平地皆從筮者之言, 貴人立一石碑, 賤者不過黃土一坏, 過者不知爲何人之墓也.

其俗崇信鬼神, 故有風雲雷雨, 水旱疾病, 蝗災戰伐, 無一不禱於神. 其他祈禱山川之禮, 則國王大臣等親出郊坰, 賤民等則皆託僧尼矣.

女卑於男, 與中國皆無異. 中等以上之女, 專在家內紡績, 賤婦出外勤動, 以助其夫之勞. 總之, 彼處之女, 并無敎化而已.

僧尼, 則人皆賤之, 視與乞丐無異. 雖已薙髮受戒, 然仍在市商賈雜處, 齒於常人, 不過衣服如中國僧尼而已, 其人皆甚窮苦. 又有僧軍可以助戰, 故勢力甚大, 蓋前者日本秀吉征高及中國伐高之時, 僧軍保護關山城, 甚著勞積也.

仕宦者分作兩班, 然皆世襲其職. 且兩班之說係指尊崇者而言, 武員之權勢不如文員, 其最大之武員, 則又文員兼之. 至武員無權, 則因永無兵革之禍之故.

國政洩漏於外, 懸爲厲禁, 故外人往問, 皆搖手而稱不知.

崇奉關聖帝, 其東南二廟, 規模壯麗, 禮器精詳, 瞻拜之餘, 令人生畏, 亦有籤筒·籤詞, 任人占卜. 惟兩廊壁上, 盡畵≪三國演義≫故事, 殊欠典雅. 廟爲國王所建, 內懸匾額, 多明代出使文臣及援藩武將所敬獻者.

成均館在王宮月覲門外, 供奉至聖先師. 國王春秋致祭, 規模亦極宏備. 其禮樂諸器與中國等, 惟度數稍有差池, 祭則以羊, 想循諸侯之制耳.

果川縣, 去王京數十里, 山半有屋數楹, 後屋高聳, 望之有明倫堂匾額, 是縣之學宮也, 然規制陋甚.

境內自文武二廟外, 別無廟宇, 然僧人時往來於道左, 聞大山之巓梵宮亦多, 國王王妃每捨多金修整云.

村邊巷口, 每見小樹, 枝上挂五色布, 下以碎石堆積如壇式者,遠視之, 因風飄曳, 宛如護花旛. 問之土人, 謂係病愈還願云.

薛將軍仁貴廟, 在摩天嶺左, 去王京六七百里. 王京南門外, 有空地一段, 俗呼薛將軍教場, 然無碑碣可考.

居民無食羊者, 亦無育羊者, 惟南門外典牲署內, 有羊數頭, 爲國王祭祀之用.

牛馬極苦, 牛則馱草有重至五六百斤者, 策以出售, 如無主顧, 終日負於背, 不爲之卸下以節其勞. 土人多食牛肉, 或生剝其皮, 而縛於柱上, 憑人指取而刀割之. 牛涔涔淚下, 低首哀鳴, 令人不忍目覩. 馬則或負物或騎人, 鞭策疊施, 不使休息. 惟驢則非官不能乘, 鞍轡煥然, 甚不可解也.

海中及漢江船隻, 絶不用油灰等物, 亦無鐵釘約之使固, 惟以木錠塞之. 其底板時有水沁入, 令人生怖, 若遇風濤, 眞不堪設想也.

9

朝鮮風俗記

平湖 薛培榕 著

自山東登州府啓輪, 向正東偏南二度, 至成山, 計海程四百里. 由此放洋東渡, 向正東偏南一度半, 至朝鮮海滄口馬山津, 計程七百三十里. 自馬山登陸三十里至南陽府, 陟岡踰嶺, 我馬爲瘏. 又四十五里至水原府, 道尙平坦, 可以馳驅. 出水原長安門, 道途寬闊, 長約十里許, 兩旁虬松參差, 濃陰如畵. 按轡徐行, 覺一種淸爽之氣撲人眉宇. 過此, 有荷池數畝, 雖紅蓮脫瓣, 而翠蓋如雲, 一望無際. 上有小亭, 四面玲瓏, 足供憑眺. 由水原四十里至果川縣, 又二十里至漢江渡洞雀津, 僕僕風塵, 驚沙四起, 欲求甘泉之止渴, 山果之充飢, 而竟不可得. 又十里抵王京南關, 其間峰巒秀峭, 樹木葱蘢, 泉聲泠泠然自曲澗流出, 塵襟爲之一淸. 田有井田遺意, 亦循今畝之法, 高劃梯田, 中爲囱畝, 下植香秔, 立冬時始行刈穫, 穎粟白軟, 足稱嘉禾. 果品蔬菜與中國同, 雖晴雨寒暖無常, 而沙鬆土潤, 地脈常滋, 朝暮霧淞之, 氣亦多沾被, 所以農夫無灌漑之勞, 而自獲豊收之利. ≪東國寶鑑≫云, 雖有旱潦之年, 亦不爲害, 蓋沃壤也. 惜賦稅不同, 聞八口之家食有餘粟, 官卽爲之價斂, 每穀一斗, 給錢一兩, 其一兩計錢百文, 以致土雖沃饒, 民懶開墾. 田

間無廬舍, 無墳冢, 民聚族依居山谷, 以茅結屋, 室可方丈, 擧手及檐, 最低者僅及肩而已. 都城宏壯, 道路甚寬, 路中隆起, 溝瀆分開, 糞穢氣蒸騰, 不堪久憩. 闤闠間無招牌, 結廣樓一重十數家, 鱗次相接, 人各一室, 貨置其中. 米以四斗爲石, 銀亦準用漕平, 布帛則用營造尺加五而爲一尺, 其他多堆計交易, 有神農氏之遺風焉. 無茶肆浴堂, 祇有飯館, 亦爲供輿隸充飢, 衣冠中人無有入者. 宮室廟署市廛, 皆覆以瓦, 居民則編茅爲屋, 高卑寬狹, 與村廬相彷彿. 斗室中滿支鋪板, 高約尺許, 下爲地炕, 夜分然火, 板糊字紙上加油. 薦氈交膝趺坐, 性多迂緩, 各銜淡巴菰短煙筒一支以爲消遣. 文人墨士凭矮几俯而揮毫, 書畵少秀逸之氣, 詩詞多唐宋之風. 朝廷以詩古文辭取士, 由科第得官者可致通顯, 由廕襲得官者類多紈袴. 國有方音通於婦孺, 如담박명지, 녕정치원, 卽淡泊明志寧靜致遠八字, 餘皆類此. 農每知書, 戶皆安讀, 唐太宗稱爲君子之國, 信不誣也. 王出, 儀仗甚盛, 輿極廣大, 以三十人舁之. 前有古樂一部, 淸道揚聲, 羽葆旂蓋弓矢刀矛等器, 均亦如儀, 鳥槍隊以五衛統之. 王衣金團龍絳紗袍, 戴翼善冠·翡翠帶·穿皁韡, 此行服也. 步兵皆藍衣靑坎肩·黑氈笠, 馬兵則笠後拕一紅犛尾, 兩袖接紅布尺許. 千把微員又有藍毛帯加笠後, 餘服同. 官銜王命而出者, 紗帽·玉帶·圓領·方袍, 外官帶右下垂皮荷包二, 中藏兵符, 密符奉調則剖. 拜訪皆常服, 額網巾覆以犛尾, 襯帽上加竹箏圓黑笠. 士大夫同庶人無襯帽, 惟頂笠. 常寺有一二品者, 皆淺紅袍, 犀角嵌帶, 兩旁以金玉貫子分等級. 掖隸着紅夏衣, 戴黃竹笠, 上插雉毛八尾[中國稱網巾圈], 藍白紗羅夏布爲外衣, 寬其袖爲道袍. 庶人圍白稻, 官紳以顔色分等級, 奴隸衣前後腰際多褶疊, 與官服有殊. 貴賤皆皮履, 亦有草屩. 士商庶民不得張雨蓋, 遇雨, 笠加油覆身, 披雨衣, 均油紙裁製, 官有紙蓋, 胥隸執之. 嫁娶有綠幨軟紅紗鐙一

對, 僕婢盛飾, 各頂奩具, 新婦乘靑輿, 上覆虎皮, 前張油紙雨蓋而已. 喪服斬衰皆麻衣, 冠帶首戴竹篷如醬甕蓋, 而四隅微缺, 其叉手執麻布額一方, 左右紉柱下以麻繩約之, 雙手持捧以蔽口鼻, 名曰布扇. 期服以下仍常服, 皆白帶. 童子未冠編髮爲辮, 額前短髮分結兩辮, 共攏於後, 旣授室, 則挽髻紮巾矣. 婦女不纒足, 不穿耳, 無金銀釧飾, 咸辮髮髻垂於後, 簪形如筆, 金玉料木, 稱家有無. 常衣長不盈尺, 背乳交露, 袖亦極狹. 裙則藍白兩色, 不用鑲緣褶叉, 由腰而下, 長約三尺餘, 結束後復左右交塞於腰際. 亦有長衣, 或藍或綠, 皆頂覆以行, 從衣領內瞧視路徑, 姸媸人莫能辨. 其僕嫗婢妓之類, 則油掠假髮, 光可鑑人, 蟠於額際, 如漆盆然. 人性耐寒, 雖至秋高, 華人皆挾纊, 而彼猶衣葛. 四時絮襪, 雖盛暑不易, 故有民寒傷國足寒傷心之謠. 隆冬披裘而倚熏籠焉, 涼燠冰雪, 與中國燕齊同. 無雨韡, 因履本皮製, 下有小釘故也. 其俗尙素, 雖謄黃疏啓, 紙均白色. 民俗質樸, 土厚風淳, 菲於飮食. 王宴使臣, 羅陳肴核, 祗雞梟魚豚而已. 其他宴會, 惟人設小几, 雜列果菜數品, 以通款曲, 珍饈燕翅, 雖貴埒[9]王公, 亦未領略. 衡門則瓜菜和羹, 以匙抄飯. 魚肉惟除血腥, 喜於生啖. 城鄕皆無茶具, 日惟飮水以止渴耳. 國刑用明律, 笞杖可以錢贖, 此外治理尙嚴, 民鮮干犯盜賊. 乞丐甚少, 官妓亦有之, 居敦仁門外, 高標於門, 曰上元妓館, 有妓百五十人, 蓮花臺十人, 每三年以諸道邑婢之年少者選上, 進宴時以女妓五十二人進[有特旨則加減], 此卽敎坊遺意也. 其往來於道路者, 男則負物以背, 女則戴物以首, 男負女戴之古義存焉. 至於任重致遠, 皆需牛馬. 牛較中産尤大, 背有木鞍, 亦可騎策. 輿無下截, 人須促膝盤坐, 扛短而無橫擔, 矮可及地, 夫背有繩, 若推車然. 亦有

---

9) '埒'은 '將'의 誤字이다.

四人轎, 婦人之輿, 窗帘飾以彩帶. 其地少竹物, 不用箍, 大小浣盆, 悉刳木爲之, 精麤各有其致. 擔水有架, 横負於背, 木桶甚少, 恒用陶器. 其銅器如僧之鉢, 磨盪光亮, 唾溺幷需. 雖精潔之氣不如日本, 而樸實之風勝日本遠矣. 及余束裝南旋, 自製板輿, 坐較安適. 途中見麥苗布隴, 黃葉滿山, 別有一番風景. 至晚, 則沿途居民皆束薪爲燭以送余, 行三五里, 互相接引, 殊足見尊禮中邦之意. 夜闌, 宿旅邸中, 室甚湫隘, 僅容五六人. 時天色已寒, 而投宿者皆不攜襆被, 方以爲異. 及余擁衾而睡覺, 蓬蓬然如釜氣上蒸, 始知炕牀之下已煨火也. 晨起, 見海天空闊, 鴻雁南飛, 誦行役之詩, 不禁動征人歸思矣.

朝鮮之土壤非不饒沃也, 物産非不豊阜也, 而其國勢貧弱苶焉不克自振者, 以泥古而不知變, 爲成法所拘, 國孱財匱, 有以也. 明臣有言, 有貧民, 無貧地, 不因乎地利而善用之, 百姓恒有憂生之嗟, 於是而藉口乎地之瘠, 吾恐地不任咎也. 今歲從軍, 一至其境, 歷時不久, 且爲職守所拘, 八道未能周覽, 僅得游觀都市, 市廛之間, 頗形蕭索, 列貨之肆, 無奇可居. 五丈之衢, 一椽之舍, 雖禍亂初平, 而規模略具, 首善之區, 猶且如是, 以概其餘, 所可知矣. 近者迫於鄰國之請, 立約通商, 諸國踵而行之, 海禁因而大弛, 地利未盡, 物産不備, 彼載寶而來, 挾貲而返, 貨無窮而財易竭, 甚非朝鮮之福, 況誇人以富, 固足以動覬覦, 示人以貧, 又足以致輕忽. 爲今之計, 順天之時, 因地之利, 貧而能富, 弱而能强, 轉移之機, 存乎人事. 按慶尙·全羅兩道, 田肥而廣, 戶富而繁, 氣候亦視他道爲熱, 植茶樹桑, 宜於厥土. 咸鏡·平安, 植參宜廣. 其餘諸道, 十年樹柳, 廿年樹松, 胥可成材作器, 海上漁人之利, 則宜增造舟船. 山海田疇之政, 以次擧行, 斧斤網罟, 縱日勤採補, 林木魚鼈, 亦不勝食用矣. 又其境所産之藥草·皮革, 爲用也廣, 可以行遠而暢銷, 亦貨殖之大宗也. 江原道濱海之區, 聞有珊瑚産於水底, 以其地向陽而氣冷, 向陽則噓而生, 氣冷則堅而凝也. 八道田穀之種豆者, 宜參植木棉, 以十計之, 豆三四, 棉六七, 其利可增而普矣. 不但此也, 五金之礦, 可供開採, 百工之肆, 宜事考求, 女紅組織, 亦在所宜講者也. 庶因富而可以致强, 因强而可以保富, 何以能富, 開礦通商是也, 何以能强, 練兵制器是也. 我軍旣弭朝鮮之亂, 卽擬凱旋, 國王疏乞暫留, 以資鎭靜, 且以王師耀威, 得覩軍容之盛, 亟思則效以勁其兵. 又仰督師吳公長慶, 仁明英武, 爲世虎臣, 三十登壇, 未四十而膺疆寄, 擁旄仗節, 雅號知兵. 公之視高人與高人之視公, 不啻家人父子, 猜嫌胥泯, 畛域不分, 兵法陣圖, 何所吝惜, 是區區者而不余畀乎, 遂兼以訓練爲請. 公爰檄軍司馬袁君世凱, 於訓局健兵中, 選其材藝出衆者, 爲之訓練槍隊. 袁君以大公至精之心, 授命致遠之技, 不祕其巧, 不憚其勞, 步伐止齊, 不數月自能井井, 水陸之師, 悉成勁旅, 足以自雄矣. 陸軍扼險之策, 宜築沿海礮臺, 購用西洋及遠巨礮, 摧堅破敵無難也. 水師制勝之奇, 宜以所得開礦之貲通商之稅, 陸續廣置輪船, 與各道戰艦大小相維, 聯絡一氣, 左顧右盼. 城山池海, 設險守國, 規模略具於此矣. 然國不擇將, 以國輸敵, 將不知兵, 以兵輸敵, 故練兵尤以練將爲先. 諺云, 千軍易得, 一將難求. 欲求將才, 必選資兼文武者, 習誦古今兵法, 使之周歷行間, 首謀臣而決兵機, 先壯士而破堅陣, 此所謂大將才也. 將萬衆以攻敵, 敵無雄兵, 國無堅城, 雲卷風馳, 所向克捷. 然百戰百勝不如不戰而勝, 信乎兵爲凶器, 必不得已而後用之也. 李氏奄有朝鮮, 歷年四百九十. 雖迭經敵國外患, 屢瀕於危而旋就安堵者, 以其政尙簡易, 輕徭薄賦, 德澤之及民者深. 上有恭儉之君, 則朝有廉讓之臣, 野有高尙之民, 君德修於上, 民俗成於下, 有不期然而然者矣. 今者, 海禁大開, 商通貨集, 風氣將爲之一變, 縱不日就奢華, 勢必多所繁費, 出入之數,先事綢繆, 所當預爲籌及者也. 至於洋教之閑, 鴉片之禁, 濫觴漏卮, 易開難塞, 斟酌得宜, 不隨不激, 是所望於執政者. 他如懷才之士, 亟須羅, 致游手之民, 亦宜安置, 毋使爲外人所得而爲之間諜, 楚才晉用, 固當事者之憂也. 彼國臣民中, 分守舊·開化黨, 致內訌而召外侮, 揣其操心積慮, 雖各執一見, 兩不相能, 而忠肝義膽, 胥出於愛國之忱, 開化固未可厚非, 守舊亦未足深罪也. 守舊者, 狃於常習, 安於固陋, 譬諸深居窮谷, 與木石居, 與鹿豕遊, 狉狉獉獉, 風氣近古, 洵所謂不知有漢安知晉魏, 其自視非不高, 自處非不逸, 然而褊矣. 方今梯航萬里, 戶牖洞開, 雕題鑿齒文身斷髮之儔, 與峨冠博帶寬衣大袖者, 交臂錯踵而游於市, 誠自開闢以來, 未有之變局也. 有國者, 尙欲閉關自固, 其可得乎. 開化者之見, 審知關鍵不堅, 祕扃無術, 與其破扉而入, 使爲不速之客, 何如延之登堂, 藉通情好. 操縱之權, 仍不失爲自主, 識時務者爲俊傑, 不其然乎. 凡所謂通商富國强兵諸要圖, 余以爲宜亟講求者, 亦開化諸人瞿然視爲自任者也. 或謂, 有利者害必隨之, 利倍者害必倍是. 又迂拘之談, 猶諸利劍在掌, 能殺敵, 亦能自戕, 殺敵非劍之功, 自戕非劍之罪, 是在善用之者. 自今以往, 深願兩黨袪彼我之私, 掃門戶之見, 和衷共濟, 行救時之政, 振拔有爲, 易弱爲强, 化貧爲富, 祇須臾間耳. 將見在朝在官之士, 爲元愷, 爲閎散, 爲稷契皐夔, 勵精圖治, 輔國匡朝, 不致鼠被投而器亦破, 與我中朝同享承平, 豈不懿歟. 抑又考之≪文獻備考≫·≪東國兵鑑≫, 彼國之士, 具文武材, 智勇足備者, 不乏其選, 用能保其四境, 傳國長久, 所謂猛虎在山, 藜藿爲之不採, 出入其間者, 莫謂秦無人也. 余在朝鮮時, 曾識金留守雲養·金鴻臚小棠於黃松亭軍門座上, 迨余歸國, 適二公因事赴津, 得同附泰安兵船. 筆談終日, 二公皆抱負經濟, 學識有大過人者, 以時事方殷, 爰擧設稅關築埠頭諸大端爲問, 旣以次相答, 復本其意而推廣之. 小棠精古律, 其拳指書, 猶爲獨擅. 雲養歷官淸要, 兼領江華, 國之望也.

10

朝鮮八道紀要

平湖 薛培榕 著

王都治漢陽府, 又號漢城, 襟帶漢江, 山園川抱, 中廠平原, 洵一大都會也. 北有白嶽, 南有木覓. 山脈發自北漢之三角山, 迆邐而來, 借山築雉, 南北連雲, 城埤雄特. 東有駱駝·天藏·拜峰, 西有仁王·白蓮·蓮花諸山, 四周拱列, 高揷雲霄, 松檜蔽天. 溝塍接野, 水明山秀, 物阜人文. 四境江山環峙, 此天予以險可守疆域者也. 城周八萬九千六百十尺二寸[此周尺]. 都門有八, 南曰崇禮, 北曰肅靖, 東曰興仁, 西曰敦義, 東北曰惠化, 西北曰彰義, 東南曰光熙, 西南曰昭德[今名昭義]. 通衢達道廣五十六尺, 兩旁溝廣各二尺, 中路十六尺, 別徑十一尺[此營造尺]. 王城依築白嶽山麓, 有牆無雉, 周一萬八百七十八尺, 高二十一尺一寸. 其門有七, 南曰敦化·丹鳳, 北曰廣智, 西北曰耀金, 東曰建陽, 西曰景秋·金虎, 此昌德宮也, 治在北部廣化坊, 宮東連昌慶宮. 其門有四, 東曰洪化, 又其東曰通化, 北曰集春, 東南曰宣仁. 又有景福宮在北部觀光坊, 慶熙宮在敦義門內西部積善坊, 此卽所謂新宮也. 城中川渠. 西北自白嶽·仁王兩山下注之水源派最長. 一由白雲洞南流, 經慈壽宮橋, 與玉流洞東流之水匯, 向南經禁淸橋·松檜橋, 稍折東南, 經松杞橋, 流入大川. 經慶熙宮內之水, 由方木橋東流, 宮北之水, 歷承傳色橋南流會於松杞橋. 經景福宮內之水, 由北御橋西南流者, 三淸洞之水下注南流, 歷十字橋, 與景福宮西禁橋, 合慶會池之水, 過禁川橋東南, 出南禁橋匯流, 經中學橋, 再南穿惠政橋, 入於大川. 東流過毛廛橋·大廣通橋, 其皇華坊·貞陵洞之水, 東流經軍器寺橋, 其倉洞之水北注, 經水關橋, 二水匯流, 經小廣通橋, 其長興洞·校書洞之水, 分流匯歸大川. 東經長通橋, 再東經水標橋[橋西竪石, 以表浸涸]·河梁橋·長壽橋[俗稱孝經橋]. 其鑄字洞·筆洞·墨洞·雙里門等水, 分流北注, 同入大川. 東經太平橋[俗稱馬廛橋], 其南小門洞之水, 向東北流, 出二間水門, 二橋之水, 北由昌慶宮後苑, 經禁川橋, 出宣仁門旁水口南流, 經新石橋[或稱黃參議橋], 稍折而東, 歷蓮池·來灰·濟生各洞南流, 入鄕校洞, 流入大川. 其昌德宮南把子橋之水, 西與禁衛營下之小渠, 經敦寧府來者合. 東北營之水, 由曜金門旁水口, 入昌德宮之禁川橋, 與出丹鳳門旁水口來者合, 再東經太廟前梨峴洞橋, 南入大川. 其大小安國洞之水, 南流經大寺洞通雲橋[俗稱鐵物廛橋], 達鐘樓東, 穿過大路, 折而東流, 入於大川. 一由惠化門之旁, 一由泮宮池南, 兩水分流下注, 經初橋折而東下, 出五間水門, 與出二間水門之水, 合流東去. 王城內, 劃分五部以及坊契, 設官治理, 擧凡道路橋梁, 摘扞·勘獄·巡警·宵柝·傳更等事, 由部令都事掌之. 五部令各一員[從五品], 都事各一員[從九品], 吏胥徒隷等若干人.

京畿道[東北抵江原道界, 東南抵忠淸道界, 西達於海, 西北抵黃海道界]

陽川, 距京三十里. 別名, 孔巖·齊陽·巴陵·陽平·陽原. 名山, 城出·津山. 大川, 孔巖. 物産, 白魚·葦魚·綿魚·鯽魚·秀魚·蟹.

衿川, 距京三十里. 別名, 穀壤·黔州·始興·衿果·衿陽. 名山, 三聖·虎巖. 大川, 楊花. 物産, 鯽魚·蟹.

果川, 距京三十里. 別名, 栗林·富安·栗富·林津·果州. 名山, 冠嶽·淸溪. 大川, 露梁. 物産, 白魚·紫蟹.

廣州, 距京四十里. 別名, 南漢·淮安·漢山·漢州·奉國·廣陵. 名山, 南漢·黔丹·修理. 大川, 三田. 物産, 絲·麻·銀口魚·錦鱗魚·訥魚·蟹·磁·陶器.

高陽, 距京四十里. 別名, 高峰·幸州·皆伯·遇王·德陽·王逢. 名山, 長嶺. 大川, 德水. 物産, 葦魚·銀口魚·蟹.

富平, 距京五十里. 別名, 樹州·安南·桂陽·吉州·長城. 名山, 桂陽. 大川, 大橋. 物産, 海物.

安山, 距京五十七里. 別名, 獐口·蓮城. 名山, 見佛. 大川, 介橋. 物産, 海物.

楊洲, 距京六十里. 別名, 見州·昌化·來蘇. 名山, 道峰·三角·水落·佛巖. 大川, 揚津·大灘. 物産, 絲·麻·玉石·陶器·海松子·松蕈·銀口魚.

金浦, 距京六十里. 別名, 黔浦·金陵. 名山, 北城. 大川, 掘物. 浦産,[10] 黃玉·靑玉·秀魚·葦魚·蟹·靑蟹·白魚.

龍仁, 距京七十五里. 別名, 駒城·巨黍·滅烏·龍駒. 名山, 寶蓋. 大川, 金梁. 物産, 絲·麻·地黃.

仁川, 距京七十七里. 別名, 邵城·慶源·仁州. 名山, 蘇來. 大川, 蛇川. 物産, 碇玉砂·海物.

坡州, 距京八十里. 別名, 坡平·鈴平·峰城·瑞原·原平·曲城. 名山, 城山·獐山. 大川, 臨津·廣灘. 物産, 石菖蒲·銀口魚·葦魚·秀魚·蟹.

交河, 距京八十里. 別名, 宣城·屈火·原火. 名山, 漢麓. 大川, 洛

10) '掘物浦産'은 '掘浦物産'의 誤植이다.

河. 物産, 秀魚·葦魚·蟹.

水原, 距京九十里. 別名, 漢南·隋城·買忽·水城·水州. 名山, 光敎·證嶽. 大川, 大川. 物産, 白玉·海物.

通津, 距京一百里. 別名, 汾津·守安·童城·北史. 名山, 守安. 大川, 祖江. 物産, 碇玉砂·黃魚·鯽魚·葦魚·陶器·海物.

抱川, 距京一百里. 別名, 馬忽·堅城·抱州·淸化. 名山, 海龍. 大川, 高橋. 物産, 磁器·山芥·辛甘菜·蜜·松蕈.

南陽, 距京一百里. 別名, 益州·唐城·唐恩·隆中·江寧·寧堤. 名山, 飛鳳. 大川, 鼠尾. 物産, 碇玉砂·磐石·柿·海物.

江華, 距京一百二十里. 別名, 穴口·海口·沁州·江都·沁都. 名山, 摩尼·高麗. 大川, 甲川. 物産, 石灰·靑爛石·柿·紫草·莞草·蒲草·川椒·艾席·海物.

長湍, 距京一百二十里. 別名, 湍川·耶耶·夜牙·湍州·臨湍·長臨. 名山, 白嶽·華藏·五冠. 大川, 長湍·東江. 物産, 絲·麻·松蕈·葦魚·訥魚·秀魚·錦鱗魚·石菖浦·金銀花.

楊根, 距京一百二十里. 別名, 恒陽·濱陽·永化·益和. 名山, 龍門·忠州. 大川, 大灘·龍津. 物産, 錦鱗魚·訥魚·山芥·松蕈·白花蛇·辛甘菜·五味子·白土·磁器.

振威, 距京一百二十里. 別名, 釜山·淵達. 名山, 舞鳳. 大川, 長好. 物産, 鯽魚·蟹·地黃.

積城, 距京一百二十里. 別名, 七重城·乃別·重城. 名山, 紺嶽·龍頭. 大川, 仇淵. 物産, 陶器·赤土·蜜·訥魚·錦鱗魚·蟹·白花蛇.

陽智, 距京一百二十里. 別名, 楊良·陽山·秋溪. 名山, 定水. 大川, 秋溪. 物産, 無.

加平, 距京一百三十七里. 別名, 嘉平·斤平·弁平. 名山, 花嶽. 大川, 立石. 物産, 黃玉·山芥·辛甘菜·石蕈·松蕈·海松子·蜜.

利川, 距京一百四十里. 別名, 南川·黃武·南買·永昌. 名山, 雪峰. 大川, 梨樹. 物産, 白玉·陶器.

永平, 距京一百四十里. 別名, 洞陰·梁骨·永興. 名山, 白雲. 大川, 磨訖. 物産, 銅鐵·水鐵·磁器·安息香·松蕈·石蕈·人參·五味子·山芥·辛甘菜·蜜.

漣川, 距京一百四十里. 別名, 熊閃·漳州·漣州·獐浦. 名山, 五峰. 大川, 車難. 物産, 絲·麻·五味子·紫草·陶器.

陽城, 距京一百五十里. 別名, 赤城. 名山, 天德. 大川, 素沙. 物産, 葦魚·地黃.

開城, 距京一百六十里. 別名, 開州·開京·皇都·松京·松都. 名山, 松嶽·天磨. 大川, 禮城. 物産, 無.

砥平, 距京一百六十里. 別名, 砥峴·砥隄. 名山, 彌智. 大川, 田谷. 物産, 松蕈·甘菜·山芥·五味子·磁器·陶器.

竹山, 距京一百七十里. 別名, 介山·陰平·延昌·竹州. 名山, 鼎陪. 大川, 天民. 物産, 磁·陶器.

安城, 距京一百七十里. 別名, 白城. 名山, 瑞雲·飛峰. 大川, 南川. 物産, 絲·麻·磁·陶器·地黃.

麻田, 距京一百七十五里. 別名, 臨湍·泥沙·波忽·麻田淺. 名山, 尾頭. 大川, 澄波. 物産, 絲·麻·訥魚·錦鱗魚·蟹.

驪州, 距京一百八十里. 別名, 黃驍·永義·黃驪·驪江·興驪城·黃利. 名山, 北城·勝山. 大川, 驪江. 物産, 絲·楚·錦鱗魚·訥魚·鯽魚·秀魚·鯉魚·蟹.

豊德, 距京一百八十里. 別名, 海豊·德水·昇天·河源·貞州. 名山, 白馬·德積. 大川, 昇天. 物産, 碇玉砂·石灰·鯽魚·海物.

喬桐, 距京一百八十里. 別名, 木雲·高林. 名山, 華蓋. 大川, 角山. 物産, 席·海物.

陰竹, 距京一百九十里. 別名, 雪城. 名山, 靈嶽. 大川, 楸澤. 物産, 薄.

朔寧, 距京二百里. 別名, 所邑·朔邑·安朔·僧嶺·非勿·幢梁. 名山, 城山. 大川, 北川. 物産, 絲·痲·五味子·蔥·蜜·訥魚·錦鱗魚.

咸鏡道[東圖們江, 南大海, 西平安道界, 北接中國, 西南江原道界]

安邊, 距京五百十里. 別名, 淺城·朔庭·登州·朔方·鶴城. 名山, 雲峰·鐵嶺. 大川, 南大. 物産, 絲·痲·人參·安息香·茯苓·麝香·茅香·羚羊·五味子·紫草·蜜·箭竹·水獺·松蕈·酥油.

德源, 距京五百六十里. 別名, 泉井·宜川·德州·東牟·宜春·宜城·春城·湧州. 名山, 元山. 大川, 府內. 物産, 絲·痲·人參·甘草·麝香·安息香·紫草·茯苓·羚羊·海松子·五味子·酥油·箭竹·銀口魚·梨·蜜·蟹·海物.

文川, 距京五百九十里. 別名, 妹城·文州·伊均. 名山, 普賢. 大川, 院岐. 物産, 絲·痲·人參·麝香·五味子·石蕈·蜜·鐵·茯苓·紫草·海松子·箭竹·蟹·銀口魚·海物.

高原, 距京六百四十五里. 別名, 德寧·洪原·高州. 名山, 九龍. 大川, 德之. 物産, 絲·痲·人參·麝香·五味子·石蕈·蜜·紫草·硯石·礪石·鐙石·鉛·銀·海物.

永興, 距京六百八十五里. 別名, 博平·和州·長嶺·和寧·歷楊·雙城·唐文. 名山, 國泰·聖歷. 大川, 龍興. 物産, 絲·痲·人參·安息香·箭竹·蘆草·松蕈·石蕈·紫草·五味子·鐵·鉛·蜜·黃魚·銀口魚·鯽魚·蟹·海物.

定平, 距京七百七十里. 別名, 宣威·千丁·中山·定州. 名山, 鼻白. 大川, 長溪. 物産, 絲·痲·人參·茯苓·安息香·麝香·紫草·五味子·酥油·蜜·貂·靑鼠·銀口魚·海松子·海物.

咸興, 距京八百二十里. 別名, 咸州·治蘭·咸平·咸山. 名山, 城川·麒麟. 大川, 城川. 物產, 絲·麻·人參·茯苓·麝香·羚羊·安息香·五味子·紫草·海松子·箭竹·松蕈·石蕈·樺皮·貂·靑鼠·山獺·海獺·黃魚·銀口魚·餘項魚·蟹·海物.

洪原, 距京九百二十里. 別名, 洪肯·洪獻. 名山, 咸關·豆無. 大川, 新翼. 物產, 絲·麻·人參·五味子·紫草·海松·鼎石·石蕈·海獺·蟹·海物.

北靑, 距京一千十里. 別名, 三撒·靑州·安北·靑海. 名山, 立石. 大川, 黃水. 物產, 絲·麻·人參·五味子·紫草·蜜·豆乙粥·松·石蕈·眞蕈·甘草·黃灰木·鐵·加時木·漆·楮·樺皮·水鐵·銀口魚·水獺·熊·貂·靑鼠·蟹·海物.

利城, 距京一千一百十五里. 別名, 時利·多甫·河沙·觀城. 名山, 檜山·摩雲. 大川, 小川. 物產, 絲·麻·人參·麝香·五味子·紫草·石脂·漆·鐵·貂·靑鼠·銀口魚·蟹·海物.

端川, 距京一千二百十五里. 別名, 福州·甑川·端山. 名山, 摩天·道德. 大川, 南川. 物產, 絲·麻·人參·茯苓·羚羊·麝香·五味子·紫草·蜜·樺皮·滑石·黃白朱玉·四色玉·石硫黃·銀·鐵·鉛鐵·水鐵·水獺·貂·靑鼠·石蕈·蟹·海物.

甲山, 距京一千二百七十五里. 別名, 虛川·甲州·夷山. 名山, 天鳳. 大川, 惠山. 物產, 絲·麻·樺皮·白礬·水泡石·綠礬·礪石·五味子·海松子·羚羊·麝香·水獺·貂·靑鼠·蜜·餘項魚.

三水, 距京一千三百六十五里. 別名, 三江. 名山, 五峰. 大川, 長津. 物產, 麻·人參·五味子·麝香·羚羊·樺皮·松·石蕈·蜜·水泡石·海松子·土豹·貂·靑鼠·水獺·餘項魚.

吉州, 距京一千三百九十五里. 別名, 海洋·吉城·雄城·三海·洋弓·漢村. 名山, 圓山. 大川, 浮瑞. 物產, 絲·麻·鐵·綠礬·人參·鹿茸·麝香·羚羊·五味子·紫草·蜜·樺皮·貂·靑鼠·松蕈·石蕈·海獺·

水獺·蟾·酥·黃魚·白土·蟹·海物.

明川, 距京一千四百六十五里. 別名, 明原. 名山, 七寶. 大川, 明澗. 物産, 絲·麻·人參·茯苓·五味子·石蕈·樺皮·漆·朱土·靑·箭竹·貂·靑鼠·蜜·麝香·水獺·紫蟹·海物.

鏡城, 距京一千六百五里. 別名, 丂籠耳·木郎古·雉城. 名山, 長白. 大川, 龍城. 物産, 瞿麥·麻·土豹·狼尾·貂·靑鼠·羚羊·海獺·水獺·人參·蜜·五味子·阿羊鹿·樺皮·沙鐵·麝香·竹箭·蟹·海物.

富寧, 距京一千七百里. 別名, 石幕·富居·寧山. 名山, 靑巖. 大川, 穿串. 物産, 麻·鐵·人參·五味子·海松子·樺皮·蕈·土豹·狼·貂·靑貂·水獺·海獺·蟹·海物.

茂山, 距京一千八百五十里. 別名, 三山·鼇木. 名山, 白頭. 大川, 博河. 物産, 麻·人參·羚羊·五味子·海松子·紫草·樺皮·貂·靑鼠·海物.

會寧, 距京一千九百四十五里. 別名, 阿木河·鼇山·吾音會·會山. 名山, 鼇山·花豊. 大川, 甫羅. 物産, 麻·鐵·人參·五味子·甘草·貂·靑鼠·蟹·海物.

鐘城, 距京二千四百十里. 別名, 愁州·愁城·鐘山. 名山, 小白. 大川, 西豊. 物産, 麻·鐵·人參·甘草·鹿茸·靑白·朱土·海物.

穩城, 距京二千一百十里. 別名, 多穩平·氈城. 名山, 萬壽. 大川, 立巖. 物産, 麻·人參·五味子·水獺·貂·靑鼠·海物.

慶源, 距京二千一百九十五里. 別名, 孔州·匡州·楸城. 名山, 東秋. 大川, 豆蒲·愁濱. 物産, 麻·人參·五味子·麝香·海物.

慶興, 距京二千三百五十里, 由會寧行營直抵則二千一百二十五里. 別名, 孔城·孔州·禮城·匡城. 名山, 白嶽. 大川, 西水羅. 物産, 麻·鐵·人參·海獺·水獺·蟹·紫蝦·海物.

江原道[東大海, 西京畿界, 南忠淸道界, 北咸鏡道界, 東南慶尙道界, 西北黃海道

界]

鐵原, 距京一百八十里. 別名, 鐵圓·鐵城·東州·陸昌·昌原. 名山, 高巖·寶蓋. 大川, 砌川. 物産, 漆·松蕈·梨·五味子·茯苓·蜜·人參·磁器·錦鱗魚·訥魚.

春川, 距京二百五十里. 別名, 牛首·朔州·光海·春州·安陽·壽春·鳳山. 名山, 清平·鳳山. 大川, 昭陽. 物産, 漆·海松子·五味子·羚羊·蜜·紫草·人參·地黃·茯苓·辛甘菜·訥魚·餘項魚·石蕈·錦魚.

金化, 距京二百二十里. 別名, 夫如·富平·花江·花山. 名山, 五申. 大川, 方同. 物産, 人參·茯苓·白花蛇·安息香·芎藭·羚羊·五味子·海松子·滑石·鐵·漆·蜜·綠礬·餘項魚·石蕈.

安峽, 距京二百二十里. 別名, 窮嶽·安朔. 名山, 萬景. 大川, 浦里. 物産, 青石·玉鐙石·石鐵·漆·海松子·人參·羚羊·五味子·蜜·石蕈·紫草·茯苓·訥魚·鯽魚.

橫城, 距京二百三十里. 別名, 橫川·潢川·花田. 名山, 馬山. 大川, 西川. 物産, 人參·茯苓·羚羊·白花蛇·紫草·五味子·紫檀香·鐵·漆·蜜·石蕈·安息香·訥魚·餘項魚.

狼川, 距京二百三十里. 別名, 狌川·華陰. 名山, 狌山. 大川, 龍頭. 物産, 人參·茯苓·羚羊·山查·五味子·梨·石蕈·海松子·紫草·蜜·訥魚·鯽魚·餘香魚·錦鱗魚.

洪川, 距京二百三十里. 別名, 綠驍·花山. 名山, 石花·孔雀. 大川, 君子. 物産, 人參·茯苓·羚羊·白花蛇·五味子·紫草·海松子·石鐵·漆·蜜·石蕈·訥魚·餘項魚·錦鱗魚.

原州, 距京二百四十里. 別名, 平原·一新·靖原·益興·成安·原城·鶴城. 名山, 雉嶽·鳴鳳. 大川, 似. 物産, 羚羊·玉石·蜜·海松子·五味子·人參·紫草·石蕈·訥魚·餘項魚·錦鱗魚·蟹.

平康, 距京二百四十里. 別名, 平江·廣坪·斧壤. 名山, 重峰·竹林. 大川, 狄巖. 物産, 人參·茯苓·白花蛇·五味子·海松子·漆·水鐵·石蕈·羚羊·蜜·麻·楮·雪花紙·訥魚·餘項魚.

金城, 距京二十七里. 別名, 毋城·益城·金壤·道寧. 名山, 慶把·白亦. 大川, 新淵. 物産, 人參·漆·石鐵·銅鐵·鉛鐵·鑪甘石·茯苓·白花蛇·五味子·海松子·蜜·石蕈·訥魚·餘項魚·錦鱗魚.

伊川, 距京二百八十里. 別名, 伊珍買·花山. 名山, 達摩·廣福. 大川, 古城. 物産, 人參·五味子·茯苓·松·石蕈·蜜·白花蛇·漆·海松子·地黃·羚羊·紫草·訥魚·鯽魚·餘項魚·錦鱗魚.

平昌, 距京三百七十里. 別名, 郁烏·白烏·魯山. 名山, 魯山·水精. 大川, 南津. 物産, 玉石·銅鐵·紫硯石·漆·海松子·五味子·紫檀香·紫草·松·石蕈·人參·地黃·茯苓·羚羊·白花蛇·訥魚·餘項魚·錦鱗魚·安息香.

楊口, 距京三百七十里. 別名, 楊溝·楊麓. 名山, 大陰·四明. 大川, 曲溪. 物産, 人參·茯苓·羚羊·白花蛇·石蕈·磁器·海松子·蜜·魚·餘項魚·錦鱗魚.

麟蹄, 距京三百七十里. 別名, 豬足·烏斯回·靈昭. 名山, 伏龍·寒溪. 大川, 彌勒. 物産, 人參·茯苓·羚羊·白花蛇·海松子·五味子·紫草·蜜·漆·訥魚·鯽魚·餘項魚·錦鱗魚.

淮陽, 距京三百八十里. 別名, 各連城·連城·伊勿城·淮州. 名山, 金剛. 大川, 德津. 物産, 鉛鐵·磁石·弓幹木·漆·麻·海松子·五味子·紫草·人參·茯苓·松蕈·蜜·羚羊·白花蛇·餘項魚·錦鱗魚·訥魚.

寧越, 距京四百十里. 別名, 柰生·柰城. 名山, 石船·正陽. 大川, 錦障. 物産, 石鐵·黃楊·五味子·紫草·人參·茯苓·蜜·石鐘乳·白檀香·紫檀·海松子·地黃·羚羊·白花蛇·訥魚·錦鱗魚·餘項魚.

旌善, 距京四百三十里. 別名, 三鳳·朱陳·桃源·沈鳳. 名山, 飛鳳. 大川, 大陰. 物産, 石鐵·靑石·石鐘乳·漆·海松子·五味子·紫檀香·黃陽·弓幹木·紫草·石·松蕈·人參·地黃·茯苓·羚羊·蜜·白花蛇·訥魚·錦鱗魚·餘項魚.

通川, 距京四百四十里. 別名, 休壤·金惱·金壤·通州·金蘭. 名山, 登禾. 大川, 十二遷. 物産, 人參·五味子·地黃·茯苓·石蕈·水泡石·蜜·秀魚·銀口魚·海物.

歙谷, 距京四百七十里. 別名, 習磎·鶴林·習比谷. 名山, 黃龍·朴山. 大川, 寒橋. 物産, 人參·地黃·補骨脂·漆·石蕈·蜜·銀口魚·蟹·海物.

高城, 距京五百十里. 別名, 達忽·豊巖. 名山, 金城. 大川, 三日. 物産, 人參·五味子·地黃·茯苓·磁石·白石·英石·石膏·水晶石·水爛石·石鼎·蜜·白花蛇·松蕈·蕈·黃魚·海物.

江陵, 距京五百三十里. 別名, 濊國·臨屯·溟洲·東原·溟源·臨瀛·東溫. 名山, 大關·五臺. 大川, 鏡浦. 物産, 苧·弓幹木·箭竹·海松子·五味子·紫檀香·黃楊·紫草·松蕈·人參·地黃·茯苓·蜜·蕈·石鐘乳·何首烏·白花蛇·海獺·銀口魚·訥魚·枳實·海物.

襄陽, 距京五百四十里. 別名, 翼峴·伊文·翼嶺·德寧·襄山·襄州·峴山. 名山, 峴山. 大川, 南川. 物産, 苧·鐵·箭竹·海松子·紫草·地黃·茯苓·蜜·人參·白花蛇·五味子·松蕈·銀口魚·海物.

杆城, 距京五百五十里. 別名, 邊城·守城·水城. 名山, 五音. 大川, 永郎. 物産, 同襄陽.

三陟, 距京六百五十里. 別名, 悉直·陟州·眞珠. 名山, 頭陀·青玉·大白. 大川, 五十. 物産, 苧·鐵·箭竹·瑪瑙·弓幹木·紫檀香·安息香·五味子·黃楊·人參·地黃·茯苓·松蕈·蜜·白花蛇·秀魚·黃魚·銀口魚·海物.

蔚珍, 距京八百里. 別名, 仙槎. 名山, 安逸王. 大川, 守山. 物産, 弓幹木·漆·海松子·五味子·紫草·蜜·人參·地黃·茯苓·白花蛇·松·

石蕈·箭竹·銀口魚·黃魚·蟹·海物.

平海, 距京八百八十里, 由寧海路七百八十里. 別名, 箕城. 名山, 金谷·懸鐘. 大川, 南大. 物産, 箭竹·蜜·松蕈·石蕈·紫草·人參·地黃·茯苓·白花蛇·銀口魚·海物.

慶尙道[東大海, 西全羅道界, 南大海, 北忠淸道界, 北東江原道界]

聞慶, 距京三百八十里. 別名, 冠文·冠山·聞喜. 名山, 主屹·曦陽. 大川, 加恩. 物産, 人參·茯苓·松·石蕈·海松子·熊膽·銀口魚·蜜·柿.

豊基, 距京四百三十里. 別名, 基州·基木·基川·永定·安定. 名山, 小白. 大川, 比川. 物産, 水晶石·人參·紫草·松·石蕈·海松子·莞草·蜜·楮·銀口魚.

咸昌, 距京四百四十里. 別名, 古寧·咸寧·古陵. 名山, 宰嶽. 大川, 豬谷. 物産, 地黃·柿·胡桃·蓮實·松蕈·蜜·銀口魚.

龍宮, 距京四百五十里. 別名, 竺山·園山·龍州. 名山, 竺山. 大川, 河丰. 物産, 莞草·梨·銀口魚·鐵·白花蛇·海松子.

順興, 距京四百六十里. 別名, 岌山·興州·順政·興寧. 名山, 鳳凰. 大川, 東川. 物産, 當歸·山査.

榮川, 距京四百六十里. 別名, 柰靈·剛州·順安·榮州·龜城. 名山, 鐵呑·龜山. 大川, 臨川. 物産, 楮·人參·地黃·茯苓·海松子·松蕈·蜜·漆 ,莞草·銀口魚.

尙州, 距京四百八十里. 別名, 上州·上洛·沙伐·商山·陀阿. 名山, 四佛. 大川, 洛東. 物産, 水晶石·玉石·玉鐙石·鐵·人參·安息香·胡桃·柿·栗·白花蛇·莞草·松·石蕈·銀口魚.

醴泉, 距京四百八十里. 別名, 水酒·甫州·基陽·淸阿·襄陽. 名山, 龍門. 大川, 沙川. 物産, 鐵·人參·白花蛇·五味子·楮·雪綿·紫草·海松子·莞草·石蕈·蜜·銀口魚·鯽魚.

奉化, 距京五百十里. 別名, 鳳城·玉馬. 名山, 太白. 大川, 買吐. 物産, 人參·白花蛇·石淸·海松子·石蕈·松蕈·銀口魚.

禮安, 距京五百二十里. 別名, 買谷·善谷·宣城. 名山, 龍頭. 大川, 浮津. 物産, 漆·鐵·人參·茯苓·五味子·紫草·松·石蕈·蜜·海松子·銀口魚·雪綿.

安東, 距京五百四十里. 別名, 古昌·永嘉·福州·綾羅·地平·石陵·一界·花山·古寧·古藏·昌寧. 名山, 文筆·淸涼. 大川, 琴召. 物産, 鐵·人參·茯苓·白花蛇·紫石·地黃·五味子·松·石蕈·海松子·蜜·莞草·雪綿.

比安, 距京五百四十里. 別名, 屛山·比屋·幷屋. 名山, 城隍. 大川, 雙溪. 物産, 漆·人參·紫草·蜜.

善山, 距京五百五十里. 別名, 一善·嵩善·善州·和義. 名山, 金烏. 大川, 大灘. 物産, 漆·柿·茯苓·莞草·白花蛇·海松子·栗·鯉魚·鯽魚.

開寧, 距京五百五十里. 別名, 靑州·甘文·甘州. 名山, 甘文. 大川, 牙川. 物産, 棗·安息香·地黃.

金山, 距京五百二十里. 別名, 金陵. 名山, 五波. 大川, 直旨. 物産, 地黃·白花蛇·蜜·松·石蕈·柿·莞草·銀口魚.

軍威, 距京五百七十里. 別名, 赤羅. 名山, 馬井. 大川, 幷川. 物産, 漆·沙器·紫草·松蕈·蜜.

仁同, 距京五百九十里. 別名, 壽同·玉山. 名山, 流嶽. 大川, 漆津. 物産, 地黃·胡桃·柿·蜜·銀口魚·鯽魚.

義城, 距京五百九十里. 別名, 召文·聞韶. 名山, 黃山·氷山. 大川, 下川. 物産, 漆·席·人參·紫草·蜜.

星州, 距京六百里. 別名, 星山·伽倻·新安·碧珍·廣平·岱州·京山·興安. 名山, 斐旨. 大川, 伊川. 物産, 漆·磁器·安息香·紫草·海松子·松蕈·蜜·銀口魚.

義興, 距京六百十里. 別名, 龜山·龜城. 名山, 華山. 大川, 缶溪. 物産, 漆·人參·地黃·紫草·白花蛇·磁器·蜜.

知禮, 距京六百十里. 別名, 龜城. 名山, 龜山. 大川, 甘川. 物産, 松·石蕈·海松子·石榴·銀口魚·蜜.

青松, 距京六百二十里. 別名, 靑已·積善·雲鳳·靑鳧·靑寶. 名山, 周方. 大川, 南川. 物産, 人參·熊膽·白花蛇·莞草·漆·蜜·羚羊·松·石蕈·海松子·紫草.

眞寶, 距京六百二十里. 別名, 眞安·甫城·載巖·靑寶·眞海. 名山, 南角. 大川, 神漢. 物産, 人參·地黃·茯苓·紫草·松·石蕈·蜜.

英陽, 距京六百四十里. 別名, 古隱·延陽·益陽. 名山, 日月. 大川, 興林. 物産, 蜜·松蕈·木賊·五味子.

新寧, 距京六百四十里. 別名, 丁火·花山. 名山, 普賢. 大川, 乙阿. 物産, 地黃·人參·麥·門冬·蜜·漆·笠草.

高靈, 距京六百五十里. 別名, 大伽倻·靈川. 名山, 耳山. 大川, 龍潭. 物産, 竹榧子·地黃·柿·梅實·磁器·蜜·銀口魚.

漆谷, 距京六百六十里. 別名, 架山·箕城·漆城. 名山, 架山. 大川, 梅院. 物産, 艾.

大邱, 距京六百七十里. 別名, 達城. 名山, 連龜·八公. 大川, 石湖. 物産, 漆·箭·人參·枸杞子·茯苓·紫草·笠草·海松子·松蕈·石榴·柿·地黃·銀口魚·鯽魚·鯉魚.

元風, 距京六百七十里. 別名, 元驍·包山·元丰. 名山, 琵瑟. 大川, 廣灘. 物産, 竹·茯苓·白花蛇·梅實·石榴·蜜·天門冬·鯽魚·鯉魚.

永川, 距京六百八十里. 別名, 臨皐·永州·益陽·永陽·高鬱. 名山, 鵲山. 大川, 北川. 物産, 鐵·漆·人參·茯苓·地黃·麥·門冬·山茱萸·紫草·松蕈·蜜·莞草·笠草·海松子·黃魚.

河陽, 距京六百八十里. 別名, 河州·花城. 名山, 醮禮. 大川, 南川. 物産, 棗·笠草·鯽魚·銀口魚.

草溪, 距京七百里. 別名, 八溪·淸溪. 名山, 淸溪. 大川, 黃芚. 物産, 楮·漆·竹·白花蛇·安息香·石蕈·胡桃·石榴·海松子·柿·鯽魚.

慶山, 距京七百里. 別名, 押梁·押督·獐山·章山·玉山. 名山, 馬巖. 大川, 黃栗. 物産, 茯苓·白花蛇·紫草·蓮實·梅實·棗·蜜·銀口魚·鯽魚·笠草.

居昌, 距京七百十里. 別名, 居烈·居陁·娥林·濟昌. 名山, 牛頭. 大川, 加祚. 物産, 五味子·柿·栗·松蕈·石蕈·海松子·麝香·熊膽·當歸·銀口魚·蜜.

咸陽, 距京七百十里. 別名, 含城·天嶺·許州·含陽. 名山, 白雲·白巖. 大川, 瀘川·雷溪. 物産, 竹·五味子·石榴·柿·蜜·海松子·石蕈·銀口魚.

昌寧, 距京七百十里. 別名, 火王·下州·昌山·昌城·夏城·夏山. 名山, 火王. 大川, 勿琴. 物産, 箭竹·石榴·五味子·茯苓·白花蛇·蜜·甘草·鯽魚.

陜川, 距京七百二十里. 別名, 大良·江陽·陜州·大耶. 名山, 伽倻. 大川, 倻川. 物産, 鐵·墨·人參·茯苓·白花蛇·五味子·海松子·柿·楮·蜜·石蕈·松蕈·銀口魚.

慈仁, 距京七百二十里. 別名, 其火·仁山. 名山, 三聖. 大川, 觀瀾. 物産, 枸杞子·紫草·莞草·鯽魚·烏鱗魚.

靈山, 距京七百四十里. 別名, 西火·尙藥·鷲山·鷲城. 名山, 太子. 大川, 買浦. 物産, 竹·茯苓·烏梅·甘草·石榴·柿·蜜·鯽魚·鯉魚.

淸道, 距京七百四十里. 別名, 道州·鼇山·伊山·大城·馬嶽·伊西. 名山, 鼇山. 大川, 雲門. 物産, 漆·楮·竹·石硫黃·地黃·胡桃·柿·栗·松·石蕈·蜜·銀口魚.

寧海, 距京七百五十里. 別名, 于尸·有鄰·禮州·丹陽·德原. 名山, 龍頭. 大川, 赤川. 物産, 銅·鉛·箭竹·人參·石榴·松蕈·蜜·紫草·蟹·海物.

安義, 距京七百五十里. 別名, 利安·馬利·花林·感陰·餘善. 名山, 黃石. 大川, 葛川. 物産, 竹·當歸·熊膽·麝香·胡桃·五味子·銀口魚·白花蛇·石蕈·柿·蜜.

慶州, 距京七百六十里. 別名, 辰韓·斯盧·樂浪·雞林·月城·東京·金鼇·蚊川. 名山, 金鼇·斷石. 大川, 兄蚊·山川. 物産, 白礬·沙鐵·石硫黃·瑪瑙石·水晶石·砒霜·漆·白花蛇·山茱萸·倭楮·松蕈·海松子·海物.

三嘉, 距京七百七十里. 別名, 三支·三岐山·麻杖·嘉樹·嘉壽·鳳城. 名山, 黃山. 大川, 深川. 物産, 鐵·柿·地黃·當歸·蜜·麝香·五味子·鱖魚·銀口魚.

迎日, 距京七百七十里. 別名, 臨汀·烏川. 名山, 大興·雲梯. 大川, 通洋. 物産, 箭竹·防風·礪石·松蕈·蜜·黃魚·銀口魚·海物.

漆原, 距京七百七十里. 別名, 漆吐·漆隄·龜城·茂陵. 名山, 青龍. 大川, 蔑浦. 物産, 蜜·竹·鯽魚·漆·柿·海物.

宜寧, 距京七百八十里. 別名, 獐含·宜春·宜山. 名山, 闍堀. 大川, 丐浦. 物産, 漆·苧·竹·楮·白花蛇·石榴·梅實·銀口魚·鯽魚.

興海, 距京七百九十里. 別名, 退火·義昌·曲江·鼇山. 名山, 禱陰. 大川, 曲江. 物産, 箭竹·防風·松蕈·銀口魚·海物.

盈德, 距京七百九十里. 別名, 野城. 名山, 蕪芚. 大川, 三江. 物産, 鐵·箭竹·海松子·人參·弓幹木·紫草·蜜·銀口魚·海物.

昌原, 距京八百里. 別名, 義安·義昌·檜山·合浦·會原·還珠. 名山, 白月. 大川, 合浦. 物産, 鐵·鉛銅·漆·倭楮·石榴·柚·柿·海物.

咸安, 距京八百里. 別名, 河羅·伽倻·咸州·金羅·沙羅·巴山. 名山, 餘航. 大川, 巴溪. 物産, 漆·楮·苧·石榴·蜜·竹·香蕈·柿·棗·栗·銀口魚·鯉魚·鯽魚.

寧[11]陽, 距京八百十里. 別名, 蜜城·蜜州·歸化·凝川·蜜川. 名山, 華嶽·萬魚. 大川, 海陽. 物産, 楮·茶·笛竹·箭竹·漆·地黃·茯苓·斑石·廐·石榴·栗·松·石蕈·密·銀口魚·黃魚·葦魚·鱸魚·鯽魚.

清河, 距京八百十里. 別名, 阿兮·海阿·德城. 名山, 內延. 大川, 介浦. 物産, 石蕈·蜜·海物.

長鬐, 距京八百十里. 別名, 只沓·鬐立·蓬山. 名山, 巨大. 大川, 松吉. 物産, 磊綠·精粉·松蕈·海物.

彦陽, 距京八百十里. 別名, 巘陽·巘山. 名山, 高巘. 大川, 南川. 物産, 鐵·箭竹·石淸·地黃·石榴·香蕈·石·松蕈·銀口魚·黃魚.

河東, 距京八百二十里. 別名, 河南·靑河. 名山, 陽慶. 大川, 橫浦. 物産, 茯苓·朱土·茶·石榴·竹·柿·柚·楮·蟹·海物.

山淸, 距京八百四十里. 別名, 山陽·會稽·四明. 名山, 玉山. 大川, 牛灘. 物産, 竹·柿·松·石蕈·石榴·鐵·茶·五味子·熊膽·麝香·銀口魚·蜜.

鎭海, 距京八百四十里. 別名, 八鎭·牛山. 名山, 鷲山. 大川, 東城. 物産, 竹·茶·石榴·銀口魚·黃魚·蜜·海物.

晉州, 距京八百五十里. 別名, 居陀·菁州·康州·晉陽·菁川·晉山·晉康. 名山, 智異. 大川, 南江. 物産, 楮·柿·茶·漆·箭竹·梅實·熊膽·鹿茸·五味子·海松子·人參·白土·竹·蜜·石榴·松蕈·石蕈·生薑·海物.

蔚山, 距京八百五十里. 別名, 河曲·蔚州·鶴城·火城·恭化·興麗. 名山, 圓寂. 大川, 大和. 物産, 苧·水鐵·箭竹·茯苓·天門冬·瑪

11) '寧'은 '密'의 誤字이다.

瑙石·防風·深中青·倭楮·香蕈·烏海藻·蜜·茶·銀口魚·海物.

熊川, 距京八百六十里. 別名, 熊口·熊神·屛山·熊山. 名山, 熊山. 大川, 釜谷. 物産, 柚·石榴·香蕈·竹·海物.

金海, 距京八百八十里. 別名, 駕洛·伽倻·金官·臨海·金州·金寧·盆城. 名山, 龜旨·明月. 大川, 都要·三分. 物産, 鐵·箭竹·紫草·香蕈·烏蛇·蜜·石榴·葦魚·鯉魚·海物.

丹城, 距京八百八十里. 別名, 闕城·江城·珍城·赤村·丹邑·丹溪. 名山, 節俗. 大川, 丹溪. 物産, 鐵·梅實·柿·榧子·蜜·竹·茶·麝香·石榴·銀口魚·礪石.

泗川, 距京八百八十里. 別名, 史勿·沛水·泗州·東城. 名山, 豆音. 大川, 泗水. 物産, 竹·箭竹·柿·石榴·柚·香蕈·蜜·黃魚·銀口魚·海物.

梁山, 距京九百里. 別名, 良州·宜春·梁州·順正. 名山, 鷲棲. 大川, 伽倻. 物産, 沙鐵·竹·天門冬·茶·香蕈·松蕈·秀魚·銀口魚·葦魚·黃魚.

昆陽, 距京九百里. 別名, 昆明·昆南·鐵城·昆山. 名山, 鳳鳴. 大川, 唐川. 物産, 竹·蜜·茶·香蕈·石榴·柚·柿·松蕈·海物.

固城, 距京九百里. 別名, 固州·鐵城. 名山, 舞妓. 大川, 愁月. 物産, 綠礬·竹·鹿茸·石榴·柚·倭楮·香蕈·柿·松蕈·海物.

南海, 距京九百二十里. 別名, 海陽·轉山·花田·輪山. 名山, 錦山. 大川, 觀音. 物産, 漆·弓幹木·梔子·榧子·石榴·柚·香蕈·海物.

東萊, 距京九百四十里. 別名, 萇山·萊山·蓬萊·蓬山. 名山, 釜山·金井. 大川, 絲川. 物産, 磁·陶器·箭竹·石榴·柚子·靑玉菜·香蕈·蟹·銀口魚·秀魚·海物.

機張, 距京九百五十里. 別名, 甲火良谷·車城. 名山, 炭山. 大川, 綦浦. 物産, 竹·箭竹·黑綦·石榴·柚·柿·海物.

巨濟, 距京一千十里. 別名, 裳郡. 名山, 雞加·龍羅. 大川, 九川. 物産, 漆·弓幹木·倭楮·白花蛇·地黃·梔子·柚·石榴·香蕈·秀魚·海物.

全羅道[東慶尙道界, 西大海, 南大海, 北忠淸道界]

礪山, 距京四百三十里. 別名, 礪良·壺山·朗山·野山·闕山. 名山, 軍入·花山. 大川, 漏項. 物産, 碑石·蟹.

龍安, 距京四百三十里. 別名, 十城. 名山, 龍頭. 大川, 金頭. 物産, 白魚·鯽魚·葦魚·秀魚·蟹.

咸悅, 距京四百四十里. 別名, 咸羅·甘勿阿. 名山, 咸羅. 大川, 熊浦. 物産, 苧·蓴·秀魚·魟魚·綿魚·蟹·鯽魚·白魚·葦魚·鱸魚.

益山, 距京四百五十里. 別名, 金馬·益州. 名山, 龍華. 大川, 春浦. 物産, 竹·鯽魚·薑·蟹.

珍山, 距京四百五十里. 別名, 珍同·黃山·進禮·玉溪·珍州. 名山, 萬仞·大芚. 大川, 弁川. 物産, 人參·鐵·銅·磁器·石雌黃·自然銅·柿·銀·硫黃·白礬.

高山, 距京四百七十里. 別名, 鳳山. 名山, 珠翠. 大川, 龍雞. 物産, 苧·漆·烏水晶·綠礬·石榴·蜜·松·石蕈·柿·錦鱗魚.

茂朱, 距京四百八十里. 別名, 茂山·茂丰·珠溪·赤川·丹川. 名山, 德裕·赤裳. 大川, 赤川. 物産, 鐵·蜜·人參·楮·海松子·五味子·松·石蕈.

錦山, 距京四百八十里. 別名, 錦陽·錦溪·錦州·伊城. 名山, 樂進. 大川, 召爾. 物産, 蜜·海松子·松·石蕈·茯苓·人參·鐵.

臨陂, 距京四百九十里. 別名, 陂山·鷲城·屎山·忻文·所島. 名山, 芮山. 大川, 鎭浦. 物産, 芡·蟹·鯽魚·白魚·魟魚.

全州, 距京五百里. 別名, 甄城·完山·安南·承化. 名山, 乾止·南福. 大川, 南川. 物産, 磁器·紙·漆·薑·鬱金·柿·蜜·石榴·葦魚.

萬項, 距京五百十里. 別名, 杜山·豆乃山. 名山, 進鳳. 大川, 新倉. 物産, 鯽魚·葦魚·芡·菱·蓮·蓴·海物.

金溝, 距京五百二十里. 別名, 鳳山·仇知·只山. 名山, 鳳頭. 大川, 母嶽. 物産, 石榴·蟹·苧·漆·蜜·薑·竹.

金隄, 距京五百三十里. 別名, 碧骨. 名山, 僧伽. 大川, 東津. 物産, 芡·菱·蓴·苧·蓮·鯽魚.

龍潭, 距京五百三十里. 別名, 勿居·玉川·淸渠. 名山, 九峰. 大川, 壽成. 物産, 麻·桑·漆·楮·柿·蜜·松·石蕈.

沃溝, 距京五百三十里. 別名, 馬西良·玉山. 名山, 鉢伊. 大川, 泗水. 物産, 竹·薑·茶·鯽魚·葦魚·秀魚·蟹·海物.

泰仁, 距京五百六十里. 別名, 太山·賓屈·賦城·武城·仁義. 名山, 竹寺. 大川, 南川. 物産, 苧·箭竹·礪石·茶·薑·石榴·柿·蜜·蟹.

扶安, 距京五百七十里. 別名, 皆火·扶寧·戒發·休安·浪川·喜安·扶風. 名山, 邊山. 大川, 東津. 物産, 苧·箭竹·磁器·鹿茸·松蕈·銀口魚·秀魚·鯽魚·葦魚·海物.

任實, 距京五百七十里. 別名, 靑雄·雲水. 名山, 龍繞. 大川, 烏原. 物産, 蜜·柿·漆·銀杏·木爪·梨·胡桃·地黃·鬱金·紫草·楮·白花蛇·銀口魚·石蕈·栗.

鎭安, 距京五百八十里. 別名, 難珍阿·越浪. 名山, ●耳. 大川, 東川. 物産, 漆·蜜·楮·麻·石·紫草.

井邑, 距京五百九十里. 別名, 井村·楚山. 名山, 內藏. 大川, 鵖川. 物産, 竹·柿·苧·石榴·薑·蜜·蟹.

古阜, 距京六百里. 別名, 瀛州·安南·古沙夫里. 名山, 斗升. 大川, 訥隄. 物産, 葦魚·鯽魚·蟹·靑土·鷃鵡油·薑·茶·石榴·竹·海物.

南原, 距京六百三十里. 別名, 帶方·古龍·龍城. 名山, 蛟龍. 大川, 居寧. 物産, 箭竹·楮·胡桃·石榴·梔子·海松子·茯苓·地黃·薑·柿·羚羊·蟹·松·石蕈·蜜·銀口魚.

淳昌, 距京八百三十里. 別名, 道實·烏山·玉川·淳化. 名山, 赤城. 大川, 伊川. 物産, 銀口魚·蜜·楮·鬱金·竹·茯苓·茶·白花蛇·自然銅.

興德, 距京六百三十里. 別名, 上柴·尙質·章德·興城. 名山, 逍遙. 大川, 沙津. 物産, 竹箭[12]·地黃·磁器·鶗鶘油·銀口魚·海物.

高敞, 距京六百四十里. 別名, 毛良·夫里·牟陽. 名山, 半登. 大川, 黍轎. 物産, 竹·銀口魚·柿·蜜·石榴·磁器.

長水, 距京六百四十五里. 別名, 兩坪·長川·高澤. 名山, 聖蹟. 大川, 南川. 物産, 五味子·人參·石蕈·紫草·蜜.

玉果, 距京六百六十里. 別名, 果支·雪山. 名山, 雪山. 大川, 方𨃼. 物産, 楮·柿·松蕈·銀口魚.

潭陽, 距京六百七十里. 別名, 秋城·潭州. 名山, 秋月·金城. 大川, 原栗. 物産, 苧·漆·柿·竹·楮·茶·梅實·茯苓·石榴·胡桃.

長城, 距京六百七十里. 別名, 岬城·邱珍·伊城·鼇山. 名山, 白巖. 大川, 黃龍. 物産, 苧·竹·白花蛇·梅實·薑·柿·榧子·石榴·蜜.

茂長, 距京六百七十里. 別名, 茂松·松山·長沙·上老·沙鳥. 名山, 禪雲·高山. 大川, 禪雲. 物産, 箭竹·茶·海物.

谷城, 距京六百七十里. 別名, 欲乃·浴川. 名山, 動樂. 大川, 鴨綠. 物産, 楮·銀口魚·竹·柿·茯苓·白花蛇·蟹·麻·松蕈·磁器·鬱金.

雲峰, 距京六百八十七里. 別名, 母山·阿英·阿容·阿莫·雲城. 名山, 鼎山. 大川, 楓川. 物産, 楮·柿·蜜·五味子·人參·松·石蕈·海松子·紫草·漆·栗.

昌平, 距京七百里. 別名, 屈支·祈陽·鳴陽·鳴平. 名山, 龍龜. 大川, 竹綠. 物産, 竹·鐵·漆·自然銅·石榴·棗·柿.

---

12) '竹箭'은 '箭竹'의 誤植이다.

靈光, 距京七百十里. 別名, 武靈·簏城·靜州. 名山, 箕山. 大川, 西湖. 物産, 竹·箭竹·茶·自然銅·薑·茯苓·地黃·海物.

光州, 距京七百三十里. 別名, 武珍·武州·光山·海陽·翼州·化平·茂珍·翼陽·瑞石. 名山, 無等. 大川, 漆川. 物産, 鐵·箭竹·磁器·地黃·海實·胡桃·棗·石榴·柿·茶·蜜·鯽魚.

同福, 距京七百三十里. 別名, 龜城·甕城·福川. 名山, 甕城. 大川, 靈神. 物産, 竹·楮·柿·銀口魚·漆·蜜·茶·香蕈·胡桃·石榴·栗·鬱金.

羅州, 距京七百五十里. 別名, 發羅·通義·錦山·錦城. 名山, 錦城·侍郎. 大川, 錦江·廣灘. 物産, 箭竹·礪石·磁器·竹·莓山·菜·榧子·石榴·香蕈·甘草·菁·葦魚·海物.

綾州, 距京七百五十里. 別名, 連珠·爾陵·樹竹·綾城. 名山, 倭城. 大川, 車衣. 物産, 箭竹·地黃·茶·松蕈·蜜·柿·石榴·竹·香蕈.

南平, 距京七百五十里. 別名, 玄雄·烏山·永平. 名山, 楓山. 大川, 砥石. 物産, 鯽魚·石榴·茶·梅實·竹·烏竹.

求禮, 距京七百六十里. 別名, 鳳城. 名山, 鼇山. 大川, 所兒. 物産, 楮·梔子·竹·箭竹·銀口魚·松·石蕈·石榴·香蕈·蜜·海松子·胡桃·白花蛇·茯苓·地黃·羚羊·五味子.

和順, 距京七百六十里. 別名, 汝湄·烏城·汝濱·山陽. 名山, 羅漢·吳城. 大川, 道川. 物産, 鐵·竹·茶·松蕈·石榴·柿·蜜.

咸平, 距京七百七十里. 別名, 咸丰·多岐·牟陽·牟平. 名山, 君尼. 大川, 鼎浦. 物産, 苧·楮·莞草·竹·箭竹·水鐵·磁器·鐵·石榴·柿·榧子·茶·秀魚·海物.

樂安, 距京七百八十里. 別名, 分嵯·分沙·浮槎·分嶺·洛州·陽嶽. 名山, 金錢. 大川, 白亭. 物産, 柚·柿·石榴·茶·竹·箭竹·梔子·梅實·茯苓·胡桃·楮·海物.

順天, 距京七百九十里. 別名, 武平·昇平·昇州·充海·昇化·平陽. 名山, 麟蹏. 大川, 洛水. 物産, 苧·磁器·箭竹·竹·柚·梔子·石榴·梅實·薑·香蕈·松蕈·榛子·茶·銀口魚·海物.

務安, 距京七百九十里. 別名, 綿州·勿良. 名山, 僧達. 大川, 沙湖. 物産, 甘草·石榴·茶·箭竹·榧子·秀魚·海物.

光陽, 距京八百十五里. 別名, 老馬·晞陽. 名山, 白雞. 大川, 蟾津. 物産, 楮·箭竹·石榴·香蕈·松·石蕈·柿·薑·鐵·漆·鬱金·茯苓·銀口魚·海物.

靈巖, 距京八百二十里. 別名, 月柰·朗川·朗山. 名山, 月出. 大川, 德津. 物産, 柿·石榴·茯苓·安息香·香蕈·海物.

寶城, 距京八百五十里. 別名, 山陽·貝州. 名山, 伏雉. 大川, 亭子. 物産, 柿·榧子·莓山·茶·苧·莞草·柚·香·松蕈·水泡石·竹·箭竹·石榴·礪石·海物.

康津, 距京八百八十里. 別名, 金陵·道康·耽津·陽武·鼇山. 名山, 萬德. 大川, 舟橋. 物産, 人蔘·紫草·石榴·柚·香蕈·雀舌·榧子·莓山·茶·自然銅·竹·箭竹·黃魚·銀口魚·鱸魚·鯉魚·海物.

長興, 距京八百九十里. 別名, 烏次·烏兒·定安·懷州·冠山. 名山, 修因·天冠. 大川, 汭陽. 物産, 箭竹·漆·柚·薑·梔子·榧子·石榴·烏梅·蜜·莓山·茶·松蕈·銀口魚·海物.

興陽, 距京八百九十里. 別名, 高伊·高興·高陽·瀛州. 名山, 智來·八影. 大川, 鍾川. 物産, 松蕈·香蕈·柚·竹·箭竹·莓山·茶·石榴·榧子·自然銅·桑·寄生·茯苓·麝香·海物.

海南, 距京九百里. 別名, 塞琴·浸溟·投濱·海珍. 名山, 駕鶴. 大川, 南川. 物産, 楮·竹·箭竹·苧·茶·石榴·柚·柿·莓山·茶·華斑石·自然銅·紫草·榧子·秀魚·海物.

珍島, 距京一千三十里. 別名, 沃州. 名山, 嘉興. 大川, 浴實. 物産, 石榴·柚·榧子·香蕈·紫檀香·箭竹·海物.

濟州, 距京陸路九百四十里, 水路九百七十里. 別名, 耽羅·東瀛州·毛羅·耽乇羅. 名山, 漢拏. 大川, 水晶. 物産, 馬·牛·麂子·麋鹿·獐·豬·貛·海獺·璸珠·地獺·玳瑁·貝·鸚鵡螺·香鼠·香蕈·木衣·柑·柚·橘·榧子·梔子·無灰木·榕木·櫨木·山柚子木·二年木·枳殼·安息香·苦練根·海桐皮·八角·蓽澄茄·厚朴·石斛·蜀椒·杜仲·無患子·零陵香·香附子·白蠟·石鐘乳·陳皮·靑皮松·寄生·銀口魚·海物.

大靜, 距濟州一百三十里. 名山, 山房. 大川, 索達. 物産, 同濟州.

旌義, 距濟州一百四十里. 名山, 瀛州. 大川, 洪罏. 物産, 同濟州.

忠淸道[東北抵江原道界. 東南抵慶尙·全羅道界. 西北抵大海, 北抵京畿道界]

平澤, 距京一百六十里. 別名, 彭城·河入. 名山, 城山. 大川, 濁川. 物産, 地黃·蒲草·秀魚·鯽魚.

稷山, 距京一百八十里. 別名, 慰禮城·蛇山. 名山, 蛇山·聖居. 大川, 牙州. 物産, 艾·白花蛇·安息香·秀魚·地黃·石首魚·鯽魚·葦魚.

天安, 距京二百十里. 別名, 兜率·歡州·任歡·歡城·寧州·寧山. 名山, 王字. 大川, 靑池. 物産, 磁·陶器·地黃·蟹·白花蛇·海物.

牙山, 距京二百十里. 別名, 牙述·陰峰岑·仁州·寧仁·牙州. 名山, 鷲巖. 大川, 貢稅·曲橋. 物産, 白玉·玉石·水晶·白花蛇·黃小魚·葦魚·秀魚·白魚.

新昌, 距京二百二十里. 別名, 屈直·祈梁·溫昌·昌城. 名山, 鶴城. 大川, 彌勒. 物産, 茯苓·艾·早紅·秀魚·葦魚·白魚.

鎭川, 距京二百四十里. 別名, 萬努·首知·新知·黑壤·黃壤·隆州·降州·鎭州·彰義·義寧·常山. 名山, 頭陀·吉祥. 大川, 牛川. 物産, 人參·麝香·羚羊·蜜·紫草·白花蛇.

木川, 距京二百四十里. 別名, 大麓·木州·新定. 名山, 黑城·鷲巖. 大川, 山方. 物産, 鐵·磁器·蜜·棗·紫草·安息香.

陰城, 距京二百四十里. 別名, 仍忽·雪城. 名山, 迦葉. 大川, 閱雲. 物産, 棗.

全義, 距京二百四十五里. 別名, 仇知·金池·全歧·全城. 名山, 甑山. 大川, 生掘. 物産, 鐵·磁器·茯苓·安息香·紫草.

溫陽, 距京二百五十里. 別名, 湯井·溫昌·溫水·溫泉. 名山, 排方. 大川, 加里. 物産, 漆·棗·柿·茯苓.

禮山, 距京二百五十里. 別名, 烏山·孤山. 名山, 金烏. 大川, 無限. 物産, 茯苓·茅香·磁器·秀魚·葦魚·蟹.

忠州, 距京二百八十里. 別名, 國原·大原·中原·忠原·蘂城·昌化. 名山, 風流·鳥岬·犬門. 大川, 達川·龍灘. 物産, 鐵·海松子·松蕈·滑石·水獺·蜜·紫草·棗·人參·麝香·安息香·錦鱗魚·石蕈·石硫黃.

槐山, 距京二百八十里. 別名, 槐壤·槐州·始安. 名山, 普光. 大川, 北川. 物産, 漆·紫草·人參·蜜·安息香·茯苓·白花蛇·訥魚.

大興, 距京二百八十里. 別名, 任存·今州·任城. 名山, 鳳首. 大川, 京結. 物産, 鯽魚·蟹·地黃.

清安, 距京二百八十里. 別名, 清淵·道西·道安·清塘. 名山, 坐龜. 大川, 磻灘. 物産, 鐵·磁器·茯苓·安息香·紫草.

德山, 距京二百八十里. 別名, 今勿·今武·德丰·伊山·馬尸山. 名山, 伽倻. 大川, 薪橋. 物産, 漆·紫草·白花蛇·蟹·秀魚·白魚·鯽魚.

燕岐, 距京二百九十里. 別名, 全岐·仍只·燕山. 名山, 元師. 大川, 東津. 物産, 磁·陶器·蟹.

清州, 距京三百里. 別名, 上黨·娘臂·西原·青州·琅城·全節. 名山, 上嶺·葩串. 大川, 鵲川. 物産, 青玉石·綠礬·朱土·青磁·陶器·蜜·松·石蕈·紫草·人參·茯苓.

洪川, 距京三百里, 別名, 連州, 知州, 安平, 海丰, 海興, 洪陽.

名山, 月山. 大川, 金馬. 物産, 鐵, 莞草, 箭竹, 蟹, 海物.

沔川, 距京三百十里. 別名, 橏郡·橏城·馬山·宗海·沔州. 名山, 鳳棲. 大川, 犯斤. 物産, 紫草·苧·鯽魚·蟹·海物.

結城, 距京三百十里. 別名, 潔己·潔城·潔州·秤城. 名山, 靑龍. 大川, 廣川. 物産, 竹·箭竹·靑玉·地黃·銀口魚·海物.

海美, 距京三百十里. 別名, 貞海·餘美·餘村·餘邑·岑陽·枳城. 名山, 象王. 大川, 大母. 物産, 秀魚·安息香·鐵·銀口魚·海物.

隄川, 距京三百十里. 別名, 柰吐·柰隄·義川·義原. 名山, 龍頭. 大川, 廣灘. 物産, 鐵·蕈·棗·蜜·松蕈·紫草·白花蛇·安息香·茯苓·羚羊·防風·辛甘菜.

公州, 距京三百二十里. 別名, 熊川·熊州·熊津·懷道·安節·公山. 名山, 鳳凰·雞龍. 大川, 錦江·熊津. 物産, 水鐵·銅鐵·海松子·訥魚·蟹.

延豊, 距京三百二十里. 別名, 上芼·長延. 名山, 朴達. 大川, 伊火. 物産, 松·石蕈·蜜·辛甘菜·海松子.

靑陽, 距京三百二十里. 別名, 古良夫里·靑武. 名山, 七甲·牛山. 大川, 西川. 物産, 苧·紫草·地黃·海松子·川魚·蟹.

文義, 距京三百三十里. 別名, 牟山·燕山·文山. 名山, 九龍. 大川, 荊角. 物産, 蜜·紫草·茯苓·白花蛇·安息香·訥魚·錦鱗魚·蟹·陶器.

淸風, 距京三百四十里. 別名, 沙熱. 名山, 月嶽·錦屛. 大川, 靑草. 物産, 絲·水鐵·棗·山查·松·石蕈·紫草·蜜·訥魚·錦鱗魚·朱土·靑土·人參·茯苓·白花蛇·羚羊·墨·石鐘乳·綠礬石·硫黃.

懷德, 距京三百四十里. 別名, 兩述·朽淺·比丰. 名山, 雞足. 大川, 甲川. 物産, 紫草·茯苓·地黃·安息香·石鐵·訥魚.

瑞山, 距京三百五十里. 別名, 基郡·富城·瑞寧·瑞州. 名山, 聖旺. 大川, 板橋. 物産, 苧·鐵·鯽魚·銀口魚·蟹·白花蛇·海物.

懷仁, 距京三百五十里. 別名, 未谷·昧谷. 名山, 何瘞. 大川, 熊巖. 物産, 水鐵·水晶石·蜜·海松子·紫草·茯苓·地黃·安息香.

定山, 距京三百五十里. 別名, 悅己·悅城. 名山, 大朴. 大川, 金剛. 物産, 苧·漆·鐵·磁器·蜜·地黃·茯苓·白花蛇.

唐津, 距京三百五十里. 別名, 代首只·夫只. 名山, 高山. 大川, 菜元. 物産, 茯苓·靑玉·蟹·海物.

保寧, 距京三百五十里. 別名, 新村·新邑·杻城·新安·新城. 名山, 烏棲. 大川, 花巖. 物産, 紫草·銀口魚·海物.

鎭岑, 距京三百五十里. 別名, 眞峴·鎭嶺·祀城·貞城. 名山, 産長. 大川, 車灘. 物産, 楮·漆·綠礬·白玉·茯苓·安息香.

永春, 距京三百六十五里. 別名, 子春·乙阿朝. 名山, 城山·毗摩. 大川, 南津. 物産, 人參·紫草·黃楊·茯苓·蜜·錦鱗魚·玉·羚羊·石鐘乳·安息香·棗·訥魚·石蕈.

丹陽, 距京三百七十里. 別名, 赤城·赤山·丹山·丹邱. 名山, 上嶽·燕飛. 大川, 馬津. 物産, 紫草·松蕈·竹·棗·玉石·綠礬·漆·蜜·石蕈·茯苓·安息香·白花蛇·海松子·墨·五味子·黃楊·辛甘菜·人參·訥魚.

藍浦, 距京三百七十里. 別名, 寺浦·玉山. 名山, 玉馬. 大川, 大川. 物産, 箭竹·硯石·磁器·銀口魚·海物.

尼山, 距京三百七十里. 別名, 尼城·魯山·恩山. 名山, 魯山. 大川, 石橋. 物産, 苧·鐵·鯽魚·蟹.

扶餘, 距京三百八十里. 別名, 半月·泗沘·餘州. 名山, 扶蘇. 大川, 白馬. 物産, 苧·茯苓·葦魚·鱸魚·秀魚·白魚·鯽魚.

報恩, 距京三百八十里. 別名, 保齡·三山·保令. 名山, 俗離. 大川, 龍川, 物産, 水鐵·松·石蕈·海松子·羚羊·安息香·蜜·熊膽·棗.

泰安, 距京三百九十里. 別名, 蘇泰·蘇州·蕁城·蘇城. 名山, 白華. 大川, 堀浦. 物産, 箭竹·白玉·鐵·竹·海物.

石城, 距京三百九十里. 別名, 珍惡山·石山. 名山, 波鎭. 大川, 甑山. 物産, 苧·葦魚·秀魚·安息香·鯽魚·蟹.

林川, 距京四百里. 別名, 加林·嘉林·林州. 名山, 聖興·七星. 大川, 南堂. 物産, 苧·陶器·蟹·白魚·葦魚·白花蛇·地黃·石首魚.

連山, 距京四百里. 別名, 黃山·恩山. 名山, 黃山. 大川, 草浦. 物産, 苧·自然銅·楮·漆·地黃·蜜·綠礬·沙鐵·柿·栗·銀口魚·錦鱗魚·鯽魚·蟹.

恩津, 距京四百里. 別名, 德恩·德殷·德近·薪浦·市津. 名山, 摩耶·皇華. 大川, 江景. 物産, 白玉·石鐵·箭竹·地黃·安息香·柿·鯽魚·白魚·葦魚·秀魚·白花蛇·銀口魚·蟹.

沃川, 距京四百十里. 別名, 古尸山·管城·沃州. 名山, 馬城. 大川, 赤登. 物産, 水鐵·紫草·人參·麝香·蜜·安息香·地黃·茯苓·朱土.

鴻山, 距京四百十里. 別名, 大山·翰山. 名山, 飛鴻. 大川, 金川. 物産, 苧·漆·茯苓·安息香·柿·蟹.

庇仁, 距京四百二十里. 別名, 比衆. 名山, 月明. 大川, 種川. 物産, 箭竹·白花蛇·海物.

靑山, 距京四百三十里. 別名, 屈山·突山·春山. 名山, 德義. 大川, 南川. 物産, 綠礬·人參·茯苓·安息香·蜜·海松子·紫草·棗.

韓山, 距京四百四十里. 別名, 馬山·馬邑·韓州·鵝州. 名山, 乾至. 大川, 芽浦. 物産, 苧·漆·白魚·秀魚·葦魚·柿.

舒川, 距京四百六十里. 別名, 舌林·西林·西州. 名山, 烏山. 大川, 長橋. 物産, 箭竹·苧·安息香·柿·蟹·海物.

永同, 距京四百七十里. 別名, 吉同·稽州·永山·稽山·竹州. 名山, 城隍. 大川, 高唐. 物産, 辛甘菜·人參·五味子·紫草·海松子·

松蕈·蜜·鯉魚·錦鱗魚·重脣魚.

黃澗, 距京五百十里. 別名, 召羅·黃靑·黃溪. 名山, 黃嶽. 大川, 石川. 物産, 磁器·人參·茯苓·白花蛇·蜜·安息香·辛甘菜·松蕈·木賊.

黃海道[東江原道界, 西大海, 南京畿道界, 北平安道界, 東北咸鏡道界]

金川, 距京二百里. 別名, 屈押·金陵·江陰·江西·牛峰·花山. 名山, 鶴峰·春明. 大川, 岐羅. 物産, 紫草·山獺·蜜·絲·秀魚·鯉魚·碑石.

白川, 距京二百十里. 別名, 刀臘·雉嶽城·雊澤·白州·開興·中翊·復興·銀州. 名山, 雉嶽. 大川, 星川. 物産, 鶡鴿油·秀魚·蟹·鯽魚.

兎山, 距京二百三十里. 別名, 烏斯·月城. 名山, 花山. 大川, 東大. 物産, 人參·蜜·水晶石·辛甘菜·紫草.

延安, 距京二百五十里. 別名, 海皐·鹽州·永膺·溫州·五原·陽原·復州·碩州. 名山, 鳳勢·龍縛. 大川, 所草. 物産, 蓮實·蟹·海物.

平山, 距京二百六十里. 別名, 大谷·永丰·平州·延德·東陽. 名山, 滅惡·牧丹·葱秀. 大川, 豬灘. 物産, 絲·鐵·藍石·靑礪石·朱土·綠礬·梨·栗·石蕈·五味子·紫草·訥魚.

瑞興, 距京三百四十里. 別名, 五谷·五關·洞州·隴西·瑞城·玉谷. 名山, 大峴. 大川, 金淵. 物産, 磁器·人參·茯苓·海松子·石蕈·五味子·紫草·弓幹木·蜜·漆·絲·麻·鉛鐵·訥魚·錦鱗魚.

新溪, 距京三百四十里. 別名, 新恩·新城·丹溪·檀溪·覃州. 名山, 九峰·鶴巢. 大川, 南灘. 物産, 絲·人參·茯苓·五味子·松蕈·紫草·鐵·訥魚.

海州, 距京三百七十里. 別名, 池城·長池·瀑池·大寧·安西·首陽·孤竹. 名山, 首陽·佛足·龍首. 大川, 三灘·鵲川. 物産, 鐵·麻·石鐵·絲·靑玉·紫草·蟹·銀口魚·鱸魚·鯽魚·秀魚·海物.

鳳山, 距京四百十里. 別名, 鵂巖·棲巖·池可·鳳州·鳳陽. 名山,祿科·政方. 大川, 劍水. 物産, 絲·麻·鳥·黃玉·磁器·鐵·地黃·梨·鱗魚·白魚·秀魚·訥魚·鯽魚·葦魚·蟹.

谷山, 距京三百三十里. 別名, 古谷·鎭瑞·永丰·象山. 名山, 高達·南山. 大川, 末訖. 物産, 絲·麻·人參·羚羊·弓幹木·黃楊·海松子·紫草·五味子·松·石蕈·蜜·木賊·訥魚.

遂安, 距京四百三十里. 別名, 豬塞·獐栗·遂州·遼山. 名山, 遼東. 大川, 能成. 物産, 絲·麻·鐵·銅·銀·人參·茯苓·羚羊·五味子·紫草·弓幹木·蜜·松·石蕈·玉石·訥魚.

康翎, 距京四百五十里. 別名, 永康·白翎. 名山, 鳳凰. 大川, 王灘. 物産, 苧·麻·礪石·紫草·鹿茸·蕈·秀魚·鱸魚·海物.

黃州, 距京四百六十里. 別名, 冬忽·取城·固寧·齊安·龍興·聖城·大龍·冬鬱. 名山, 碧花·天柱·金鳳. 大川, 鐵和·於草. 物産, 絲·礪石·靑土·朱土·地黃·梨·蘆草·蜜·葦魚·秀魚·鯽魚·訥魚·錦鱗魚.

載寧, 距京四百六十里. 別名, 息城·漢忽·重盤·安陵·安風·安州. 名山, 長壽. 大川, 栗串. 物産, 絲·麻·石鐵·何首烏·五味子·紫草·秀魚·鯽魚·訥魚·蟹·白魚.

信川, 距京四百六十里. 別名, 升山·升州·花山·信州·信安·信城. 名山, 花山·中嶺. 大川, 樓橋. 物産, 絲·麻·蘆草·鯽魚·蟹.

甕津, 距京四百八十里. 別名, 瓮遷. 名山, 花山. 大川, 所江. 物産, 絲·麻·紫草·鱸魚·海物.

松禾, 距京五百十里. 別名, 麻耕·靑松·禾嘉. 名山, 墨山. 大川, 水回. 物産, 麻·絲·鐵·漆·紫草·銀口魚.

長淵, 距京五百二十里. 別名, 長潭·淵康. 名山, 佛陀. 大川, 白沙. 物産, 絲·麻·鐵·銅·蜜·鹿角膠·秀魚·海物.

文化, 距京五百二十里. 別名, 闕口·儒州·始寧·文城. 名山, 九月. 大川, 亭子. 物産, 絲·麻·海松子.

安嶽, 距京五百三十里. 別名, 楊山·椿嶽. 名山, 楊山. 大川, 迎津. 物産, 絲·麻·松蕈·紫草·梨·秀魚·鯽魚·白魚·葦魚·石花·錦鱗魚·蟹.

豊川, 距京五百五十里. 別名, 屈遷·丰州·西河·成海·安州. 名山, 瑞麟·廣石. 大川, 業淸. 物産, 絲·麻·磊綠·鐵·漆·松·石蕈·紫草·峴石·倭楮·鹿角膠·海物.

殷栗, 距京五百五十里. 別名, 栗口·栗川. 名山, 乾止. 大川, 金山. 物産, 絲·麻·石鐵·紫草·海松子·銀口魚·海物.

長連, 距京五百七十里. 別名, 長命·連丰. 名山, 鳳凰. 大川, 三派. 物産, 絲·石鐵·精粉·紫草·水鐵·松蕈·五味子·銀口魚·秀魚·海物.

平安道[東咸鏡道界, 西大海, 南黃海道界, 北鴨綠江南岸]

中和, 距京五百里. 別名, 唐嶽. 名山, 淸凉. 大川, 鸞浦. 物産, 絲·麻·秀魚·酥油.

平壤, 距京五百五十里. 別名, 箕城·樂浪·西京·西都·鎬京·柳京. 名山, 錦繡·九龍. 大川, 大同. 物産, 秀魚·蛤·雲母·磁器·麻·絲·葦魚·綿魚·石花·錦鱗魚.

順安, 距京六百里. 別名, 平郊·安定. 名山, 靑龍. 大川, 合掌. 物産, 絲·麻 紫草·秀魚·鱸魚·海物.

江西, 距京六百里. 別名, 舞鶴. 名山, 舞鶴. 大川, 狄橋. 物産, 絲·麻·葦魚·秀魚·蛤.

江東, 距京六百十里. 別名, 松壤. 名山, 大朴·孫子. 大川, 西江. 物産, 絲·麻·楮·紫草.

咸從, 距京六百二十里. 別名, 牙山·牙善·牙城. 名山, 雙魚. 大川無. 物産, 絲·紫草·皮茯·栗·秀魚·鱸魚·海物.

祥原, 距京六百二十里. 別名, 土山·息達·今達·祥山. 名山, 觀音. 大川, 文浦. 物産, 絲·麻·楮·紫草·蜜.

永柔, 距京六百三十里. 別名, 清溪·永清·永寧·定水. 名山, 米豆. 大川, 清溪. 物産, 絲·麻·漆·紫草·秀魚·鱸魚·鯽魚·海物.

慈山, 距京六百四十里. 別名慈母·太安·慈州·文城. 名山, 慈母·梨花. 大川, 清水. 物産, 絲·麻·石鐘乳·安息香·酥油.

龍岡, 距京六百四十里. 別名, 烏山·軍嶽·黃龍·龍城, 名山, 烏石. 大川, 白浦. 物産, 絲·麻·紫草·漆·秀魚·鱸魚·海物.

甑山, 距京六百四十里. 別名, 西河. 名山, 國靈. 大川, 國靈. 物産, 絲·楮·漆·紫草·鱸魚·秀魚·海物.

三登, 距京二百四十里. 別名, 能城·陽壤. 名山, 鳳頭. 大川, 能成. 物産, 絲·麻·紫草·自然銅·楮·蟹·訥魚·錦鱗魚·鯉魚·海物.

肅川, 距京六百六十里. 別名, 鎭國·平原·肅州. 名山, 唐山. 大川, 楓川. 物産, 絲·麻·紫草·葦魚·鱸魚·海物.

三和, 距京六百六十里. 別名, 牛山. 名山, 牛山. 大川, 南川. 物産, 艾·絲·漆·紫草·鱸魚·秀魚·海物.

殷山, 距京六百七十里. 別名, 同昌·興德·殷州. 名山, 天聖. 大川, 綿溪. 物産, 絲·麻·山芥·人參·海松子·安息香·羚羊·五味子·麝香·弓幹木·鉛鐵·蜜·水獺·漆·山獺·訥魚·錦鱗魚.

順川, 距京七百五里. 別名, 靜戎·順州. 名山, 刃山. 大川, 城巖. 物産, 絲·麻·漆·綠礬·羚羊·安息香·人參·五味子·紫草·蜜·石菖浦·酥油·訥魚·錦鱗魚·餘項魚.

成川, 距京七百十里. 別名, 卒本·扶餘·沸流·多勿·松壤·成州. 名山, 劍鶴·檜山·紇骨. 大川, 沸流. 物産, 絲·麻·白玉·漆·五味子·人參·羚羊·麝香·海松子·松蕈·紫草·楮·蜜.

安州, 距京七百二十里. 別名, 安陵·蜜城·息城·重盤·安北·彭原·寧州. 名山, 鳳德. 大川, 靑川. 物産, 絲·麻·瑪瑙石·莞草·海松子·酥油·楮·銀口魚·鯽魚·石花·蟹·蝦·秀魚.

孟山, 距京七百五十里. 別名, 鐵城·鐵甕·孟州·德孟. 名山, 頭蕪. 大川, 大泉. 物産, 絲·麻·紫草·人參·麝香·茯苓·五味子·海松子·蜜·水獺·石蕈·訥魚·餘項魚.

博川, 距京七百六十里. 別名, 博陵·博州·德昌. 名山, 臥龍. 大川, 大寧. 物産, 絲·麻·蜜·漆·楮·莞草·紫草·秀魚·鯽魚·海物.

寧邊, 距京七百七十里. 別名, 蜜雲·安朔·延山·延州·撫州·撫山. 名山, 藥山·妙香. 大川, 鎭江·花川. 物産, 絲·麻·五味子·人參·蜜·羚羊·弓幹木·麝香·紫草·海松子·茯苓·銀口魚.

价川, 距京七百七十五里. 別名, 連州·朝陽·翼州·安水·价州. 名山, 林大. 大川, 獐項. 物産, 絲·麻·人參·羚羊·水鐵·石鐵·紫草·海松子·弓幹木·蜜·水獺·銀口魚·餘項魚.

嘉山, 距京七百八十里. 別名, 信都·嘉州·撫寧. 名山, 曉星·鳳頭. 大川, 大寧. 物産, 絲·麻·漆·紫草·磊綠·蟹·蝦·秀魚·酥油·艾.

寧遠, 距京八百里. 別名, 遼原·永寧. 名山, 狼林·廣城. 大川, 黑淵. 物産, 麻·貂·靑鼠·羚羊·麝香·人參·五味子·弓幹木·白玉·海松子·石蕈·蜜·餘項魚.

泰川, 距京八百二十里. 別名, 光和·寧朔·連朔·泰州. 名山, 香積. 大川, 南江. 物産, 絲·麻·人參·紫草·五味子·海松子·麝香·茯苓·弓幹木·烏玉·羚羊·蜜·漆.

雲山, 距京八百三十里. 別名, 雲中·遠化·雲陽·威化. 名山, 白碧. 大川, 東杯. 物産, 絲·麻·蜜·人參·茯苓·羚羊·弓幹木·五味子·紫草·石蕈·松蕈·錦鱗魚·餘項魚.

德川, 距京八百三十里. 別名, 遼原·長德·德州. 名山, 長安. 大川, 三灘. 物産, 絲·麻·人參·五味子·海松子·石靑·黃楊·羚羊·麝香·安息香·漆·茯苓·白玉·紫草·錦鱗魚.

定州, 距京八百四十里. 別名, 定遠·烏川·新安. 名山, 七嶽. 大川, 蓬川. 物産, 絲·麻·榛子·䳺鶘油·蜜·秀魚·銀口魚·海物.

郭山, 距京八百七十里. 別名, 長和·定襄·郭州. 名山, 淩漢. 大川, 三長. 物産, 絲·麻·紫草·鯽魚·銀口魚·蟹·紫硯石·䳺鶘油·鱸魚·海物.

龜城, 距京八百八十里. 別名, 萬年·龜州. 名山, 窟庵. 大川, 八嶺. 物産, 人參·樺皮·五味子·蜜·絲·麻·貂·靑鼠·銅鐵·白土·石灰·訥魚·秀魚·鯽魚·錦鱗魚·海物.

陽德, 距京九百里, 由谷山路五百四十里. 別名, 東陽·陽春·陽巖·樹德. 名山, 靈臺. 大川, 火灘. 物産, 絲·麻·人參·紫草·蜜·茯苓·石蕈·黃楊·海松子·五味子·石蕈·眞蕈·山芥·餘項魚·錦鱗魚·訥魚·水獺.

宣川, 距京九百十里. 別名, 安化·通州·宣州. 名山, 劍山. 大川, 淸江. 物産, 絲·麻·紫草·紫硯石·白土·鱸魚·鯽魚·䳺鶘油·海物.

鐵山, 距京九百六十里. 別名, 長寧·銅山·鐵川·鐵州. 名山, 熊骨. 大川, 屈江. 物産, 絲·麻·漆·紫草·䳺鶘油·水獺·秀魚·鯽魚·鱸魚·海物.

熙川, 距京九百七十里. 別名, 威城·淸塞·威州·熙州. 名山, 狄踰·白山. 大川, 西川. 物産, 絲·麻·漆·人參·茯苓·麝香·羚羊·五味子·海松子·蜜·貂·靑鼠·松蕈·水獺·弓幹木·訥魚·餘項魚·錦鱗魚.

龍川, 距京九百九十里. 別名, 安興·龍州·長興·龍巒. 名山, 龍骨. 大川, 長川. 物産, 絲·麻·紫草·無名石·䳺鶘油·秀魚·海物.

朔州, 距京一千二十里. 別名, 寧塞. 名山, 天磨. 大川, 三岐. 物産, 絲·麻·蜜·五味子·人參·羚羊·麝香·貂·靑鼠·水泡石·水獺·弓幹木·海松子·餘項魚·銀口魚.

昌城, 距京一千八十里. 別名, 長靜·昌州·泥城. 名山, 達覺. 大川, 昌城. 物産, 絲·麻·人參·貂·靑鼠·水泡石·五味子·菱仁·羚羊·麝香·鹿·熊·水獺·土豬·蜜·弓幹木·松·石蕈·眞蕈·海松子·茯苓·白蠟·餘項魚·錦鱗魚·銀口魚·蟹.

義州, 距京一千八十里. 別名, 龍灣·義[13]·保州·抱州·把州·咸新·松山. 名山, 南山·白馬. 大川, 鴨綠. 物産, 絲·麻·蜜·淡靑玉·水泡石·石硫黃·弓幹木·訥魚·銀口魚·錦鱗魚·鱸魚.

碧潼, 距京一千九十里. 別名, 碧團·林土·陰潼·雪城. 名山, 九峰. 大川, 新潼. 物産, 絲·麻·漆·人參·貂·靑鼠·羚羊·紫草·水獺·水泡石·菱仁·五味子·石蕈·眞蕈·蜜·樺皮·海松子·訥魚·鯽魚·鯉魚·銀口魚·鱸魚·錦鱗魚·蟹.

理山, 距京一千一百七十里. 別名, 楚山·理山. 名山, 崇積. 大川, 童巾. 物産, 同昌城.

渭原, 距京一千二百十里. 別名, 渭城·蜜山·都漢. 名山, 和等. 大川, 渭水. 物産, 絲·麻·人參·貂·靑鼠·水獺·羚羊·麝香·五味子·水泡石·弓幹木·海松子·蜜·硯石·鹿·熊·餘項魚·錦鱗魚.

江界, 距京一千三百里. 別名, 伊彦·石州·淸源. 名山, 公貴·蜀山. 大川, 禿魯. 物産, 人參·羚羊·五味子·麝香·石·松蕈·樺皮·水泡石·絲·麻·貂·靑鼠·山猪·山羊·水獺·土豬·海松子·紫草·木賊·餘項魚·訥魚·錦鱗魚·鯽魚.

京外八都路程用周尺, 六尺爲步, 三百六十步爲里, 三十里爲息, 每十里立小堠, 三十里立大堠, 置驛.

西路置驛撥, 自京至義州, 計四十五站.

南北路置步撥, 南自京至東萊, 計三十五站, 北自京至鏡城, 計

13) 缺字.

五十九站.

進貢水陸路程, 自鴨綠江至鎭江城二十里[卽今九連城], 湯站七十里, 柵門二十里, 鳳凰城二十里, 鎭東堡四十里[一名薛劉站, 朝鮮人呼爲松站], 鎭夷堡六十里[一名通遠堡], 連山關七十里[一名鴉鶻關], 甛水站三十里, 遼東九十里, 十里堡六十里, 盛京六十里[本名瀋陽. 康熙辛丑, 改稱盛京奉天府], 邊城六十里, 巨流河四十里[朝鮮人呼爲周流河], 白旗堡七十里, 二道井五十里, 小黑山五十里, 廣寧六十里[前自遼東六十里到鞍山, 五十里到海州衛, 十四里到牛家莊, 六十里到沙嶺, 六十里到高平驛, 四十里到盤山驛, 五十里到廣寧. 自康熙己未慮海防, 設堡於牛莊, 改今路, 比前遠九十里], 閭陽驛三十里, 石山站四十里[俗呼十三里], 小淩河六十里, 杏山驛三十八里, 連山驛五十里, 寧遠衛五十里, 曹莊驛十五里, 東關驛五十里, 沙河驛三十六里, 前屯衛五十里, 高嶺驛五十里, 山海關五十里, 深河驛六十里, 撫寧縣四十里, 永平府七十里, 七家嶺六十里, 豊潤縣一百里, 玉田縣八十里, 薊州七十里, 三河縣七十里, 通州七十里, 北京四十里. 共二千四十九里, 爲二十八日程.

航海路程, 自宣川宣沙浦[或從咸從, 或從安州老江鎭]發船, 至鐵山椵島六十里[丁卯以後, 自甑山石多山發船, 三百里到椵島], 車牛島一百四十里, 鹿島五百里[自此屬遼界], 石城島六百里, 長山島三百里, 廣鹿島二百里, 三山島二百八十里, 平島二百里, 皇城島一千里, 鼉磯島二百里, 廟島二百里, 登州八十里[以上海路]. 自登州至黃縣六十里, 黃山驛六十里, 朱橋驛六十里, 萊州府六十里, 灰埠驛七十里, 昌邑縣八十里, 濰縣八十里, 昌樂縣五十里, 青州埠七十二, 金嶺驛七十里, 長山縣七十里, 鄒平縣三十里, 章邱縣六十里, 龍山驛四十里, 濟南府七十里, 濟河縣五十里, 禹城縣七十里, 平原縣七十里, 德州九十里, 景州六十里, 阜城縣五十里, 富莊驛四十里, 獻縣四十里, 河間府七十里, 任邱縣七十里, 雄縣七十里, 新城縣七十里, 涿州六十里, 良鄕縣七十里, 大井店五十里, 京都四十里. 共水程三千七百六十里, 陸路一千九百里.

至日本水陸路程, 自釜山永嘉臺發船, 至佐須奈浦四百八十里, 鰐浦三十里, 鴨瀨百九十里, 對馬島七十里, 一岐島四百八十里, 藍島三百五十里, 赤間關, 一名下關, 二百四十里, 向浦百八十里, 寶隅百二十里, 上關五十里, 津和百二十里, 鎌刈八十里, 忠海百里, 韜浦百里, 下津百里, 牛窗百里, 室津百里, 明石百三十里, 兵庫五十里, 大坂城百三十里. 自河口抵大坂城三十里, 河水淺而船體大, 故自此替剩[14]倭船, 別幅物件交付倭人, 原船則留船將率格夫看守. 淀浦九十里. 自爲陸路, 倭京三十里, 倭王所居稱西京, 使臣以公服過其城中. 森山八十里, 佐和山, 一名彦根, 百里, 大垣百里, 名護屋百十里, 岡崎九十里, 吉田七十里, 濱松九十里, 懸川九十里, 藤枝七十里, 江尻八十里, 三島百二十里, 小田原八十里, 藤澤八十里, 神奈川五十里, 江戶七十里. 關百所居或稱東武, 在武藏州, 舊都在相模州之鎌倉, 萬曆乙巳, 家康移都於此. 以上水路三千二百九十里, 陸路一千三百十里, 共四千六百里. 如遊日光山, 則出江戶北門, 至糟壁九十里, 小山百十里, 宇都宮奥九十里, 今市六十里, 日光山二十里, 陸路共三百七十里.

14) '剩'은 '乘'의 誤字이다.

11

朝鮮風土記

闕名

官員出門, 或乘驢, 或坐轎, 從人必將印匣負隨於後, 以繩作網而肩承之, 口盂·溺壺皆雜置其中. 官員束腰之帶下垂大穗, 內藏一物, 約三寸長, 或象牙或烏木不等, 上刻其人之姓名, 某科出身, 何年入仕, 聞是國王所頒給者. 外城共分道八, 卽八省, 然惟京畿道文掌武權. 衣前垂二皮包, 內藏兵符及信符. 便帽無分貴賤, 皆黑馬尾織成, 如中軍帽式. 文人雅士有戴六角帽, 其質甚輭, 可疊摺之, 名爲程子冠, 係仿程夫子之冠而爲之, 無書可考, 不識然否. 大街本甚寬敞, 而兩旁房屋以外, 又各搭草棚, 以爲賣物者棲止之所. 每逢國王出宮, 所經之路, 草棚先期拆毁, 回後再修葺之, 殊勞勞也. 自街口望之, 草有新舊, 屋亦高低不一, 深淺不齊, 甚不雅觀. 且草屋毗連, 一遭回祿, 殃及者必致繁多. 城中街市, 穢汚難堪, 蓋居民便溺, 皆傾於街之兩旁溝中, 掩鼻而過, 猶有餘臭焉, 而彼之人民習若無事, 海上有逐臭之夫, 洵不虛也. 官行街上, 無論乘驢乘馬, 皆以靑紗障面, 兩端有柄, 以手持之. 若坐轎則不然, 有云是避穢氣者, 有云是避熟人者. 席地而坐, 脫履戶外, 有古人風. 宴客之時, 客至主屋, 主欠身少讓, 膝尙未起, 面前各設小几一, 高約八寸許, 各對坐. 酒有數種, 菜無多品, 只菘椒牛肉而已. 客去, 主欠身點頭, 幷無迎送之禮. 居家皆火炕, 下爇以薪, 夏日亦然, 熱氣逼人, 殊難坐臥, 而彼處之晏如也. 一品紅袍犀帶, 二品紅袍金帶, 以次有差. 懸腕而書, 字多精妙, 若使之凭於几案, 反有不能書者, 亦習慣成自然也. 轎無椅板, 惟盤膝而坐於下層. 大官之轎, 間有精工者, 其制亦不外乎是. 極大之官, 有坐獨輪車者, 兩杆甚長, 前挽後推, 輪高四尺餘, 上安一小椅, 升車時, 兩旁以木撑住, 然後扶人而上, 巍然高坐, 約離地六尺餘, 笨而且危. 春聯紙尙白, 只書宜春納福·迎祥迪吉等字, 間有書三字者, 若五言七言, 則未之見也. 且貼春聯者, 十家不得一二, 其貧苦可知. 草屋居多, 間有瓦屋, 皆百餘年物, 檐椽半搖搖欲墜. 除王宮廟宇外, 木皆本色, 絶無油漆彩繪. 元旦無拜賀之儀, 惟皆著新衣冠, 遊行街上, 兒女多有放風箏者, 或如小箭靶而中留一圓孔, 依樣胡蘆無二式也. 雨天, 惟官令隷人執蓋, 紳民皆油衣·油帽徧行路中. 油帽折疊如摺式, 有竹架可支. 下等之人將油帽竹架束於腰間, 天陰則預支架於項, 將雨卽撑帽於架. 太監名中使, 亦有娶妻妾三四人者, 但不能生育耳. 酒店隨在皆然, 有挂燈籠, 紙帽爲招牌而權當酒帘者, 內多當壚婦女, 名曰花酒店. 小兒留髮如女子然, 迷離撲朔, 洵難辨也, 然女子自幼卽束裙於衣上, 男孩則否. 木屐削木如鞋, 齒高行速, 中國人著之, 殊有行不得之勢. 隨處有賣草鞋者, 轎夫及貧苦之人, 或置數雙而繫於腰下, 敝卽棄之, 以換新者, 陌路上多此物, 登山雙不借, 有謂爲不惜者, 其此意也. 夫試士以策論, 一年或三四試, 絶無定期. 一試卽一狀[15]元, 且有不止一狀元者, 蓋無榜眼·探花之名目, 均可以狀頭稱之. 觀其所對之策論, 亦不過諛美頌揚, 無

15) '狀'은 '壯'의 誤字이다.

甚實在學問. 特親喪者, 皆麻衣草笠, 笠形大如斗, 邊作花瓣式. 父喪, 髮分於後, 母喪, 髮分於前. 手持麻布一方, 旁有兩柄, 見人則以布掩口而過. 問其名, 則曰喪扇, 蓋不欲人見也. 然不掩其目, 而僅護其口, 其義何居. 春秋日居民上墳祭掃, 只奠以酒, 或撮土三堆而後拜之, 無所謂供獻者. 新葬之墳, 亦有婦人哀哭於其旁. 山水清秀, 故人亦靈敏, 惟以門第阻人, 微賤者未能上進, 遂安於怠惰, 無所事事, 終日遊行街上耳. 性嗜淡芭菰, 每人必手執一具, 隨時吸食, 幾不相離. 婦人行路多以袖衫蒙頭, 見人則兩手緊持之, 其實大半是白髮媪. 陶器甚樸, 木器多古式. 有官妓, 官場飮宴之時可招之, 如輕入其門, 國人皆賤之. 春秋佳日, 各著五色彩衣, 朝謁國王, 自宮門外望之, 多至數百輩, 綺羅錦繡, 如入萬花之叢. 謁後, 國王賜宴, 皆歌舞於王前, 盡歡而散. 紗帽皆短翅, 無所謂尖圓而長者. 惟三品以上是雙紗, 四品以下是單紗, 然非細認, 不能識也. 武人習射, 與中國殊, 以靶臥於地上, 距三四十步, 射者仰弓向上, 矢下落而著於靶上爲中的. 兼有以竹矢射麻雀者, 亦能命中. 官民頂前, 均以琥珀一塊繫於髮上, 蓋恐笠爲風吹, 以此止之, 名之曰遠山. 刑罰嚴, 罪及妻子, 或發爲奴, 或流數千里外, 或有以五牛分屍者, 或將罪人以利刃刺其胸腹而後梟首, 并暴屍七日, 任其拋殘. 且必於未斬之先數夜, 派人守之, 以長繩繫巨鈴, 貼於罪人之耳, 頻頻搖動, 使不得眠, 不知其何意也. 刑杖, 高約六尺, 寬五寸, 厚二寸, 其厚薄長短之數, 皆書於板. 頭寬尾窄, 其形如櫂. 每用時旋舞, 多時始落下, 責以四十爲度, 卽身體强壯之人, 亦多暈絶者. 山上皆栽松樹, 或盜伐一株被獲後, 責大板數十, 卽以草袋裹之, 舁至盜伐之處, 兩端繫於樹枝, 中則空懸如鞦韆式, 死而後已. 偶過其側, 見有尙能轉動者, 爲之惻然. 國人畏法, 無敢私縱. 俟繩索糜爛, 墜於地上, 任鷹犬食之, 未有敢收其屍者, 國小法嚴乃如是邪. 盜木者間或有之, 以其遠在郊外也, 若穿窬行竊, 則無其人. 居民門牆單薄, 從未聞有失竊之案, 夜不閉戶, 於玆見之. 居之巷皆曰洞, 其穴居之遺意乎. 屋卑而隘, 實稱其名. 城外則曰驛, 曰坪, 曰院, 曰里, 均有古義. 賣紙者書曰紙廛, 賣笠者書曰笠房, 賣眼鏡者書曰眼鏡房, 其好弄筆墨也如是. 藥鋪甚多, 幾於無巷無之. 大概書神農遺業·壽世保元·博施濟衆等字, 無所謂字號招牌. 藥多僞, 非細爲檢點, 易受其害. 少年婦女面亦敷粉, 但粉甚麤, 色亦黯然. 其出售之處, 則書赤粉家云. 紅參本爲禁物, 今則海禁已開, 可以旁通遠達, 然多以關東參冒充, 色味相同, 非明眼人不能辨也. 中國名人書畫甚夥, 且多眞者, 漢玉古瓷, 間亦有之, 惟古銅絶無. 溯自開國以來, 明君賢相, 代有其人, 豈乏故鼎遺盤, 留貽後世, 乃蕩然無存, 豈後人不知愛護珍惜而均毁棄之邪. 書鋪多中國書籍, 皆當年出使之臣購自通都大邑, 或有邀恩頒賜者, 子孫式微, 賤價求沽, 可慨也. 近因購者日多, 値忽騰貴, 欲得之, 亦不易云. 筆頭纖微, 中國人以之作書, 每苦不適於用. 管有飾以玳瑁者, 然亦非精妙之選. 墨則暗如灰塵, 兼有沙屑, 若以中國筆墨相贈, 寶之不啻. 連城山出美石, 硯有良者, 若端歙諸品, 皆來自中國云. 扇極精巧, 然祇可作玩物. 觀太極扇中繪太極形, 大有可合抱者, 居民無所用之, 惟見國王出行時, 左右皆持一柄, 頻頻搖動, 爲驅塵土云. 燭如洋蠟式, 以魚油澆成, 光不明亮, 且有腥氣, 不頻翦之, 則光頓暗微, 特不如洋蠟, 卽較諸中國油燭, 亦相去倍蓰矣. 尺甚大, 每尺約中國一尺五寸, 無所謂天平者. 賣銀以秤平之, 秤亦較中國爲大. 盛米無囊袋, 惟以草包貯之, 草色日久鬆弛, 每致漏失, 市廛之間, 米粒紛然, 任人踐踏, 殆不以五穀爲寶邪. 琥珀·瑪瑙·雄精·蜜蠟, 街中多有出售者, 然眞僞參半, 非有巨眼, 恐受贋鼎之欺也. 紙有麤細大小之分, 五色彩紙可裱作小屛幅, 又有髮箋者, 內有細紋如髮, 卽苔紙也, 光潤細膩, 非他紙所及, 價甚昂貴, 頗不易購. 木棉色白而絨多, 布亦縷細而白, 綢出數種, 不甚珍奇, 無所謂段紈錦繡. 夏布祗有麤者數種, 細者則購諸中國, 而中國人到高, 多有購歸以贈人者, 甚可笑也. 有一種作僞之人, 袖攜淸心等藥丸, 見人卽探諸袖中, 問人買否. 初則每丸價索取百文, 揮之使去, 降至數十文, 少頃可降至十文八文, 且有降至四五文者, 皆僞物也, 然受其欺誑者, 不一而足矣. 出賣食物者, 只生牛肉生魚數色而已. 魚可零售, 有以數錢易魚一片而生啖者. 小巷之中, 多有此等生活, 一入其內, 腥穢難聞, 令人嘔吐, 而彼則如蟻慕羶如蠅逐臭, 所謂入鮑魚之肆久而不知者, 豈虛語乎. 地亦産麥, 磨時不知水洗, 亦不簸揚, 與沙塵泥土相雜, 故其色純靑, 麤不適口. 豆亦有種者, 惟以稻米爲大宗, 貴賤皆食之. 色白而柔, 味腴而香, 差强人意. 國人無分貴賤, 皆酷嗜辣椒, 極沃之田, 多植此種, 收後或曬於屋上, 或晾於田間, 遠望之如火如荼, 頗足駭目. 市中堆積如山, 或有舂爲細末以售人者. 民多好博, 形如葉子戲, 而上繪牙牌數目, 其輸贏勝負異乎中國之所爲, 細詢之, 亦莫名其妙. 骰子牙牌, 亦多出售者, 然不知其角技爭勝與中國同焉否也. 好象棊, 枰多設於路旁, 惟士可外出, 馬走田字, 象可渡河, 兵卒可退行, 將帥可去而勿用, 爲稍異耳. 藥只千餘種, 有中國所常需而彼則絶無者, 以≪本草≫示之, 茫然莫識也. 由中華購來者, 名上均加一唐字, 如川杜仲書作唐杜仲, 廣藿香書作唐藿香, 餘可類推. 地多産金, 然價特昂, 蓋生意冷淡, 無一定行市, 故不能持其平也. 生金沙, 一兩尙須十七八. 換賣鞋者, 或書乾鞋鋪, 蓋以男鞋爲乾鞋, 因憶燕都中招牌有書出賣坤履者, 乾鞋坤履, 以之作對, 確切不移. 南門外六七里餘, 有老王生礦一所, 四面山水回環松柏園繞, 卽不精靑烏術者望之, 亦識爲牛眠地, 洵鬱鬱乎佳城也. 其吉穴上先立一土阜, 高三四丈, 覆一亭於其巓, 旁有屋一區, 極宏敞, 乃老王夏日遊居之地也. 設官監守, 犯有常刑, 惟中國人到此則弗禁. 內有石數笏, 峻峭崔峨, 皺雲透月. 花木數十處, 位置咸宜. 牧丹有高出人頭者, 想花開燦爛時, 國色天香, 應不減沈香亭前也. 有堂額曰我孝堂, 曲達旁通不一. 其所內設書籍·筆硯·裀簟·盤盂, 皆已塵封數寸, 爲之摩挲賞識, 殊有室邇人遠之思. 雖基址制度不及王宮, 而曲曲深深, 頗饒佳致. 西門內有老王宮一區, 溯建立之始已二百餘年矣. 大門額曰興化門, 近門之處任人遊覽, 數十步外有石橋一道, 河水通焉. 婦人女子多結伴來此以澣衣, 取其水淸潔也. 再進則宮室數百楹, 現以整頓軍務, 碾舂火藥, 設局其間, 有弁兵看守, 不容輕入. 遠望之, 樓臺殿閣, 聳矗巍峨, 每以不得遊觀爲憾. 去年三月初九日, 忽轟然一聲, 山谷震動, 濃煙突起, 直沖霄漢, 朵朵如芙蓉, 以爲雷而無雲, 以爲礮而煙. 直趨往視, 始知舂藥之夫役以淡芭菰餘燼落於臼中, 遂致此禍也. 大門攲斜, 搖搖欲墜, 其中宮室蕩然無存, 瓦礫遍地, 木石俱焚, 被焚之屍數十具, 皆皮膚焦黑, 血肉淋漓, 不堪逼視. 見其身旁多有字紙堆積, 與血相黏, 蓋火性上騰, 紙在下未被焚毁, 故尙依稀可辨也. 或謂國人皆以字紙糊地, 踐踏坐臥, 毫不爲怪, 故罹此禍. 橋石翻在數丈外, 水亦盡沸, 當時有澣衣婦女數輩亦遭此劫, 肢體碎折, 有飛至牆外者. 迄今再過其地, 惟見蓬蒿叢茁, 苔草荒涼, 泥潦蛙鳴, 頹垣蝸篆, 爲之悽然久之. 國帑空虛, 萬不能再興土木復彼舊觀, 亦任其廢棄而已矣. 芋頭曰土蓮, 以其葉如蓮也. 甜瓜曰甜蜜, 意可微通. 呼煙草則音似淡巴, 大約取淡巴菰名耳. 漢江一帶産魚甚多, 有臼魚美而肥, 鯉魚有重十餘斤者, 頗足供老饕一飽也. 海錯亦多蛤蚌·蝦·蟹及靑魚·帶魚·魴魚等, 與中國同. 海參絶大, 而製不如法. 鰒魚有大如五寸盤者, 但硬甚, 煮不易爛. 花如辛夷·繡毬·杜鵑, 所在多有, 菊花甚小, 如江西臘然, 大者皆中國之種移於海外. 他如春日之芍藥, 秋日之桂花, 冬日之梅花, 頗罕見之. 蘋果·沙果·栗·棗·胡桃等, 與中國無殊. 松子頗多, 以滿山皆松也. 梨特酸, 石榴亦然, 柿餅亦酸者居多. 其≪東京志≫曰, 地産柑·橙·橘·柚, 形小而味酸甚, 蓋卽小香橼云. 地處東方屬木, 木則從酸, 理或然也. 王宮有鶴數對, 羽白頂紅, 或凌空高擧, 引吭一鳴, 輒有聞聲飛來者, 少頃仍去, 蓋海邊島嶼, 鶴巢其中, 故易於招引也. 鳥惟鷹·隼·鵲鳥常常見之, 水鳧·海鷗及鷺鷥·鴛鴦, 亦有弋而出售者. 若黃鶯·紫燕, 幷未一覩, 且深林茂木中, 亦未聞有自呼其名者, 爲可怪也. 四處深山, 多藏虎豹, 當日全虎骨一架値數千, 虎豹之皮, 亦祇數千, 若狼狐則賤甚, 自中國人爭相購買, 價亦頓增矣. 豕小而瘦, 味劣甚. 雞與中國同, 鴨則甚少, 持以相示, 多有不識其何物者. 多鹿麞, 一梅花小鹿, 不過賣錢數千. 居民多畜犬以守夜, 狺狺之聲, 與雞鳴相應. 貓則絶無, 鼠最橫甚, 有能循牆而上, 施巧技以竊物者, 終夜被擾, 不得酣眠, 安得無數狸奴以捕治之邪. 蜂·蝶·蜻蜓亦有之, 而蠅蚋多於中國. 蟋蟀聲大而淒, 旅人聞之, 倍增棖觸. 居民以火燒炕, 終年不歇, 而臭蟲仍復叢集, 冬日亦然. 上等人待下等人頗苛, 與客接談, 可令下等人身伏於地, 而據其背以坐之. 上馬時, 有令屈其躬而踐之以上者. 大街有鐘樓一座, 鐘甚大, 外以木柵阻之. 凡刑戮罪人, 皆於此地, 亦戮人於市之意也. 此爲四進通衢, 穰穰熙熙, 往來甚夥. 婦女挽髮以長簪, 形圓而長, 富家以銀, 其次者以銅, 下焉者以瓷以錫而已. ≪東京志≫云 , 羅時國郡北方虛缺, 女子結髮於腦後, 因名北髻, 至今猶然. 貧而良者, 年雖老邁, 行必以衫蒙頭, 示知羞也. 其不蒙頭者, 貧賤之婦及服役之輩耳, 更有年紀幼小, 不蒙其首, 而以多髮編成辮式, 盤於頭上, 其大如笠. 初見之, 頗訝其髮之多, 細詢土人, 知係假髮所爲, 可脫可戴如帽然, 蓋未適人之使女也. 凡新娘出嫁, 轎前多係此輩, 妝奩頂於其上, 卽箱子重物亦然. 冬有衣夏布衫者, 夏有穿棉襖者, 殊不可解. 鞋帮窄而頭尖, 見中國鞋式多嘖嘖稱羡, 而多方購著者, 儉樸之風將爲之一變. 男子腰間繫一布包或皮包, 內藏梳篦等物, 或小刀一柄. 刀亦有佩於衣上者, 殆如≪內則≫所云佩以刀礪焉耳. 城南山麓有淸泉數道, 匯而爲池. 每至暑時, 城中婦女乘轎來浴者, 絡繹於道, 數十步外, 圍以布幔, 數人守之, 不容男子進前窺視. 若男子則於有水之處遊泳, 其中雖有行人, 亦不引避遮護, 赤身露體, 彼此嬉嘲, 設有婦女行此, 不知何以爲情也. 夏日婦女尙鞦韆之戱, 技有絶工者, 架高數丈許, 聳身翻過木梁, 且落而又翻, 多至數次, 半仙之稱, 非虛譽也. 平日最畏生人, 此時則豔妝新服, 落落大方, 卽中國人立以望之, 亦不羞避, 殆欲人見其技能耳. 亦有作戱者, 擇山野平坦之所, 聚數十人, 著本國衣冠, 以五色塗抹其臉, 或持棍對舞, 或彼此跳躍, 聲音詭異, 無所謂腔調板拍者. 彼則自鳴得意, 似覺白雪陽春不是過也. 詢之土人, 知係得官之人延請此輩, 以慶賀行樂者. ≪東京志≫曰, 黃倡郞, 新羅人, 年七歲, 入百濟市中舞劍, 觀者如堵, 人皆爭像其容爲假面而作舞劍之狀, 此殆其遺意乎. 士大夫夏日無事, 凌晨卽起, 攜酒榼, 持煙筒, 遊於深山峻嶺, 擇一樹林茂密處, 正襟危坐, 逍遙自便, 如羲皇上人. 契友良朋, 聚而漸多, 遂擧盞暢談, 娓娓不倦. 凡塵世間事, 若有不能移其心者. 迨日落西山, 始結伴旋返, 遠望之, 紛紛然如趁墟如歸市. 早則不必偕往, 晚則無不同歸, 嬉娛終日, 其不務正業也可知矣. 中國人每到街上遊玩, 必有數十人隨行於後, 若偶與一言, 爭相答對, 頗有魚鳥親人之意. 若至鋪中及小攤前駐足立視, 則前後左右擁擠難堪, 稍加叱喝, 卽紛紛如鳥獸散, 少頃又蟻聚蜂屯矣. 久而知其與我相親, 非故相狎也, 惟有聽之已耳. 臣見國王, 行跪拜禮, 躬伏於地, 如僧道之參神然. 若非君臣, 惟屈其腰, 卽爲恭敬. 或以手踞地, 膝不屈而卽起, 尤以爲大禮. 國王派大臣致祭各廟, 拜跪如見君之禮, 頭戴金冠, 手執象笏, 衣彩色之衣, 腰間環佩, 聲鏘鏘然, 蓋猶是秦漢之制度云. 官行於路并無儀仗, 惟差役數人橫列於前, 每行數步, 各鞠躬一喊, 蓋喝道意也. 路人各相趨避, 不敢參越一步, 民之畏法可知矣. 男子生不薙髮, 有二十餘卽多鬢髩者, 有因鬢髩爲累而分作九縷, 結如三小辮式者, 令人忍笑不禁, 彼尙以爲美也. 前明伊國大亂, 中華救援之將爲都督陳公璘, 副總兵鄧公子龍, 總府中軍李公新芳, 總府千總毛公承先, 總府千總蔣公表, 總兵祖公承訓, 遊擊茅公國器, 遊擊盧公得功, 共八人. 彼國君臣感戴舊恩, 姓名均勒於石碑, 以垂久遠. 居民望而墮淚, 有設酒果祭奠者. 迄今星霜代嬗, 而豊碑巍然, 亦甘棠勿伐之意也. 萬歲廟在王京城東華陽洞內, 祀前明神宗·毅宗兩帝, 彼都人思念舊德, 俎豆不衰. 洞之外淸泉白石, 樹木菁葱, 頗堪入畵, 居民每結伴攜酒以往遊焉. 白礬出舍羅峴, 鐵出入助浦, 石硫黃出月洞山, 藥材出天門冬·何首烏·山茱萸·苦楝根·零陵香·皁刺·麻黃·杜仲·厚朴·附子·靑皮·石斛等, 不一而足, 然均非地道眞産. 海狗腎·牛黃, 雖出於此地, 而眞者每不易得, 參爲土産而價特昂, 尤非貧賤所能購.

12

高麗瑣記

闕名

≪統志≫載有長尾雞, 尾長三尺, 聞出於咸鏡道. 又云果下馬, 言馬至小, 可從果下過也. 今之馬有高不及二尺者, 殆其種類歟.

滿花席以草編成, 草質柔, 捲折不損, 且滑而細, 輕而暖, 爲他處所無, 遊此者多購歸以貽親友.

≪漢書≫云, 箕子施八條之約, 遂乃邑無盜淫. 今則盜風熾, 淫風盛, 知其風之去古遠矣.

俗多遊女, ≪北史≫載之. 今則此風猶然未改, 每日熙來攘往, 多婦女之流. 夜間尤甚, 故私就苟合之事, 比比皆然.

≪北史≫又云, 死經三年而葬, 兄弟三月埋訖, 以死者服玩車馬至墓側, 會葬者爭取而去. 今則不然, 卽父母之喪, 有三四日卽殯葬者, 惟飮食必聚哭於土側, 三年乃已.

≪寰宇記≫云, 男女好祀鬼神. 今日尙然, 信男善女多焚香誦經以邀福佑者, 或請巫瞽以代爲祓禳者. 又考≪文獻通考≫云, 崇釋信鬼, 殆其積習, 而今日國禁僧人, 不許入城, 違者斬, 想必有道也.

≪文獻通考≫又云, 居民皆茅茨, 大止兩椽. 迄今如故, 而富貴之家美輪美奐, 已非昔比, 奢華之習, 已漸開矣.

俗無秫以釀爲酒, 民多嗜飮, 故爲麴櫱生涯, 觸目皆是. 懸燈籠於門首, 若以爲酒旗, 然亦兼以紅粉當鑪, 名曰花酒店.

在昔之時, 刑無酷烈, 惟元惡及罵父母者斬, 餘皆杖肋. 今則法重刑苛, 盜一物者卽梟首, 而民不畏法, 人不懷刑, 風俗之偸可見矣.

三歲一試, 有進士諸科. 今則有一喜事卽開恩科, 或鬻賣以充國用, 科愈多而人愈雜, 士習不可問矣.

昔時兵器疏簡, 强弩大刀而已. 惟王城有礟八尊, 以爲鎭國之器. 今練習洋操, 旗纛器械爲之一新, 擧國之人皆有恃無恐.

昔時病不服藥, 惟呪咀厭勝. 自中國醫士往, 始通其術. 今則大街曲巷, 藥局繁多, 奈術不精妙, 徒戕人命而已. 與之辯難, 則曰≪東醫寶鑑≫一書, 中國亦奉爲金科玉律. 殊不知≪寶鑑≫所載者, 亦不過裒集成方以爲之耳. 井蛙之語, 令人齒冷.

曩時多衣麻枲, 器悉用銅, 近則無官職者亦可服用綢羅, 中國·日本瓷器兼用之, 古風爲之一變.

徐兢≪圖經≫云, 飮食用俎豆, 文字合楷隸. 近則用俎豆者十無二三, 字皆習楷, 若隸則幾成廣陵散矣.

≪圖經≫又云, 閭閻陋巷, 經館書社, 三兩相望, 近日尙然. 其中每多俊秀後生, 聰明子弟, 惟爲之師者, 半是腐儒, 無異三家村中人物, 可慨也.

≪文獻通考≫云, 男子巾幘如唐裝, 統名唐巾. 若家常便帽, 以織髮爲之, 則曰程子冠. 富貴人始得用之, 貧賤者不能也.

≪文獻通考≫又云, 婦人髮髻垂肩, 皆男子拜, 今日尙然. 髻垂肩際, 只以釵綰之, 無所謂首飾者. 拜則如男子, 無所謂襝袵者. 惟平壤府一帶婦女, 耳手或帶環, 不知何故.

≪北史≫云, 服大衫袖. 此風由來已久, 近因下旨改換, 後又停止, 以致寬窄參半, 未能一律.

≪北史≫又云, 大口袴, 至今尙然. 行步殊覺累墜, 惟洋鎗練兵, 改爲窄口袴, 取其便利. 足穿草履, 婦人裙襦加襈, 尙是舊式.

昔之官吏載於國經者, 只云嫺威儀·足辭采而已. 今則官長擅作威福, 胥吏恃勢, 憑貪凌婪, 奸蠹誅不勝誅, 威儀何有, 辭采何有. 君子於此觀世變焉.

13

朝鮮輿地說

平湖 薛培榕 著

朝鮮版籍, 分置八道, 若省會焉. 東西南三面濱海, 南北袤延三千一百八十里, 起北緯線四十三度, 止三十四度, 起偏東經線八度, 止十四度. 東西廣狹一千三百餘里, 北與琿春·吉林·奉天等處相毗連. 東有圖們, 西有鴨綠, 兩江之水, 均自長白發源, 分注左右, 交環若連若續, 一江帶水, 天塹中分, 實爲東三省之屛蔽, 星分箕尾, 故寒燠與燕齊同.

咸鏡道, 又稱北關, 古沃沮國. 漢爲玄菟郡所屬, 後挹婁靺鞨代有其地. 唐開元間, 爲渤海大氏有之, 後屬女眞, 以定平爲界. 宋徽宗時, 置九城, 尋歸女眞. 宋嘉定時, 永興池北, 歸於蒙古. 元至正間, 仍歸高麗. 至於吉州·鏡城, 明初, 李氏置孔·鏡二州. 永樂時, 改永吉道. 景泰時, 安置六鎭, 後置茂山·長津·厚川等邑. 西北有白頭山, 山海經爲不咸山, ≪唐史≫稱長白山, 即我朝發祥之地. 高二百餘里, 綿亘千餘里. 山上有潭曰闥門, 源深流廣, 鴨綠·混同·愛滹三江之水出焉. 山脈直度東北, 爲先春嶺. 南越咸鏡之東, 勢復陡絶, 高逾萬仞. 巓頂有池, 水色黝黑, 積雪不融. 北隅有水溢出爲瀑, 卽黑龍江之源. 從岡脊而下, 鴨綠之源在焉. 再南則康熙五十二年烏喇總管查邊至此, 勘定界碑, 西爲鴨綠, 東爲圖們. 其他名山, 則有天坪·長白·聖代·太白·盤龍·五峰·靑苔·白鹿·七佛·七寶·十峰等山. 其嶺則有緩項·昌登·黃缶·白山·黃草·葱田·摩天·橫天·摩雲·十萬·五萬·厚致等嶺. 重山複水, 達海齊雲.

江原道, 在咸鏡道南, 又稱關東. 由東北歙谷, 逶迤東南, 至平海縣, 均瀕東海. 平海東懸鬱陵島, 本于山國都, 後屬新羅. 東附于山, 石不戴土, 民不堪耕. 其南有蔚山島, 有明經略楊鎬敗倭於此. 境之北有鐵嶺, 騎竹·楸他·長暉·金剛等山發源, 南經淮陽, 入合串江. 東有痲耆羅·雪岳·五臺·普賢等山, 經麟蹄縣, 向西北入昭陽江. 西經春川府, 北與合串匯入新淵江. 其東燕方·加里·九折·八峰等山之源, 經洪川縣, 入洪川江. 東北大關嶺·白複嶺·鳳山·魯山之源, 環旋善縣, 入桐江, 折而西南, 入忠淸道之錦潼江. 經永春·淸風·忠州, 折而西北, 至京畿道之龍門山, 與新淵·洪川合流, 西匯漢江. 層巒疊嶂, 流水縈洄.

慶尙道, 在江原道南, 古稱東京, 又稱嶺南. 本辰韓之地, 後爲新羅所有. 東南濱海, 由東萊而南之日本對馬島, 水程四百七十里. 康乾之間, 島中日人至釜山浦互市, 其先代, 日高連兵, 皆緣此島太近之故. 北境有大白·小白·劍磨·淸涼等山發源, 南經禮安, 至安東折而西至尙州, 爲濬東江, 筆直南瀉. 其東八角·母子·騰雲·東南·八公·雲門等山, 均源流西匯, 至玄風·昌寧等縣, 與濬東合. 西之長安·德裕等山派流東注, 經居昌·陜川達黃屯江. 又智異山源, 由東角, 越丹城, 達晉州, 折東北至宜寧, 爲岐江. 與北之濬川·黃屯兩江匯流, 東南經咸安·聚源·昌源·金海等縣, 與黃山江南流入海. 四嶺拱衛, 一水流通.

全羅道, 在慶尙道西, 又稱湖南. 西南濱海, 南懸一島, 設濟州治之. 幅幀四百餘里, 初有高·梁·夫三姓人分處其地, 新羅法興王賜國號耽羅, 後服事百濟, 再事新羅, 後屬於元, 復還高麗. 明末爲李氏增置旌義·大靜二縣. 西北爲黑山島, 宋史由浙江定海縣入洋, 順風五日可抵黑山. 其西諸島櫛比, 又有紅衣·可佳二島, 名爲著腹裏. 水道則東由慶尙道之長安·智異等山, 連峰接脈, 直抵西境. 蘆嶺之源, 遶而東北, 廻而正南, 稍折而東北, 由南原·雲峰等縣, 與長安·智異山等源接流. 其南環遶寶城, 各山之源聚而北瀉, 經同福縣, 折歸東北, 至求禮縣, 與東西南北東派合流, 匯入蟾江. 溯江東南入於南海, 東爲慶尙, 西屬全羅. 其長城·漢陽·昌平·光州·永順·寶城各縣諸山之源, 又由寶城西山發源, 北經綾州, 西北遶南平縣, 入榮山江. 過羅州之南, 達於木浦口入海. 東北城堡棊布, 西南島嶼星羅.

忠淸道, 在全羅道北, 又稱湖西. 境北吉羊山發源南注, 東與慶尙連接之. 俗離·靈鷲以及境內之珍連各山, 異源同流, 聚於燕坡, 西向爲錦江. 泛而西南至定州, 爲白馬江. 泝而東南, 東匯高山來源, 合流而注, 經林川, 過寒山, 至舒州浦口, 西入於海. 山川淸曠, 城市綿延.

京畿道, 在忠淸道北, 都漢陽府. 諸江環遶, 南號漢江, 爲都城之南衛. 江源有四, 北由咸鏡道, 南自頭流山·蘆洞嶺·高達等山起, 南經伊川·安峽, 至明寧爲澄波江. 光朴·白冰兩山之源, 經康平·鐵原, 至痲田入於澄波, 再西南郎於津江. 西北由黃海道之彦眞山大東嶺起, 過新溪·平山·金川·白川, 而南爲禮成江. 江西爲黃海道, 南向喬桐出口, 東至通津交河, 一與臨津江接, 一由通津·陽川·幸州等境, 繞越京, 南折分東北東南, 東北與江原道新淵江接流, 江南與慶尙道錦障江接. 江華與通津, 皆京西屛障, 爲漢江要隘, 而喬桐又爲江華之蔽. 其他名山, 則有三角·天摩·花嶽·龍門·佛谷·木覓等山. 肩摩轂擊, 土厚人文.

黃海道, 在京畿道西北. 東南西境天神·滅惡·麒麟·首陽·天水·九月等山均發源, 西北注歸月唐江, 由北折西, 經長連·殷栗等縣, 出許沙口, 匯入於海.

平安道, 在黃海道北, 古稱西京, 又稱關西. 西北臨江, 極北有虞芮廢郡, 卽古虞芮國. 循江南折入慈城江, 地多重嶺, 煙戶蕭疏. 再循西南折入東南爲禿魯江, 沿西南直下爲鴨綠江口. 由禿魯江南之白山·棘城嶺兩源, 南匯月林江. 北由崇積·九仙等山兩源, 南匯爲凝江. 又西北各山來源, 南匯爲外江, 與西路天摩山源下之大定江, 合而爲一. 凝江與月林二江, 又西南歸入淸川江, 又名薩水. 源出妙香山, 經安州城北, 又西流三十里, 入博川江. 復由淸川江西南流至古城, 方與大定江同歸者江合流入海. 東北之林狼·小白·小龍等山之源, 西南流至德川爲三月江, 再西南流至順川爲靜戎江·吳江·臥龍·孔岩·姑城等山之源, 又西流至成川府, 爲沸流江, 又名卒本川. 在成川府西, 其源有二, 一出陽德縣吳江山, 一出孟山縣大母院洞. 至府北合流, 歷紇骨山. 山有四石穴, 水入穴中, 沸騰而出, 故名沸流江. 又與慈山郡禹家淵合流入大同江, 仍由沸流江上與靜戎接流, 高達·文成等山之流西行, 爲能成江. 再西爲琉球江, 匯歸大同江, 又名浿江, 又名王城江. 其源有二, 一出寧遠郡加幕洞, 一出陽德縣文音山. 至江東縣界合流爲西津江, 逕府城東, 爲大同江, 西流爲九津·弱水, 至龍岡縣東出急水門, 入於海. 由月林·三月·靜戎·沸流·能成·琉球諸江之水, 皆下注大同, 度平壤而西而南, 出保山池入於海. 支流亦與黃海道之月塘江會, 此其大略也.

朝鮮道里之綿亘胥遵驛路, 紆道而牽算之, 章亥廣輪非徑數也. 其東北起自穩城邑, 迤邐至王都, 由都而南, 至海南邑止, 計程三千一百八十餘里, 而懸海之濟州不與焉. 東起自寧海邑, 西至豊川邑止, 計程一千二百餘里, 亦據官站程途之紆遠者而言. 考其經緯度分, 以京師爲中綫, 經度偏東起八度, 止十四度, 緯度起四十三度, 止三十四度. 按此度數本諸毘陵申耆李氏, 兼採江陰六君德只之說, 兩先生胥輿地名家, 未始不足徵信. 第先後相距, 李閱一世, 六亦卄年, 以往之人事永無變遷, 以往之疆域或有更改, 余心不能無區區也. 爰訪諸樂知林先生林固, 美國博士也. 爲言朝鮮經度, 西自一百二十四度, 東至一百三十二度, 相距八度. 南境稍狹, 其經度西自一百二十五度十五分, 東至一百三十一度三十分, 相距六度有奇. 緯度北界自四十三度, 至南界三十三度二十分止, 相距十度. 王都在緯綫三十七度零四分, 經綫在一百二十七度二十分, 其地長約六百英里, 闊約一百三十五英里. 有謂西自一百二十四度者, 蓋指地球中綫而言, 較差兩度, 而緯度不相逕庭云.

14

朝鮮疆域紀略

闕名

定界碑文云, 大淸烏喇總管奉旨查邊至此, 審視西爲鴨綠江, 東爲去門, 故於分水嶺上, 勒石爲碑. 康熙五十五年五月十五日.

東北與寧古塔南界接壤爲咸鏡道, 有白頭山焉. 首起西北直下大荒, 其高不知幾千萬仞, 遠望若覆甕. 及登山巓, 四圍微凹, 又如仰盂, 然口向上, 外白內赤, 四壁側立若塗丹. 北數尺水溢出爲瀑, 卽黑龍江源也. 由山後脊而下三四里, 始得鴨綠江之源. 又有長白山, 延袤千餘里, 高大重疊, 多窮壑長谷, 峻峭莫比, 道路陡絶, 人不能居. 山頂樹木矮小, 至五月雪始消, 七月復有雪. 山石皆白色, 故名白山, 又名七寶山. 千峰岌嶫, 石勢巉削, 雕縷嵌空, 奇巧不可言狀. 再東南有天嶺一山, 薛將軍征東遺跡尙有存者.

江原道, 在咸鏡南. 偏東有金剛山, 延袤五百餘里, 凡一萬二千峰, 苕嶢峻拔, 勢接雲霄. 峰之最著者, 太上峰·毘盧峰. 洞之最著者, 萬瀑洞, 百塔洞, 靈源洞, 水簾洞. 寺之最著者, 長安寺, 表訓寺, 正陽寺, 楡岾寺. 又有須彌塔, 衆香城, 玉鏡臺, 種種名勝, 遊人到此, 塵襟頓洗, 有出世之想焉. 至若普門庵, 神興寺, 在雪岳山巓, 月精寺, 上元庵, 在五臺山上. 通川叢石亭, 有數十石柱, 矗立海中,形如削玉. 高城四仙亭, 在三日浦上. 杆城清澗亭, 外有石峰, 走入波心. 襄陽之洛山寺, 江陵之鏡浦臺, 三陟之竹西樓, 蔚珍之望洋亭, 平海之越松亭, 斷碣殘碑, 動人憑弔, 皆江原道之勝槪也.

慶尙道, 在江原道南. 偏東有八公山, 延綿數百里, 亂山深澗, 危峰疊嶂, 目不暇給, 如入山陰道中. 上有黃池, 洛東江發源於此, 地氣高寒. 又有加耶山, 石勢如火餤, 極高峻, 峭壁如削, 人不能升. 他如紅流洞, 毗筆巖, 致遠臺, 清涼寺, 皆擅名勝, 而以海印寺爲諸寺之冠, 曾刊大藏經, 於此寺藏之.

平安道, 在西北. 有昌城, 至盛京四百餘里. 其內有東葛嶺, 牛毛嶺, 極險峻. 稍西卽鴨綠江, 又有妙香山, 奇巖突兀, 卻不甚險. 內多平地, 支麓回複, 洞府重疊, 中有檀君窟, 普賢寺, 金仙臺, 參差殿閣, 如出雲端, 海上仙山髣髴似之.

黃海道, 在西. 有九月山, 雄峻高大, 石勢險阻. 西北負海, 沃野百里. 有首陽山, 怪石揷天, 如芙蓉出水, 內多洞府泉石. 有山城, 城之西北有神光寺. 又有滅惡山, 雄盤高大. 東有花川洞, 土地饒沃, 金之先墳在焉. 東西五十餘里, 南北四十餘里, 島形中凹外凸, 西望山東登·萊諸島, 爲海防要衝, 中有松田封山.

忠清道, 在西偏南. 有俗離山, 九峰突起, 聳列雲中. 山下多石洞幽泉, 上峰曰文壯臺. 俗離寺, 法住寺, 福泉寺, 皆在其間, 晨鐘暮鼓, 聲音相答, 松濤繚繞, 泉水淸幽, 洵勝境也. 有雞籠山盤踞三邑之交, 四山高障, 環列野中, 平岡迤邐, 林麓深秀, 田地沃廣, 覺桃源仙境尙在人間.

全羅道, 又西而偏南. 有德裕山, 重疊盤踞, 土厚水深, 洞府幽邃, 田土沃饒, 世稱福地. 又有邊山, 三面環海, 雄盤高大, 紆曲幽深, 長松千萬株, 參天蔽日. 又有智異山, 天王·般若兩峰, 東西對峙, 皆高千仞, 下臨深淵, 冰雪經夏不消. 六月始霽, 七月有雪, 八月冰合. 山多柿栗異果, 近山數十邑皆食其利. 名藍勝刹, 不可殫記.

京畿道, 在黃海·忠淸兩道之間, 是爲王京. 離城八里餘有漢江一道, 寬約三里, 秋日水漲, 汗漫無涯, 有船可渡. 冬間由氷上行, 亦天設之險, 扼要之區也. 所屬有果川·始興·安山等縣, 府則水原·江華, 皆設留守以駐防焉. 傍海有馬山口·仁川口·楊花津口·德浦口, 皆船可停泊之所. 長峰口·注文口, 皆海中小島, 犬牙相錯, 可設礮臺防禦以爲犄角云. 再遠有德積一口, 其島突立海上, 內有雲鳥山, 三峰揷天, 支麓環衛, 層巒盤石, 曲曲淸奇, 四外皆白沙.

島在海中者, 江原道有鬱陵島, 自中峰計之, 東至海一萬餘步, 西至海一萬三千餘步, 南至海一萬五千餘步, 北至海八千餘步. 中多巖石, 民不可居.

近慶尙道有對馬島, 水路四百餘里. 人戶皆沿海而居, 土瘠民貧, 以捕魚煮鹽爲業, 過此卽日本界矣. 其離岸稍近者, 又有絶影島, 外面絶險, 中則土沃地廣, 可容四五百戶, 東南北三面, 石角巉巖, 削立如壁.

近全羅道有牛島·金甲島·莞島以及智島·蝟島各名. 至黑山一島, 離岸甚遠云.

義州屬平安道, 外卽九連城. 鴨綠江·大總江在其左右, 與盛京接壤. 未通商以前, 中外貿易者皆在此處.

平壤府正陽門外, 有殷人七十田, 蓋箕子遺跡, 迄今陵谷遷變, 而經界區畫宛然猶存.

水原府西門外四五里, 老栢古松, 排列路旁, 蒼翠之色, 欲滴人衣. 有夭矯如龍者, 有盤曲如蓋者, 有偃而復起者, 有生成連枝者, 苔蘚侵剝, 徧作龍鱗, 皆百餘年物也. 丹靑妙筆莫能形容, 造物之巧, 至此極矣. 去水原十餘里, 有古墓一區, 荒煙蔓草, 馬鬣就湮, 惟左右列翁仲二. 夕陽無語, 流水多情, 古貌古神, 相與拱向. 惜無碑碣可攷, 未知爲何時人之殯宮也. 朝鮮人詩云, 野水空山拜墓堂, 松風溼翠灑衣裳, 行人欲問前朝事, 翁仲無言對夕陽, 蓋過古墓之作也. 三復是詩, 爲之泣下.

15

朝鮮會通條例

平湖 薛培榕 錄

朝儀典禮, 王則冠冕奉圭[平天冠, 白玉圭], 朱履赤襪, 著絳紗袍. 臣則金冠[如優孟中之太監冠], 執笏, 黼黻裳衣, 珮玉鳴鸞, 鏘鏘濟濟, 文東武西, 各就班次. 若太王誕, 王率世子以下行望闕禮. 外自留守至牧使, 各拜箋陳賀. 王與妃誕, 世子及百官朝賀[妃誕則內外命婦亦朝賀]. 世子生辰, 百官朝賀同.

每月朔望及初五, 十一, 二十一, 二十五等日, 百官朝參之期. 耆老所之堂上官, 只於正朔, 冬至, 誕日, 以常服肅拜.

每日宗親·議政·忠勳·中樞·儀賓·敦寧·司憲·司諫·各府六曹堂上官, 漢城府各一員, 經筵堂上官·堂下官各二員, 輪次入値, 有啓事王則陞殿.

每月逢五, 逢十六, 次備邊司都提調以下堂上官, 政府都相及堂上, 弁三司官各一員入對. 每月三次, 各司堂下官輪回受點入對[稟旨擧行, 毋過五司]. 王誕·正朝·冬至及凡有慶禮, 內閣及宗親府·別軍職, 外則館學儒生各奉箋稱賀.

世子受賀, 從二品以上官, 祇行再拜禮. 新授東班九品西班四品以上職官者, 翌日行謝恩肅拜禮於王與王妃及世子宮[晉階兼職者, 只肅拜於王, 出使受假者往還同]. 外官除朝辭赴任者, 行望闕禮. 新進文武·生員·進士, 放榜之翌日, 詣闕謝恩, 次詣成均館謁聖.

王出大閱時, 文武官於闕門外東西分立, 輦至則鞠躬, 過則平身. 以次隨駕, 先於宮內疊擊大鼓, 則各門值自外入諸衛, 聚於勤政殿[今用嚴鼓, 以代擊鼓]. 初鼓百官就外位, 甲士把守各門, 二鼓百官入殿就位, 三鼓王御正殿, 侍衛依班扈從. 啓駕時, 初鼓隨駕軍士聚待信地, 二鼓結陣, 三鼓行陣, 卽迭擊大鐘. 若敎習, 則每月初二十六兩日.

接待中國使臣, 則遣遠接使至義州府, 宣慰使迎於五處[皆二品以上], 迎送宴勞. 到京後, 設下馬宴. 翌日, 世子及宗親六曹議政各官, 以次設宴. 及還, 設餞宴, 使臣就館, 世子就前行再拜禮. 百官同還時, 百官於慕華門外路左序立, 使節至, 復行再拜禮而送.

大小人員道遇香燭, 敎書·諭書·宣醞·宣牌之類, 下馬鞠躬, 賫奉者不下馬.

璽有大寶[用於事大文書, 事大卽事大國也], 施命之寶[用於敎命, 敎書, 敎旨], 以德寶[用於通信文書], 諭書之寶[用於諭書], 科擧之寶[用於試卷及紅白牌], 同文之寶, 宣貺端輔, 宣使之紀16)三寶[用於頒賜書籍], 奎章之寶[用於御製鈐識]. 璿源寶鑑[卽國譜], 藏於奎章閣. 功臣畵像, 藏於紀功閣.

事大冬至使[冬至, 正朝, 聖節, 併作一次朝賀], 拜表吉日, 百官於仁政殿行禮後, 送至慕華館[雖齋日用樂]. 年例方物, 如冬至·正朝·聖節·謝恩及陳奏·奏請·進香等事, 各有所呈. 如黃畵龍筒, 裌綃袱, 黃白細苧布, 黃白細綿紬, 龍紋簾席, 黃花席, 滿花席, 滿花方席, 雜彩花席, 白綿紙, 紅畵鳳狀筒, 螺鈿, 梳函, 紅白細苧紬, 紫白細綿紬, 紅畵龍箋筒, 靑鼠皮, 豹皮, 水獺皮, 厚油, 芼黃毛筆, 油煤墨, 白

16) '紀'는 '記'의 誤字이다.

銀, 沈束香, 芙蓉香, 淸蜜, 黃栗, 柏子, 銀杏, 大棗, 胡桃, 乾柿, 銀香盒, 畵龍燭, 大燭臺等物, 每次均有額例.

傳訃勅書抵境, 王率百官郊迎入城. 宣敕日擧哀, 至第四日成服, 後三日除服. 王於內庭行禮, 百官殿庭行禮.

日本對馬島[卽三神山]主, 年例遣船凡八次, 謂之八送使[共十七隻]. 關白生子立儲, 生孫承襲, 及島主承襲·告慶·退休·告訃·圖書請改, 通信使請來護行護送. 及日本各島倭漂至朝鮮, 每口給渡海米十斗, 衣資木及各一匹, 島主備物答酬. 遇有慶弔事, 則遣通信使等齎國書往.

國有大慶, 則請告廟陳賀, 頒敎各官詣闕門外肅拜. 大婚, 納采, 納徵, 告期, 行於其家, 冊妃親迎, 行於別宮. 嘉禮翌日, 王妃受百官賀, 命婦同親迎. 後王妃排日行朝見禮於各內殿. 公主·翁主下嫁時, 將許嫁諸條稟啓, 擇定駙馬, 隨卽封爵. 成禮後, 於宮門外設帳行會賓贊禮, 後再行謁廟禮.

國有喪, 將昇遐月日頒示中外, 諸道聞訃日擧哀. 第六日成服, 各殿宮服制前期修啓. 自成服日始, 計二十七日. 正朝·冬至·誕日, 停進箋陳賀. 議諡時·廟號·陵號, 同時議定.

宗室勿限寸, 同姓十寸, 異姓六寸, 王妃同姓八寸, 異姓五寸, 世子嬪同姓六寸, 異姓三寸. 親駙馬無論眞外五寸親[先王, 先后親同以上寸, 內姑姊妹, 姪女, 孫女夫, 除授親寸代也. 生前用寸死後].

文科以經書·策論·表箋·箴頌·制詔·詩賦取士. 生員額數, 京畿兩所各一百三十人, 忠淸·全羅各九十人, 慶尙一百人, 江原平安各四十五人, 黃海·咸鏡各三十五人. 譯科十九人, 醫科九人, 陰陽科十一人, 律科九人. 逢子午卯酉年爲鄕試期, 每道中式不過三十人, 庭試無定額, 臨事稟旨. 殿試三甲合取三十三人, 狀元賜紅牌, 以下白牌[牌上書某科第幾名幷姓名]. 一甲一名授從六品, 餘正七品, 乙科正八品, 丙科正九品. 譯科一等, 授從九品. 陰陽科·醫科·律科一等者, 幷授從八品.

武科以木箭·鐵箭·騎射·貫革·騎鎗·擊球·柳葉箭·鳥銃·鞭芻·講書·臨文十一技取中. 生員額數與文科同. 鄕試取士, 京畿兩所各取三十五人, 忠淸·全羅各二十五人, 慶尙三十人, 江原·黃海·平安·咸鏡各十人. 殿試二十八人.

方外別科有特旨乃行, 額數稟旨, 幷有增廣·大增廣之曠典. 若非本道及授職出仕者, 不准鄕試.

畵員中選年少聰慧者, 每朔禮曹出題考試, 歲杪合計畵事遷狀, 兵曹限一年給祿.

寫字官間朔考試, 優等者隨缺升補.

內醫院女醫二十二人, 惠民署女醫七十人, 尙衣院鍼綫婢二十人, 工曹鍼綫婢九名. 以上每三年以諸道邑婢中, 擇其年少聰敏者選上[敎誨醫書者, 成才後移還本邑].

京外官接見, 如五品見三品官, 就前再拜, 上官不答[差等則答]. 途遇則下馬, 上官放鞭過行, 同等則馬上相揖, 堂上官雖隔等, 均下馬相揖.

迎送有下階及中門內中門外大門外鞠躬之禮. 同等座前立候, 又有伏地之儀, 凡堂上官坐交椅, 三品以下坐繩牀.

王孫十歲封爵, 宗臣十五歲授職[二品以上封君, 三品以下授職, 幷用邑號].

實官八十歲以上加一階.

官至一品, 年至七十不得致仕者, 啓聞賜几杖.

堂上官致仕者, 功臣父母及妻年七十以上者, 禮曹咨本邑月致酒肉.

文蔭武階正二品以上, 卒後啓聞, 停期市一二三日不等.

五子及四子一孫登科者, 其父母存則加資歲賜酒米, 亡則追贈賜祭.

一胎生三男者, 啓聞賜米.

士族婦女年至九十者, 封爵[夫不因妻贈職].

士庶壽百歲者加資, 許其子孫上言, 并追贈三代.

孝行卓異者, 贍蒙童[17]教官或戶曹佐郎.

孝子·順孫·貞烈婦女·殉難功臣及睦族善行之類, 每歲啓聞奬勸[賞物或賞職, 旌門或復戶], 內有貧寒丐乞者, 每歲給米五石, 四季衣一領.

孝弟力田之人, 依時啓聞, 或遣長吏優禮, 或賜牛酒問勞.

每歲季夏, 頒冰於宗親及內侍·武內侍·閒散各官.

諸道瀕海設倉儲, 以備鄰境凶荒, 轉輸賑濟. 倘各道有願助賑穀者, 五十石以上錄啓, 五十石以下由本道官施賞.

宗親裔之婚嫁踰時, 營葬無力者, 稟旨願助.

士族之女年近三十貧乏未嫁者, 禮曹啓聞, 量給資助.

乞丐之無親族者, 老人之無扶護者, 量給衣料.

有溫泉處, 守令擇董修葺房屋, 救護病人.

凶年遺棄小孩, 許人牧養, 限至十五歲. 爲子爲奴, 悉聽兩造自便.

守令有親年七十以上者, 勿差三百里外.

守令有老親, 許每年一歸省, 間年一埽墓.

守令省親省墓及妻亡子息成婚赴擧父母歸葬等事外, 勿許請假.

年過六十五歲者, 勿外敍.

贓吏子及孫, 不授京外要職.

婦女失行及再嫁女之所生, 勿敍東西班職, 至曾孫方許.

官犯永不敍用者, 贓吏之子, 再嫁失行女之子孫及庶孼之子孫, 不准赴文科.

守令於本邑有田十結, 壯奴婢十口者, 改差[無關吏治勿拘].

17) '蒙童'은 '童蒙'의 誤植이다.

官吏非刑致斃子民者, 杖一百, 永不敍用.

禁例, 京外士民如有私宰牛馬者, 全家徙邊.

士夫家發靷用小方牀者, 白晝出喪者, 常女著羅兀者, 士族婦女著繡衣裳者, 庶人著絲笠者, 庶人武士著道袍者, 士族衣服帖裏及裳過十三幅, 草笠五十竹, 又馬尾笠付竹笠帖, 庶人衣服九升帖裏及裳十二幅, 草笠三十竹, 又竹織笠繩結笠, 大小人員用紅灰白色表, 衣白笠紅鞋者, 金銀酒器, 靑畵白瓷器, 慶弔婚嫁外用油蜜果者, 在喪之人及庶人僧人都城內騎馬者, 葬用古冢者, 朝官娶放出宮女者, 儒生婦女遊宴山水間及入寺者, 三人以上會飮者, 命婦用有屋轎子, 寺刹用眞彩者, 花席者, 朱漆器者, 絲花鳳金銀露布花者, 餤硝者, 官舍及堂下官以下婚姻人用紗羅段綾罽毯者, 濫收私債者, 私占柴草場者, 街路供佛唱魂者, 私奴婢田土施寺社巫覡者, 士人敗常犯贓者, 京城內巫覡居往者, 閭閻內僧尼留宿者, 濫乘驛馬者,　私事出入衙署者, 赴京及使鄰國人員往來潛帶禁貨挾帶雜文書奔競當道者, 鴨綠江邊七邑用錢者, 咸鏡之富寧以北商人潛入者, 海浪島往來招引人物出入兩界者, 邊民亡入中國者, 京城十里內入葬者, 空曲松木偸斫者, 城內馳騁者, 及騣帽唐鞋紙牌之類, 均在禁例.

文武官六品以上祭三代, 七品以下祭二代, 庶人祗祭考妣.

中國船之犯漁採禁者, 分別追捕, 執送中國.

漕船之故失者, 船主·沙工幷梟示. 和水及偸取糧米十石以上亦者[18]梟示.

採鰒時, 有加採預採之弊, 則帥臣拿勘禁錮三年.

負公債至六百兩以上未償者, 良人公私賤雖納物堂上嘉善者, 幷

18) '亦者'는 '者亦'의 誤植이다.

其妻子沒爲奴婢以償債.

凡公債, 勿許以田土家舍代納, 已納者每年收其田稅, 準本利後還給.

徵私債者, 或以田房索抵, 或以其子女勒爲奴婢者, 杖一百, 仍還其田房子女.

刑遵明律, 笞杖流徒, 均准錢贖, 或綿布代.

笞刑有五. 一十者錢七錢[百文爲兩], 二十者一兩四錢, 三十者二兩一錢, 四十者二兩八錢, 五十者三兩五錢.

杖刑有五. 六十者四兩五錢, 七十者四兩九錢, 八十者五兩六錢, 九十者六兩三錢, 一百者七兩.

徒刑有五. 一年七兩, 一年半十兩五錢, 二年十四兩, 二年半十七兩五錢, 三年二十一兩.

流刑有三. 二千里二十八兩, 二千五百里三十一兩五錢, 三千里三十五兩.

訊杖長三尺三寸, 上一尺三寸, 則圓徑七分, 下二尺, 則廣八分, 厚二分[以下端打膝, 下不至臁肕, 次毋過三十度, 以上幷用營造尺].

枷長五尺五寸, 頭闊一尺二寸. 死罪之枷重二十斤, 徒流重十八斤, 杖罪重十四斤.

杻長一尺六寸, 厚一寸.

李氏中葉, 除壓膝·烙刺及全家徙邊·笞背·劓鼻·刖足·亂杖等刑.

男年十五, 女年十四, 方許婚嫁, 若兩造父母有疾, 或年過五十而子女年過十二以上者, 告官婚嫁.

婚夕炬火之例, 二品以上十柄, 三品以下六柄, 父職女家同.

凡婚嫁過時, 嚴飭漢城府及諸道搜訪, 其尤甚者, 戶曹及營邑另加資助.

京外八道官校院奴婢, 奴共一萬三千二十六名, 婢共一萬一千七百八十五名, 貢奴共三百八十名.

奴婢田土, 均有賜牌, 有賞爾可傳永賜之句, 奴婢年十五以下, 六十以上者, 篤疾廢疾者及生三口以上貢役者, 本人免貢役. 軍士年滿六十者, 廢疾者年七十以上親者, 一子九十以上者, 諸子九代向化人入軍籍者, 均免役. 功臣忠臣子孫, 限一家內差有多人應役. 及一人迭役者, 則遞減挂名. 軍籍者, 父子三人編伍, 則免其父, 兄弟四人編伍者, 免其兄, 官定其代.

凡田八結出一夫, 一歲不過役六日. 若路遠六日以外, 則准減次年之役. 若歲再役, 則須啓乃行. 守令不均調發, 領役官遲留過限者, 議處. 凡身役最重者, 如漕卒司及饔院漁夫所持船網,[19] 幷蠲田賦難徭. 此外, 家居田戶亦有雇工.

外居奴婢, 除選上外, 年十六歲以上, 六十歲以下, 均收貢納於司贍寺. 奴綿布一匹, 楮二十張, 婢綿布一匹, 紙十張, 或以綿綢正布代.

前朝各臣及本朝義烈各臣之墓道·祠宇, 淸白吏表著者, 請旨給復.

各陵墓守護軍·守殿·守婢·忠臣·孝子·烈女復戶者, 身沒後有妻子若子婦, 則限其身給復, 無後則限三年給復.

內官醫女, 御乘馬夫, 戊申出征軍, 進上船沙格軍·漕軍·漁夫·津夫·水夫, 驛吏卒, 守營吏, 各邑人吏, 牧子, 烽軍, 席子匠, 各鎭召募軍, 掌苑署果園値, 軍器寺柴場募民, 甲士倉募民, 內需司山値, 京礮手, 御營年之私賤, 兩西納貢內奴, 弓矢人, 三聖祠値, 給復陵軍, 以所居邑劃給.

內侍復戶以三百五十人定爲原額, 每人兩給分排七道.

凡給復田只出稅米, 而勿收大同米.

凡農事耕種須早, 除草須勤. 守令勸諭趁時耕耘, 且助不給. 勿

19) '司及'은 '及司'의 誤植이다.

差役, 勿徵發, 觀察使考勸慢, 勸農官擅其勸謹者差之, 實力勸課, 勿使陳荒. 佃戶患病, 令親族或鄰里代耕, 勿使荒蕪. 田荒三年, 許人告耕官屯田, 勿使民治.

養蠶官擇其勸愼者, 守令考察諸道, 宜植桑, 宜養蠶, 取繭上納. 引絲人一日各繅生繭一斗[繭重九兩, 出絲一兩].

諸道牧場, 以雌馬一百匹, 雄馬十五匹爲一羣[牛同]. 每年孳生八十五匹以上者, 羣頭加給獎. 倘故失牛馬, 徵綿布以充軍資, 大雄四疋, 中三疋, 小二疋, 大雌三疋, 中二疋, 小一疋.

諸邑倉儲春貸於民, 折半留庫, 秋成而斂取耗什一.

京外封椿錢穀銀布, 非廟啓, 毋得擅動.

諸鎭兵船常運一月軍糧, 兵船運軍糧三年後, 分爲三分, 每年一分, 分給附近居民, 改色還納.

諸道魚箭鹽盆, 分等造冊, 藏於戶曹·本道·本邑[魚箭給貧民, 三年而遞]. 鹽盆遙隔諸邑置鹽倉, 輸稅鹽換穀充軍資.

諸道諸邑許捕魚箭所出魚物, 除薦新進上常貢外貿穀. 每年貿穀充軍之數, 由本道觀察使具錄啓聞.

戶口籍每三年査改. 京外以五戶爲一統, 有統主外, 則每五統有里正, 每一面有勸農官, 京則每坊有管領.

四時八節土旺日, 兵曹鑽木改火, 春楡柳, 夏棗杏, 季夏桑柘, 秋柞楢, 冬槐檀, 諸道各邑亦依此例.

丁祭及救護日月三元節祭厲壇等, 儀同中國.

16

東遊紀略

歸安 吳鍾史 著

辛巳歲, 朝鮮翰林院魚允中一齋來華, 稟請李傅相少荃, 特派招商局員, 前赴彼國, 察看商務情形, 設立通商口岸, 以興市面, 遲遲未行. 壬午春, 美國欲往朝鮮立約, 主其事者爲馬觀察建忠, 會同北洋水師統領丁軍門汝昌乘輪全往. 同行者兵船三艘, 予適承商局之乏, 亦與是行. 於三月中以鎭海往, 四月四日, 舟寓朝鮮國京畿道仁川府西海口月尾島. 後洋司譯院四品堂官李應浚以輿馬來迎, 至仁川府使署中尖焉. 初五日, 玄濟倫鴻臚護送入都, 路經濟物波南之揚花口, 遇司譯院三品堂官李容肅·吳慶然諸君迎於道左, 舍輿登舟, 擊楫北渡. 李君等接入北岸山麓濯纓館中. 館前有臨江亭, 水繞一泓, 山圍四面, 臨流遙望, 空闊無邊. 南岸峭壁幾重, 平沙數里, 入耳則松聲濤聲, 與天風浪浪交相相答, 勞人塵俗, 頓覺湔洗一淸, 誠避囂仙境也. 次早, 李君等護送入城, 館於南別宮內. 是日, 爲王世子大婚, 恩科題爲極天下之孝賦. 此邦人士齊集都門, 國王特派禁兵數十, 護遊城市, 萬民圍視, 從者塞途. 初八日, 又爲彼國燈節, 四方來觀者, 士女如雲, 更形擁擠. 入夜, 則萬家燈彩, 密如繁星, 閭巷花筒, 競相然放. 登宮後小山, 升高望遠,亦頗可觀.

自西海口起岸, 至國都南別宮內, 沿途一切供給, 皆蒙國王選派司譯院各員, 會同地方官妥爲照料, 往返迎送, 禮周且至. 是以居處飮食, 皆得預先布置, 到處卽行供應. 惟其居處飮食, 事事不與華同, 故國王雖賜盛情, 尙覺十分受苦. 水行則船面不知冒篷, 船身不知合縫, 上曬下漏, 難以安身. 陸行則轎底●去, 不能容足, 轎槓緊曳, 不能息肩, 如入樊籠, 無可舒展. 江流淺窄, 山路崎嶇, 履下登高, 危險萬狀. 仁川西海口, 至都約百里, 其間不過十里平陽, 餘則峻嶺奇峰, 一望無際. 紅泥白石, 滿目皆然. 據云中多金類礦, 惜無敢開者, 國陋民貧, 職是之故.

國都在漢陽白嶽山麓, 故曰漢城, 江亦曰漢江. 漢江距城尙數十里, 惟支河之曰濟物波者, 離城只十五里. 然一路皆山, 毫無平坦, 行人運貨, 頗非易易. 男人負重則以背, 女人承物則以首, 多取皆力不能勝, 彎腰挂拐, 步履蹣跚. 服色均似前朝, 與文班戱中所扮演者相彷佛, 惟無繡麗花衣耳. 男不刮臉, 女不裹足. 男人見華人, 則趨視爭先延頸以望. 女人見華人, 則駭竄恐後亡命而奔. 王宮枕西北之仁王山下, 依山爲城, 其形如釜. 雉堞環於山上, 城門設於山凹, 繚繞垣牆約數十里, 城大而苦, 孰與富强, 屋陋而卑, 幾同巢穴. 不識桌椅, 牀帳之物, 但存脫屨席地之風. 飮不知茶, 食不知味, 布帛則鎖於房中, 各坐蒲團以監守. 雜貨則攤諸地上, 但蓋茅舍以經營, 店外不見招牌, 店內不見貨物, 若無鄕導, 無從採買. 紬段洋貨, 係每年領華歷官攜蒸曬所成之高麗紅蔘來京換回, 故價甚貴而貨不多, 亦無有上等者. 國人皆用各道所鑄常平通寶銅錢, 而不知用銀. 銀則惟售諸造銀器肆中, 一兩可得錢六七百文, 然亦不能多換也. 城內有二三大道, 沙礫窸窣, 塵土飛揚, 餘則地勢因山, 下下高高, 更難安步.

文字雖同中國, 然亦有大同小異, 似是而非者. 雖可筆談, 皆須意會. 其自稱曰東國. 唐堯戊辰歲, 已有檀君朝鮮. 周武王封箕子於其地, 中易十數姓. 至後唐時, 王建立, 故國號曰高麗. 明初李姓立, 復曰朝鮮, 今五百年矣. 三國時有甘文朝大發兵三千等語, 其陋小可想. 今雖幷地南北幾二千里, 東西亦五百里, 而政治因循, 風俗固陋, 當今之世, 反古之道, 時勢固有所不能, 亦正恐爲識者所笑耳. 幸國法嚴肅, 事無大小皆決於王. 王欲有爲, 無敢違背, 苟有振作, 官民無不樂從. 及今而早爲改圖, 豈特猶可以爲善國哉. 王庶幾改之, 予日望之矣. 初十日, 予以揚威歸, 李君以傾蓋如故, 不忍遽唱驪歌, 特爲題扇志別, 因得贈答數作附存萍蹟.

17

遊高麗王城記

歸安 吳鍾史 著

高麗在亞細亞洲赤道之北, 經線三十八度, 緯線一百二十七度之間. 被箕子之化, 世奉聖教, 爲中國藩屬. 王城在京畿道之中, 京畿道又在高麗全境之中. 其城曰漢城, 蓋因漢江而名焉. 城週四十餘里, 有門七, 南三門, 西二門, 東北各一門. 城之北隅有紫禁城一座, 王宮卽在其中. 漢城北枕高山, 險峻雄固, 城之東西垣, 亦依山爲險. 城之西南門外, 離城三五里, 有漢江一道, 縈紆深闊, 若値春漲, 則江水湍急, 勢如飛矢, 扁舟橫渡, 惕惕若驚. 城之東, 離城十餘里, 有天摩嶺·崖峨山, 險峻異常, 可守可伏, 殊有一夫當關萬夫莫開之勢. 城之東, 居民稀少, 市面清涼, 土垣茅舍, 錯雜其間. 城之北, 則有各官衙署, 瓦檐鱗比, 間以茅舍. 城之西南, 商賈輻輳, 牛驢絡繹, 實爲繁盛之區. 城之南, 遠望村落, 宛若星羅, 東西門外村落雖不少, 究不若城南之尤盛也. 國中士大夫及庶人, 皆好自修飾, 被服潔整, 罕有襤褸垢面者. 惟性喜遊惰, 計一年所入, 可敷食用, 卽不復他求. 蓋聞該國風氣, 非世祿之家而饒有財貨者, 則官必詰究, 故其民不欲聚斂, 恐招懷璧之咎也. 手持煙管, 三五成羣, 嬉遊終日. 婦女則司縫紉浣濯等事, 而不習灑掃. 故視其衣則粲詠三英, 而入其家則塵生十斛也. 凡婦女出行, 必以衣掩面, 兄弟同居, 則叔嫂不通問訊. 朋友造廬, 罕聞閫內之聲, 其風俗古樸如此, 殆所謂禮失而求諸野者歟. 城中街道雖廣, 至蕪穢不堪, 瓦屋居十之四, 草屋居十之六. 凡民間買賣, 皆由官經理, 田賦則仿古時井田之制. 民俗剛直而無文, 儉嗇而樸陋, 入市交易, 則彼此以物相貿, 蓋非官宦則無存銀也. 士庶夏服尚白, 頭戴馬尾織烏笠帽. 喪服絡麻竹箬笠, 用麻數寸兩端貫小竹, 行道則以之掩口, 或取不見齒之義乎.

18

東遊記

歸安 吳鍾史 著

光緖八年歲次壬午三月十二日, 晴. 辰刻, 上海招商總局徐君雨之·鄭君陶齋兩觀察來書, 邀赴高麗察看商務情形, 以去歲朝鮮翰林院魚允中一齋來華, 稟請李傅相少荃派招商局員前赴彼國, 酌設通商口岸, 以興市面也. 定議卽日起程. 午後, 趣裝. 晚, 同廣東駐防崔君琴舫, 登興盛輪船, 赴煙臺.

十三日, 晴. 早八點鐘, 開輪.

十四日, 晴. 行黑水洋.

十五日, 黎明, 大霧如雨, 舟行甚遲. 十一點鐘, 霧開, 行駛如常. 四點半鐘, 進煙臺口. 五點鐘, 赴招商局晤陳君敬亭及盧伯康仲敏·李軔初載之諸君. 見唐景星觀察書, 知尙有李活泉·張熙堂二君, 隨同丁禹廷軍門. 馬眉叔觀察, 自津來煙, 同赴朝鮮.

十六日, 霧. 同陳禮陶赴新沙遜洋行, 交譚韶東信, 歸作寄申招商局到煙日期書, 交利運輪船帶去申. 譚君來答話, 陳君敬亭邀飮萬順樓.

十七日, 晴. 辰, 李·張二君自津到. 午, 丁雨亭軍門, 馬眉叔觀察亦到. 午後, 同崔·李·張三君, 渡登威遠兵輪. 謁見丁·馬二公, 約定十九日上鎭海兵輪同行.

十八日, 晴. 午後, 李載之伴遊奇山所城, 週圍不過數里, 亦有四城門, 惟不甚高大耳.

十九日, 晴. 午, 譚君韶東請同崔·李·張諸君飮於新沙遜. 歸卽趣裝, 作寄申招商局赴高日期信. 晩飯後, 同赴鎭海兵輪, 居處甚窄.

二十日, 晴. 早五點半鐘, 同威遠·揚威兩船啓行. 午, 出成山口, 舟指正東.

卄一日, 陰, 小雨. 早起已見朝鮮海中諸山, 遠望有峰削如壁者, 有頂平若臺者, 有上平闊而中束小如方勝形者. 舟望東南行, 復轉向北. 四點鐘, 抵京畿道仁川府西海邊月尾島後洋, 有日本兵輪先泊島旁, 因於相近處下椗. 有朝鮮舟載古衣冠人來拜, 舟形敝陋, 削木爲筍, 櫓在船尾, 左右推拽, 蠢笨不堪. 舟無艙, 面坐者, 惟蹲於舟底, 上蓋草薦, 船首小錨, 係以木條, 夾縛石塊, 俾得重沈於水, 鍊則以草繩爲之, 一舟上不見有鐵器也. 鎭海船主陸五峰, 伴其差官李應浚赴威遠船, 謁見丁·馬二公. 余於晩飯後, 同崔君赴威遠, 問赴王城日期. 謂須俟美國兵輪到後方可定云.

卄二日, 霧. 午, 朝鮮差官趙惠人來拜, 戴圓翅烏紗, 服圓領大袖紅袍, 束玉帶, 履方頭薄底烏韡, 韡幫底皆以皮爲之. 初以爲俗尙太儉, 繼知王城係山路, 砂石瑣碎, 步履窸窣有聲, 非皮則易於擦破也. 立夏後皆衣夏布, 袍色用紅靑綠不等, 平民多白色, 直領長短襖, 袖窄不過三寸. 上者穿尖頭薄底皮履, 淺面單梁, 前後高而中低, 幫窄不盈寸, 中者麻鞵, 下者草鞵, 制與中土大同小異. 袜則不論冬夏皆穿厚綿, 底卽縫下口以爲之, 不另托以平片, 故皺側臃腫, 形狀累墜. 已娶者束髮於頂外, 罩以網. 網以馬尾染黑爲之, 云亦華物. 朝鮮官吏隨從甚多, 其實無所執事. 午飯後, 堅請馬觀察登岸, 暫駐幨帷, 申馬觀察同趙君陸船主及隨從諸人, 由舢舨渡,登彼岸赴仁川.

卄三日, 晴. 午, 陸船主歸說, 仁川地極窮苦, 居處飮食, 大改故常, 荒僻鄕隅, 尙不至此, 乃仁川官尙須接丁軍門去一爲瞻仰云. 午後, 丁公登陸赴仁川.

卄四日, 晴. 午, 丁·馬二公自仁川回.

卄五日, 陰, 小雨. 午後, 美國兵輪到, 說明日拜會. 旣有仁川差備官玄濟倫·金久善來舟探問, 旋赴王城, 報知國王.

卄六日, 晴. 是日, 華美各官拜會.

卄七日, 晴. 午, 朝鮮議約正使申擄[20]副使金宏[21]集來拜, 接以三礮, 赴美舟迎送, 亦以三礮. 馬觀察問, 招商局員何日遊歷內地. 兩使謂, 須請命國王再定云.

卄八日, 晴. 朝鮮正副使以請命事, 專差從官, 赴王城轉達國王.

卄九日, 晴. 午後, 附鎭海入山取水, 舢舨赴仁川口岸, 距下椗處約十餘里, 潮漲時可泊岸. 石山脚下, 怪石磈磊, 極其險峻. 由碎石危步至山尖, 踰嶺而下, 有草屋二三十家. 觀者蛸集, 擧步維艱, 復危步歸舟. 海邊有平隄, 土礮洞中藏, 二尺許舊制田雞礮, 剝蝕鏽壞, 不堪動用矣. 申刻, 金國使賫國王李熙名片至威遠來拜.

四月朔, 小雨. 午, 馬觀察赴仁川答拜金國使.

初二日, 晴. 午後, 朝鮮司譯院四品堂官李應浚來舟傳國王命, 請招商局員赴都遊歷. 惟共去幾人, 須開單報知, 俟命下戶部方可備辦轎馬夫役來接云云. 余因往返需數日, 請自出資雇用民夫, 以免遷延. 李君謂, 王命沿路供給, 均須官辦, 雖價雇, 無人敢爲承攬, 且仁川地僻人稀, 亦無轎馬, 不如靜候來接爲是. 乃託其連夜

---

20) '擄'은 '櫶'의 誤字이다.

21) '宏'은 '弘'의 諱字이다.

赴都, 李君允而去. 晩, 頭痛不能食.

初三日, 晴. 大風, 是日以頭疼臥.

初四日, 晴. 辰, 李應浚來, 說轎馬已候於口岸, 請卽渡登, 因早飯趣裝, 僅帶數衣, 留箱籠於舟. 同崔·李·張三君, 僕人二, 廚司一, 及國王派來伴行通事金永淑張鎭邦二名, 坐舢舨赴仁川口. 將抵岸時, 山巓遙望之人, 已難悉數, 皆戴黑紗笠, 衣白布服. 立者·踞者·坐者, 如無數米蟲, 蠕蠕山頂. 泊岸時, 以觸石故, 舟子有墜水者, 幸水淺卽得起. 登岸後, 轎馬皆集, 轎略如華式, 而狹陋無匹. 土人以平坐, 故於轎槓下卽削平, 無所有近槓可坐處, 用皮條架十字作網形以坐人, 皮條偶脫, 卽從中墜下, 坐時甚惴惴也. 轎槓卽連於釘皮之木架上, 前長一尺, 後長三尺. 轎夫以帶套於槓之近坐處, 肩曳而行, 途中不能換班. 行數十步, 另有左右兩人於轎底橫扛一桿, 以鬆前後兩人之肩. 又數十步, 抽去其桿, 則前後又任重矣. 將停時, 以輿倒豎, 脫去後帶, 輿未停, 人已先仆出矣. 轎之四圍, 內則於四角植立半寸方之小木柱, 斜交兩麻繩以爲衛. 外罩青布, 行時揭罩於頂, 如檻車然. 馬小如驢, 崔君以體肥, 轎馬不能容載, 不得已仍返舟, 余等卽乘所備轎馬登程. 途中山路崎嶇, 高下屈曲, 約十數里抵仁川. 四圍皆山, 中有百餘茅舍, 向南山麓爲仁川府署. 署屋數重, 零落如涼亭. 府使鄭志鎔迎入署中, 舍於東館. 無桌椅, 入卽脫履席地而坐. 旋有頂菜桌於首者入, 於每人前安一桌. 桌高不盈五寸, 方不過尺五. 上高裝食物數盆, 罩以紙裹, 去裹則牛肉·魚乾·雞蛋·熟食·水果等堆積, 異常臭味. 另有銅盌盛椒末·肉絲·紛麵以爲食, 瓷膽甁傾酸白酒以爲飮. 名下馬宴, 其實無可下箸也. 因請勿供晩餐, 備生物自煮, 除雞蛋外, 所供給之牛羊雞豕各肉, 皆瘦不堪食. 鍋形如脚鑪, 烹飪甚不合用. 土人飮涼水, 無煎茶器. 苦渴, 以洗面銅盆煑茶. 觀者如堵, 皆來索飮, 如乞瓊漿,不能偏給. 申馬觀察陪美國公使來答拜, 朝鮮議約兩使於府使署, 約初六日畵押卽去. 晚, 出署散步, 見西南最高峰上有烽火, 一明卽熄, 謂係每晚傳各處無事至都者, 有事則擧雙火, 卽古人烽火告警遺意. 仁川至都計有三處云. 歸署, 有護送官玄杭山鴻臚名濟倫來見, 用白紙片自書其名, 無木刻章. 約明日早飯後起程. 昏, 頭疼, 僅煑粥食松花蛋, 閉紙窗, 席地臥. 戌刻, 護送官來請晚安, 方睡. 夜, 大雨.

初五日, 晴. 辰起, 護送官來請早安, 候駕, 余不能飯, 食粥而行. 因轎窄陋, 易馬而乘. 一路皆山, 登高履下, 危險萬狀. 遇陡處下馬步行, 時虞隕越. 午刻, 過富平府屬之五柳衕打尖, 計去仁川三十里. 其地茅屋數十家, 富平府使差官接待, 供宴如仁川. 因不止宿, 撤宴後又供飯桌, 與初宴彷佛, 多牛血及辣菜等湯, 仍不能入口. 飯尙潔白, 因和自備路菜以充飢腸. 飯畢, 復行山路十餘里, 始得平原. 四圍崇山峻嶺, 白石紅泥, 中則綠野平疇, 方十數里. 惜無人種植, 僅爲放牧地云. 過此至楊花津口, 司譯院三品差備官李容肅, 字菊人, 四品差備官吳慶然, 字莚庵, 迎於道左. 同至河干登舟, 中流遇由大路迎接之差官崔·玄二君, 亦同過江. 兩岸觀者如蟻, 不知其幾千萬人也. 過濟物波, 入臨江亭曰濯纓館止焉. 屋宇低小. 問何以不進城, 謂奉王命, 迎舍於此. 以館宇淸幽, 山圍水遶, 足供天朝人舍館也. 問離城尙有幾里. 謂有山路十五里. 若欲進城, 可於明日早飯後, 下午出城, 亦覺便易. 余因索紙筆書數行以商之, 大意謂, 我等旣爲商務而來, 居宜近市, 以便察看商務情形. 今承館於城外幽雅之地, 遠隔闤闠, 往返需時, 諸形不便, 且暫住不過數日, 何有郊原遊賞之時. 務望將此情轉達國王, 俾得居近市廛出入自便等云. 李君謂姑俟, 以此紙稟請首相洪淳穆轉達於王, 然後聽命. 余因時日悤促, 卽託吳君當晚進城. 下馬宴, 較富平·仁川尤豊, 以彼係當地汛官辦差, 此則由戶部供給, 有光祿寺差官漢君在此駐辦. 然其地亦不過茅屋數十家, 無物可買, 除雞蛋外, 又皆不能用也. 戌刻, 李君來請晚安, 去後, 閉紙窗, 席地臥.

初六日, 晴. 辰, 李君等來請早安, 弁謂已奉王命卽請進城, 可於早飯後同行. 惟進城須改乘輿, 不便騎馬, 否則恐干款接不恭之咎也. 巳刻, 起身. 前導有差頭, 青衣紅袖, 戴黑氈笠, 拕三眼小花翎, 跨馬前驅, 以除道路, 行萬山叢中十餘里. 曲屈高下, 至艾五嶺, 有清水小坎, 夫馬打尖役夫等, 均伏地作牛飮. 又行數里, 至南大門外, 一路引領, 而望者, 如站班列隊, 擁擠兩旁. 城垣係石砌, 高約四丈, 頗雄壯. 入崇禮門, 道左人民奔走爭視, 塵土蔽天. 大街寬可數丈, 旁搭茅篷售雜貨, 狀類中土. 地攤皆不甚値錢之物, 須臾擁入道右南別宮, 云係舊駙馬府, 卽所以館天使者. 入宮後, 封門下鍵, 內外守者嚴密, 不得出入. 因以欲遊歷市闠爲請, 李君謂俟享宴後, 請命於王. 國中事無大小, 非王命不敢擅便也. 宴後, 李君始去, 歸已午後. 雖允入市, 尙須俟兵部護衛禁兵到後, 方可出門. 遲之申末, 兵尙未齊, 乃同張君攜數十兵及金通事先赴左近大街, 萬民圍視, 鞭之不開, 至鐘樓街, 聚者愈衆. 日暮返南別宮. 晚飯無肴, 可具充飢而已. 昏, 李君等來請晚安, 因往答之, 談知是日爲王世子大婚, 恩科題爲極天下之孝賦, 八道士子, 皆來應考. 又初八日爲國中燈節, 四方來觀者士女如雲, 故城市倍形熱鬧云. 兵之服飾, 一如戲中所扮淸兵, 青布外褂, 罩直領長背心, 束帶於腰, 戴小氈笠, 前頂銅, 勇字後, 曳藍絨條, 腰懸黃鏽倭刀, 直廢物耳. 朝鮮人讀書與華音同, 土語驟聽似日本, 細辨之, 亦華人之方言耳, 如馬曰馬兒, 男曰男丁之類.

初七日, 晴. 辰, 餐後, 同張君攜銀, 帶通事及兵三十, 入市換錢. 市中交易, 皆用國中八道所鑄常平通寶銅錢, 不知用銀, 故幷無換銀店鋪. 向造銀器肆中商售之, 每銀一兩, 約換得常平錢七百文, 賤時不過六百文, 亦有不收者, 收亦不過數兩. 其天平與津平相彷, 換數家只售去銀三兩餘. 擬買蔘, 則蔘無店鋪, 須由官辦, 每年於出貨時爲領華歷官辦赴華京, 易歸紬段·布疋·洋貨等物. 砂金皆由民間私挖, 亦爲領華歷官搜赴華京易貨. 兩物均無辦處. 有經紀者來導往紙店, 入門觀者蜂擁, 護兵亟闔門以守之. 登樓高不過五尺, 梯階止四級, 非以闊步行之不能上下. 中間僅留二三尺寬出入之路, 兩旁卽貨房之門, 以大鐵鎖鎖之. 外鋪小方席, 上守一人, 如坐蒲團狀. 欲買何物, 則開鎖啓門, 門內障以靑布帷, 揭帷取貨, 出視不合, 仍藏諸帷內, 閉門加鎖以守之, 買者不能見其帷內有何貨物也. 紙甚麤厚, 極大者長三尺, 闊不盈二尺. 每張價銀五六分, 貴而不適於用. 下樓啓門, 驅散觀者. 又至紬段鋪, 啓閉取藏一如紙鋪, 惟無樓屋. 中土閃花摹本段, 銀九錢一尺, 尺較營造尺加半. 八兩素紬貴中土三之一, 土産紗羅紬段, 遜華物遠甚. 綿紬如日本縐布, 價甚昂. 又至洋布·夏布各鋪, 各貨皆較中土加價三分. 因俱由華京易歸, 若裝輪去, 則水脚售價較廉, 惟僻陋在夷, 恐所銷正有限耳. 宮前兩旁皆部曹衙門, 門各有額, 如天官·地部·春官·刑曹等類. 有京兆府, 有統理機務衙門卽總理衙門. 總司其事者爲王叔李最應, 年已七十矣. 宮前數丈大石獅二, 高幾盈丈, 再接石欄數丈, 至宮門, 門高不及丈, 銅釘大如拳, 門樓二層上署光化門. 不甚高, 左右亦有門, 皆裂縫寸許, 可以望內. 又有彩畫宮門閉焉. 宮牆石砌, 高七八尺. 時已近午, 乃還南別宮, 沿途觀者無數, 惟婦女則驚避駭竄, 以國法不許見外國人, 卽在家中望見者, 亦閉窗闔戶, 如畏虎狼也. 婦女編辮挽髻, 首裹白布, 如戲中所扮漁婆狀, 裝束亦頗近似. 衣短及腰, 取物承之以首, 兩手上捧, 衣聳乳露, 有一手托頂上物, 一手拄拐以行者. 男則承物以背, 如粵人之背嬰兒狀,彎腰拄拐, 步履蹣跚, 想係古者負戴之遺意. 水夫背扎木架, 橫以木桿, 兩頭有鉤, 以瓢汲水, 滿兩小桶, 取套鉤上, 彎駝而走, 兩桶不過卅斤, 負行甚苦. 孝子衣麻衣, 截蘆席, 斗笠大如栲栳, 手持兩竹片所綳麻布, 以遮面目, 不令見人. 午後, 閱該國儒州柳得恭所撰〈二十一都懷古詩〉, 自稱曰東國. 唐堯戊辰歲, 已有檀君朝鮮. 周武王封箕子於其地, 中易十數姓. 至後唐時, 王建立, 改國號曰高麗. 明初李姓立, 復曰朝鮮, 今四百九十八年矣. 三國時, 有甘文朝大發兵三十等語. 原詩云, 三十雄兵曾大發, 蝸牛角上鬪千場, 其陋小可想. 今雖幷地南北幾二千里, 東西亦五百里, 而政治因循, 風俗固陋. 當今之世, 反古之道, 時勢固有所不能, 亦正恐爲識者所笑耳. 申以步行入市, 爲觀者所圜, 不能見兩旁. 擬請乘馬, 得高視一切, 且可徧歷大街. 李君謂亦須請命於王, 俟戶部備夫馬, 方可出門云. 是日, 見差備官等各席地以白紙書, 余等何時出門, 遊歷何處等事, 申報國王及各衙門甚忙. 紙尾皆有爲臥乎事四字, 問之, 則謂與中國須至咨呈者相仿云. 國中官吏多宗室及世襲者. 國人皆食白蔘, 以紅蔘爲蒸曬而成, 專造以售中國者, 非本色不足重也.

初八日, 晴. 辰, 夫馬兵役陸續至. 早飯後, 同李·張二君帶金通事及兵, 策馬至東門大街. 街旁茅篷, 售食用雜貨, 書鋪卽附此中. 舊書數十本, 殘缺不全, 尙不及中土書攤所有者. 四書五經及綱鑑·字典·音韻等類. 瓦屋高不過五尺, 店鋪無字號招牌, 無貨物可見, 莫辨何肆, 有白粉書朝鮮字於板門者, 圓轉似淸書, 疏落似倭文. 東門大街約長五六里, 至東大門, 登陴觀郊原鄕景, 有平綠數頃. 向西轉入小街, 折而往北, 由山路至東北門, 門在山上, 可望王宮之後. 短牆屈曲, 皆入目中, 向西無大路, 且在山脚, 乃繞宮後至宮東, 循宮牆而南, 有旁門數處, 曰禁府, 曰龍鳳院, 曰東營, 皆可達內, 交木爲欄, 不見守者. 其內朱楹剝落, 苔蘚盈徑, 路東多宗廟, 池南有武衛營等處, 計自宮北至宮南, 約長三里. 向西過宮前, 有衣大紅直領者, 宮差也. 淡紅圓領者, 部辦也. 池西二三里, 轉入小街, 至西北門. 向南無大街, 繞道還南別宮. 飯後, 擬上城內南山觀全城形勢, 李君又達諸王, 命下. 余於申刻帶金通事及兵出宮門, 向東南上南山, 至半山小憩, 山甚陡, 立登蠶頭峰, 北望全城, 歷歷在目. 王宮居城之西北隅, 自宮門北視, 惟見高樓五重, 餘低矮似民居. 東北半城多樓閣, 謂係宗廟. 城築山上, 門設山凹, 宮枕仁王山下. 余所館在城之西南隅, 城垣繚曲, 週約四十里. 四圍皆山, 中如甕底, 不足言形勢也. 歸見丁·馬二公及隨從諸人陸續至. 晚間, 宮中送來塔式·鼎式走馬燈四盞, 上有萬歲太平字樣, 以賞燈節. 登宮後廢園山上, 四望見滿城燈彩, 密如繁星, 閭巷花筒競相然放. 戌刻, 王使左承旨趙秉鎬賫名帖來請晚安, 問晉謁國王期, 謂須擇十三吉日. 丁·馬二公以不及久待, 請改近日. 云當轉達國王再定.

初九日, 晴. 辰, 城外日本公館有總理花房官義質來拜. 丁·馬二公, 因欲出拜客, 亦俟請命於王, 頒發輿馬, 於申刻始出門, 拜後卽歸.

初十日, 晴. 申刻, 丁·馬二公進宮謁王. 張長柄蘉皮紙傘以爲蓋, 卽中國雨傘之未油者, 甚別致也. 酉刻, 歸. 戌刻, 宮中頒到祖筵四大箱, 係紅衣內監送來. 每盆高裝尺餘, 中植竹片, 外裹以紙, 再紮以綫, 魚肉·蜜餞·雞蛋·熟食·湯果·麵飯·無物不有, 五色繽紛, 幽香冷豔, 令人變色而作. 差備官李君親來代敬, 謂必受而嘗之, 勿負王意. 乃留其棗·栗·柿·梨等各少許. 是晚, 經紀辦到上用蝦鬚簾兩掛, 方約三尺, 價銀二兩五錢. 靑黃紅三色紙, 長二尺, 闊尺五, 每張銀五分. 狼毫筆四五七八分銀不等, 筆管漆以紅黑, 若堂上判事所用者, 姑辦幾種以備行色. 旣有送蘉·送書及淸心丸·紙扇以贈行者, 求字以作傳家寶者. 碌碌酬應, 不能徧及, 夜半始睡. 是日, 李君菊人書扇贈別, 云瓢泊無方了夙緣, 舢棱戀結日綿綿, 長衫廣袖三千里, 馬足車塵四十年. 注云, 余屢充貢使, 今年將七旬矣. 縱道賢勞能覘國, 不知時務可談天. 如今倘得涓埃報, 買犢歸耕上下田. 因答一絶云, 不愛功名不愛田, 平生只愛小遊仙, 乘風破浪飄然去, 遑問程途有幾千. 李君又另紙贈一絶附序云, 吳芳伯, 浙江聞人也. 今辦商務來吾東, 余膺迎接之命, 獲晤於江郊, 一面如舊識, 豈非夙緣有定邪. 明將言旋, 不勝悵惘, 勉作鴂吟仍步贈韻. 其詩云, 早愛功名不力田, 如今老大羡遊仙, 乘風破浪曾何補, 海內鴻泥留幾千. 余又答一絶云, 老當益壯莫灰心, 積習捐除好及今, 爲俊傑當識時務, 名言臨別贈知音.

十一日, 晴. 早飯後, 趣裝乘輿出宮, 前驅尺方藍旗, 中書巡視紅字, 如長柄之令旗然. 吹手音似吹蘆笳, 沿途伴送各官同行, 隨觀甚衆. 過濟物波, 兩岸觀者如堵, 易馬至五柳衕打尖, 請宴如前. 午後, 行數里, 於山上望見仁川外洋, 盤繞峰嶺, 兩時許, 抵仁川, 又請宴以祖行. 晩, 小火船來接, 潮落不得泊岸, 用土人小漁舟過渡, 離岸數尺, 人物由人負上漁舟. 舟有魚穢且漏, 行李浸溼, 韈袜亦著水中. 昏, 上揚威快船. 知英兵船到, 亦欲代爲議約, 明日不能回華. 船上居處更窄, 鋪程又溼, 和衣而睡, 聊免席地之苦. 是日牙疼, 不能食物.

十二日, 晴. 牙疼. 閱≪通文館志≫候行期, 鈔得陳君艷憶詩二十八首及序共數千言.

十三日, 晴. 牙疼. 姚君賦秋, 爲馬觀察借去朝鮮友所贈≪大典≫全部.

十四日, 晴. 申, 得明日揚威船送中堂稟消息. 晩, 赴丁·馬二公處辭行, 威遠船主呂賡堂屬帶致煙臺家書.

十五日, 晴. 晨, 朝鮮差官李應浚來, 附舟由煙赴京, 送咨報總理衙門與美立約公文. 八點鐘, 開輪.

十六日, 晴. 早十點鐘, 抵煙臺, 停輪下椗, 雇小舟赴招商局. 午後, 出交呂賡堂書於合順柴君浴日新園. 歸閱申報.

十七日, 晴. 辰, 與李活泉核造報銷, 淸理物件以待南北分馳. 午後, 訪譚君韶東, 話書朝鮮紙扇以贈之. 又書一扇贈陳君敬亭. 幷題一絶云, 漫說朝鮮是海邦, 此邦人物近洪荒, 王城冊里同鄕僻, 那有喧闐貿易場. 又贈以極貴之金剛直蔆一支, 謂係到煙十年所未見之無上品云. 晩, 崔·李二君乘日新赴津, 張君熙堂以感冒, 故移寓晩晴館養疴.

十八日, 晴. 辰, 豊順過煙. 午, 卽趣裝登舟. 一點半鐘, 開行. 六點半鐘, 過成山燈塔.

十九日, 晴. 行黑水洋.

二十日, 晴. 午十二點鐘, 抵吳淞. 兩點鐘, 泊下海浦. 三點半鐘, 到招商局, 見鄭陶齋觀察. 以牙疼故, 尙未食飯, 歸家略息.

19

朝鮮雜述

江寧 許午 著

朝鮮爲〈禹貢〉青州之域, 亥坐巳向, 三面帶海, 一面披不咸山. 自不咸山左之圖們江, 及其山右之鴨綠江而南, 則左爲咸鏡道, 右爲平安道, 而南則左爲咸鏡·江原道, 右爲黃海道, 而南則左爲江原道, 右爲京畿道, 而南則左爲江原·慶尙道, 右爲忠淸道, 而南則左爲慶尙道, 右爲全羅道. 斯朝鮮八道之形勢焉.

漢陽城在京畿道, 於明洪武甲戌二十七年, 康獻王定都漢陽, 命其臣趙浚等監築, 至丙子年竣工, 王自開城府遷此. 二世恭靖王移都開城, 恭定王復都漢陽, 傳至今焉. 城內有社稷壇, 大報壇[祀明太祖·神宗·毅宗], 宗廟, 文廟, 啓聖祠, 關王廟, 崇節祠[祀晋·唐·宋之太學生董養·何蕃·陳東·歐陽澈], 宣武祠[祀明經略邢玠·楊鎬], 鐘樓. 城外有風雲雷雨壇[南郊], 先農壇, 先蠶壇, 雩祀壇[俱東郊], 厲祭壇[北郊]. 其祭祀時, 籩豆樂獻, 略同明制, 惟於其宗廟內, 用俗樂以祭之, 其禜祭, 則就四城門行之.

漢城內, 東南西北中五部, 四十七坊, 三百四十契. 其四垣皆山, 其街巷皆以洞爲名, 亦有以峴名者. 其各街巷兩旁, 俱置水溝, 其居人之糞穢, 悉置溝內, 任澗水流去. 若無水時, 則積糞積穢, 臭氣逼人, 觸之最易染病.

居人屋宇之堂, 兩旁間各隔爲室, 室與廂聯通作臥房, 其兩廂上聯堂室, 下聯對照之房, 儼然一口字式. 其堂鋪板, 其臥房皆地炕, 其四壁各置窗, 窗之寬大幾與門等.

自康獻王[康獻王之遺像在永禧殿]以下, 至十五傳光海君, 皆居景福宮. 憲文王以下至顯孝王, 居昌德宮. 莊孝王居昌慶宮. 成孝王以下至今王, 於乙酉正月望前, 居昌德宮[昌德宮之正殿, 曰仁政殿], 望後, 居景福宮.

王宮之規模, 與中夏略同. 玆以藩制言之, 其庫門平列三, 闉闍曰光化門. 上有樓而無女牆, 其兩旁亦無闕. 觀其雉路若戟門, 然其庭墀俱寬大. 雉門曰興禮門. 內有水一道, 東西貫通, 橫亘於墀水, 自白嶽山澗, 從地中來, 由石龍口中吐出, 上以三石橋平列之. 庭中以方石鋪地, 自南而北, 達於路門之階, 路門橫區, 金書曰勤政門. 門內庭墀, 方宏廣敞, 中鋪以白方石, 上達於階. 階上爲正殿, 殿之上宇, 金書橫區曰勤政殿. 殿高數仞, 約可四五十間方廣, 榱桷四聳, 窗楹皆朱. 殿內上安暖閣爲王座. 座前有案, 而後有屏. 殿之中頂, 翬飛嵌矗, 四面窗明, 橫梁楶棁, 以丹青繪山川雲物之狀. 宇外四角, 鈴韻搖風, 遙遙望之, 甚巍煥也. 其他殿閣樓臺, 亦俱宏麗壯觀. 其西有慶會樓, 高將數尋, 方廣可三十餘間. 下層以石作柱, 四面不施窗槅, 上層以木柱與下之石柱聯接, 於合準際橫楞鋪板, 而施兩梯於左右焉. 樓上四面, 皆有窗扇, 其中數間以窗槅, 圍作一房, 倚樓四顧, 淸池繚繞. 池中之葉碧花紅者, 荷也, 池外之垂靑拕紫者, 柳也. 遠而觀之, 離宮別殿, 雲景山光, 俱聳彩於參差之際. 近而瞻之, 宮後之樓閣臺榭點綴於白嶽山坡, 丹碧交輝, 風光淑麗, 令人之眼界一豁, 斯其大略焉云爾.

王之法服, 平大[22]冠, 白玉, 梁珠, 黈纊簪, 五色珠旒, 冕服, 綬,大帶靑組五色多繪, 珮玉, 方心, 赤襪, 赤舃, 白玉圭, 靑玉圭. 遠遊冠, 簪, 五色珠, 絳紗袍, 綬, 大帶靑組五色多繪, 珮玉, 赤襪, 赤舃, 白玉圭.

文廟, 自新羅時, 奉至聖七十二賢於國學, 至高麗時, 以其前代故儒臣於文廟從祀. 明洪武戊寅三十一年, 康獻王於漢城建文廟. 萬曆壬寅三十年, 昭敬王重建之. 至今規模略同明制, 惟於東廡先儒眞浦城伯, 西廡先儒許魏國公位下, 卽繼以高麗·朝鮮所崇之儒臣十五人崇祀, 無明儒之位焉. 其各道界首官則依漢城之制, 其州府郡則殿內惟十哲, 兩廡惟周·程·程·朱四賢, 及高麗·朝鮮之儒臣十五人從祀, 其縣則有殿無廡, 而殿內則宋四賢及高麗·朝鮮所崇之十五儒臣從祀焉耳. 祀以仲春·仲秋上丁日, 幣用黑, 牲用騂牛一, 羊一, 豕四, 籩豆各十, 尊實六. 樂用雅部, 舞用六佾, 王冕服酌獻, 出易翼善冠·袞龍袍還宮.

關廟[武廟也], 朝鮮史載, 明萬曆年間, 帝顯神力, 震敗日本軍. 至亂平後, 朝鮮昭敬王爲之立廟, 載入祀典. 以驚蟄·霜降日祀之. 牲用羊一, 豕三, 幣·籩豆·尊實·樂·舞同文廟.

白嶽山, 在漢陽城內之北[陶唐堯帝戊辰二十五載, 檀君王儉始立國, 建都平壤, 國號朝鮮. 尋遷於白嶽, 後棄位入阿斯達山, 不知所終].

木覓山, 在漢陽城內之南, 與白嶽山相對峙, 兩山聳秀, 皆足遊玩.

烽臺五所[擧火相告曰烽, 然柴望煙曰燧], 在木覓山, 自東至西. 第一準, 咸鏡道·江原道·京畿道, 來楊州峩嵯山峰. 第二準, 慶尙道·忠淸道·京畿道, 來廣州天臨山烽. 第三準, 平安道·黃海道·京畿道, 陸路來毋嶽東烽. 第四準, 平安道·黃海道·京畿道, 水路來毋嶽西烽. 第五準, 全羅道·忠淸道·京畿道, 來陽川開花山烽. 若該路有警,

22) '大'는 '天'의 誤字이다.

於賊現時則擧二炬, 近境三炬, 犯境四炬, 接戰五炬. 連日接戰, 則積柴用狼糞. 於夜擧火, 於晝燔柴煙氣, 以告警信. 若平時無事, 則以一炬報平安云.

漢城內諸山澗及雨水, 皆會入川, 出東南之五水門, 繞入漢江以歸海. 其城內水標橋之川中, 立有一水標石, 上刻表以測驗水之深淺.

凡仕宦出行, 或短杠四窗之板轎, 或小座長杠之顯轎, 或乘軺車, 或乘馬, 其僕從皆列於前後左右四邊, 互相叫喝. 其顯官之僕從甚衆, 四邊喧喝, 聲殊囂然.

職官朝服. 一品, 冠五梁, 木笏, 服赤綃衣, 裳蔽膝, 白綃中單, 雲鶴金環綬, 犀帶. 二品, 冠四梁, 木笏, 服赤綃衣, 裳蔽膝, 白綃中單, 雲鶴金環綬, 正鈒金帶, 從素金帶. 三品, 冠三梁, 木笏, 服赤綃衣, 裳蔽膝, 白綃中單, 盤鵰銀環綬, 正鈒銀帶, 從素銀帶. 四品, 冠二梁, 木笏, 服赤綃衣, 裳蔽膝, 白綃中單, 練鵲銀環綬, 素銀帶. 五品六品, 冠二梁, 木笏, 服赤綃衣, 裳蔽膝, 白綃中單, 練鵲銅環綬, 黑角帶. 七八九品, 冠一梁, 木笏, 服赤綃衣, 裳蔽膝, 白綃中單, 鸂鶒銅環綬, 黑角帶. 其履, 自一品至九品皆黑皮鞋.

祭服, 青綃衣, 白綃, 方心曲領, 其冠·裳·蔽膝·中單·環綬·帶·鞋, 皆同朝服.

公服, 自一品至九品皆冠幞頭, 著黑皮鞾. 惟服帶則一品紅袍犀帶. 二品至三品堂上官, 紅袍荔枝金帶. 三品堂下官至六品, 青袍黑角帶. 七品至九品, 綠袍黑角帶.

常服, 冠紗帽或笠. 自一品至三品堂上, 雙紗角之紗帽. 三品堂下至九品, 單紗角之紗帽. 服紗羅綾段. 胸褙, 大君繡麒麟, 王子·君白澤, 一品文官孔雀, 武官雙虎豹, 二品文雲鴈, 大司憲獬豸, 武單虎豹. 三品文白鷴, 武熊羆. 履, 自一品至三品堂上, 著挾金鞾. 三品堂下至九品, 著黑皮鞾. 其帶同朝服, 其一品至三品堂上之貫子[貫子, 形扁圓如環, 肉倍於好, 其圓徑不過數分而已], 笠纓[笠纓, 連於笠, 以繫於頸之帶系也], 皆用金玉. 笠飾[笠飾, 笠口聯纓處, 以銀絲爲曲子, 用聯笠與纓者也], 用銀, 惟大君笠飾用金.

笏, 一品至四品牙笏, 五品至九品木笏.

珮玉, 一品至三品燔靑玉, 四品至九品燔白玉.

戎服, 紅袖緇靑衣, 一品至三品堂上紫氈笠, 三品堂下至九品黑氈笠.

儒生, 冠緇布巾, 服團靑衿, 束條. 錄事, 冠有角, 平頂巾, 服紅團領, 束條. 書吏, 冠無角平頂巾, 服團領, 束條. 鄕吏公服, 冠幞頭, 衣綠袍, 束黑角帶, 執木笏. 常服, 冠黑竹方笠, 衣直領, 束條. 羅將, 冠皁巾, 服靑半臂衣, 束條. 別監, 冠黃草笠或紫巾, 衣紅直領, 束條. 皁隷, 冠皁巾, 衣靑團領, 束條.

私服, 貴賤皆冠黑圓細竹笠, 著革鞋, 鞋底之四周皆小釘. 衣大袖長衫, 其衫有襟裾, 而下幅之前後兩旁無插角焉. 惟士夫之衣有道袍, 冠有巾, 笠頂有葡萄紋, 笠內有唐巾加於束髮之網巾上. 其網巾束綫處, 大官用小玉貫子, 次則小金貫子, 小官則大玉貫子, 庶人皆黑角者, 而顯官帶則紅條, 冠則有絲笠者.

邊將, 衣靑間黑, 以紅色爲袖, 寬袍, 冠氈笠[氈笠以毛氈爲之, 其狀如中華之草帽. 其色有紫者, 有黑者], 笠前插孔翠毛翎, 出入排對子馬. 其前對馬上一執小長鼓, 一孰[23]小圓鑼, 遞相敲擊, 其音若斷若續.

笠有數種, 一曰竹笠, 狀如中華草帽, 惟頂不突圓而平圓. 乃以細竹絲編輯成胎, 髹以黑漆, 復於胎面蒙以枲縷, 更以黑漆髹之. 其竹之絲細於馬尾之毛, 其色烏而有光. 凡士夫者笠頂上編暗花如葡萄紋, 其顯官則於笠口與笠之纓系連處, 以銀絲爲曲子聯之,

---

23) '孰'은 '執'의 誤字이다.

并另以金玉爲笠之纓系垂於左右. 若兵判各道觀察使及兵使·水使, 則於笠上置玉鷺焉. 其笠之價, 以竹絲細於髮者爲貴. 若稍麤如馬尾毛者, 則庶民工賈奴僕等皆戴之. 但無葡萄紋與銀飾耳. 一曰絲笠, 狀胎皆與竹笠同, 惟面蒙以絲經, 其光烏於竹笠, 亦惟士夫戴之. 一曰黑方竹笠, 鄕吏戴之. 一曰方笠, 服斬衰·齊衰三年者戴之, 狀似斗篷, 其頂圓突, 周檐下垂, 四隅開張如四圓瓣式然, 乃以竹篾片與麤竹絲編成者. 服至大祥則易白笠, 白笠式同竹笠, 但枲纓之色白耳. 一曰氈笠, 狀式及頂, 皆與中華草帽同樣, 乃以毛氈染色製成, 爲戎服之冠也. 其紫色者, 大員戴之. 其黑色者, 三品下及小弁與軍校皆戴之. 又有小黑氈笠, 其頂與竹笠同, 其周圍邊檐廣闊, 不盈一寸, 遠望之儼若小帽, 凡穿號褂之兵丁皆戴之. 一曰蓑笠, 卽蘆荻麤篾所編成之笠也. 狀如中華飯鍋, 而頂則尖突, 其檐陡且下垂, 六隅有六尖角焉, 力役·執鞭者皆戴之. 一曰草笠, 狀同竹笠, 乃以淡黃色之草編成, 其草形似麥藍而略較細, 凡新聘婦·尙未完姻之年幼者皆戴之, 其別監則常戴之. 一曰平涼子, 狀同竹笠, 乃以竹之篾片編成者, 下人戴之, 而漢城中之下色人, 亦多戴烏圓細竹笠, 而戴此平涼子笠者百無一二. 朝鮮工技之精細, 須推竹笠爲第一也.

文科, 以子午卯酉年爲式年, 其試途, 除雜科外, 卽文試, 亦有三焉. 一曰文科試, 自三品以下, 及生·進士·庶皆赴之. 一曰生員試, 五品以下非守令之官, 及士庶皆赴之. 一曰進士試, 亦自五品以下非守令官, 及士庶皆赴之. 凡赴文科者, 先於寅申巳亥年應初試, 京則由兩所, 外則由各道. 試三場, 初場, 四書疑義一篇, 論一篇. 中場, 賦一篇, 表箋之中一篇. 終場, 對策一篇. 入格者, 於式年春赴都覆試. 都內置兩所, 各派試官分試三場. 初場, 四書三經背講, 其願講≪春秋≫者聽春秋, ≪周易≫皆倍畵. 中場, 賦表. 終場, 對策. 場畢, 取優者三十二人, 次者之中擇一人, 分等放榜, 赴殿試, 殿前有讀卷官·對讀官, 試以對策·表箋·箴頌·制詔·論賦銘中一篇. 擇日放榜, 榜列三等. 第一等曰甲科, 第二等曰乙科, 第三等曰丙科. 其甲科三人, 第一名爲壯元, 授從六品職. 第二名三名爲探花, 皆授正七品. 其乙科七人, 皆授正八品. 其丙科二十三人, 皆授從九品. 其生員進士試, 亦式年行之. 生員初試, 昔由各道錄取, 今改於漢城置兩所, 各派試官先行進士試, 間一日行生員試. 試分初覆兩場. 初試, 生員, 五經義一篇, 四書義一篇, 進士, 賦一篇, 古詩一篇. 每所各取二百人, 面講≪小學≫·≪家禮≫. 覆試, 製述皆同初. 每所各取一百人放榜[又有庭試, 於邦慶年行之. 增廣試, 於累慶年行之. 別試, 於丙年行之. 謁聖文科·春塘臺文科, 及文科重試, 規模皆大同小異. 方外別科, 皆臨行擬定. 譯科·醫科·陰陽科·律科, 幷於式年行之, 皆不若文科淸貴]. 凡新中者出遊, 排列鼓樂, 以紅綾裹一軸, 僕從持之迅走於前, 若爲引道投報者然[凡赴文科者, 惟士夫之諸嫡子, 其庶子則不准赴. 若庶子所生嫡子則亦准赴, 所生庶子則不准赴. 職官永不敍用者之子孫及婦人再嫁生子, 幷奴婢子孫, 皆不准赴文科·生員進士試].

武科, 式年行之, 初年·覆試·殿試之試官, 皆以文武員共爲之. 試以十一技, 木箭·鐵箭·片箭·騎射·貫革·騎鎗·柳葉箭·鳥銃·鞭芻·講書·臨文. 殿試放榜列甲科三人, 乙科五人, 丙科二十人[又有別試·庭試, 及方外別科等試]. 凡中者, 親友賀之, 以墨畵中者之面目, 幷塗畵其衣, 而裂其冠裳, 使出遊街. 其文士之少年新進, 亦或有如是塗畵以爲榮者.

士皆先讀≪資治通鑑≫, 次讀≪小學≫, 再則四書五經, 再則爲文賦詩.

農田分六等, 沃則升之, 瘠則降之, 以升降納租賦.

工匠亦衣長衫, 冠竹笠, 於工作時, 則脫去衣冠以事土木, 而煙筒則長銜於口.

商賈多於廛市瓦屋門前結草廬一進, 其大商鉅賈, 則不結草廬而合居一樓. 各行售貨於門前, 令一人招買客, 逢有過者, 則聲言曰, 某某鬱殊, 鬱殊者, 方言有也.

男子負物之架, 如中華牧童背牛草之木架, 以兩繩雙縛架之左右, 套繫於兩肩, 而負之諸物堆束架上. 手執小叉棍撑拄助步, 若憩則以小叉棍撑搘其架, 使得平穩, 以便席地敲火吸煙, 閒息片時.

女子以布絮縫裹爲圈, 罩於頭上, 用戴諸物, 雖重數十斤, 頂而戴之, 行步甚坦坦焉.

親迎禮, 納采·納幣諸禮畢, 前一日, 女家使人鋪陳其壻之室, 屆吉壻設兩席於室內, 東爲壻席, 西爲女席, 又設拜席及酒桌置盞巹. 是日, 主人告祠禮畢, 子詣於堂之席前受盞, 跪祭酒, 啐酒授盞, 又再拜, 進於父座前東向跪. 父命之往親迎, 壻乘馬, 以雙燭綵燈與大油紙高傘前導. 至女家大門外, 下馬入俟於次, 主人迎壻入, 行奠鴈禮[朝鮮人家豢鴈如豢鵝鴨者然, 親迎時一人捧行於前].

于歸禮, 主人告祠禮畢, 姆相女出詣父母, 席前就母之東北, 另一席行醮禮, 壻執鴈入, 行奠鴈禮於廳. 姆導女出, 父起命之, 母送女至西階上, 爲之整冠斂帔, 而命之諸姑嫂姊送之中門, 爲女整裙衫, 申父母之命. 壻先出中門, 擧轎簾以俟姆辭之. 其轎以豹皮蒙頂, 其兩杠在底, 貴者轎大, 四面有窗簾, 綵色飄帶, 行以繩繫杠頭而平舁之. 賤者轎小, 三面帷布, 一面置簾, 外繫飄帶. 行以四人肩其杠頭而高舁之. 姆旣扶女入轎, 羣婢首戴粧盤, 擁排轎前, 以雙燭·綵燈·高大油紙傘左右前導, 壻乘馬先行, 至家導女入揖. 女就席就座, 皆互答拜. 入坐同祭酒, 擧殽合巹. 成禮徹饌, 壻出, 姆與女留於室, 壻復入, 解衣授女之從者, 女解衣授壻之從者, 從者燭出. 次日, 婦行見舅姑禮, 再次日, 新婦廟見.

士冠禮, 主人告祠戒賓陳設, 至冠日迎賓禮畢, 將冠者雙髻四䘸自房出, 贊者爲之櫛髮合髻, 執事者進巾盤, 賓降階受之, 升詣席前, 將冠者跪, 賓祝而冠之. 初加冠, 緇布巾, 服深衣大帶, 納履. 再加冠, 帽子, 服皁衫, 革帶, 繫鞋. 三加冠, 幞頭, 服襴衫, 鈴帶, 納韡. 如無巾帽幞頭, 則以程冠笠子儒巾代之. 凡每加時, 皆在堂席前, 冠之而入房, 著服以出, 隨行醮禮. 冠者左執盞, 右受脯醢, 楪置席前, 祭酒興, 就席, 啐酒興, 拜賓拜贊父, 字冠者燕賓, 冠者見於祠堂. 禮畢, 見於尊長, 父母堂中南面, 諸叔東序南面, 諸兄東序西面, 諸叔母姑西席南向, 諸姊嫂西序東向, 冠者再拜, 導者爲之起, 有應答者答之, 主人禮賓送賓.

鄕飮酒禮, 各道州府郡縣, 每年孟冬擇吉日行之. 前期主人戒賓, 屆日主人位學堂東壁西向賓, 二品以上者位於西壁東向北上, 三品以下者位於南行東上. 同品序齒, 庶人於庭東西相向北上. 主人迎賓揖讓升堂, 主東賓西, 答拜就位, 工奏琴瑟, 主獻賓, 賓酢主, 觴五行徹席. 賓主皆興, 司正出位致辭, 畢賓主互皆再拜, 賓降, 衆賓降隨出, 主人送於門外.

鄕射禮, 每年春三月三日, 秋九月九日, 各道州府郡縣行之. 主人前期戒賓, 其日設主人位於壇東西向, 賓二品以上者位於壇西東向, 衆賓三品以下者位於南行東上, 庶人於壇下東西相向. 去壇九十步張侯. 主人迎賓揖讓升壇, 互再拜就座. 主獻賓酢酒三行, 司射請射, 賓主許各比耦, 搢三挾一, 以次而射, 射時工奏琴瑟, 射畢實觶, 不中者取觶立飮. 若主人上賓不中, 則弟子洗觶進而受之, 立飮徹觶, 賓主互拜. 賓出, 主人送於門外.

養老宴, 各道州府郡縣於仲秋擇吉布告境內耆老. 其日, 主人位於正廳東壁西向, 耆老二品以上者位於西壁重行東向北上, 三品以下者位於南行. 凡同品皆序齒, 庶人位於庭東西, 并於庭次設賓主之拜位, 主者東, 老者西, 異位重行俱北上. 主人迎耆老入, 俱就拜位互拜興, 升階就坐位. 工奏樂, 主獻老酢酒行五徧, 執事收盞, 羣老主人俱就庭中拜位, 互拜興. 羣老出, 主人送之門外[王亦有時親行養老宴於殿].

喪禮, 詳備自初終之招復, 立喪主, 治棺, 訃告與襲之奠, 含靈座·銘旌, 及小斂·大斂, 成服, 朝哭, 奔喪弔. 治葬, 刻誌石, 造明器·翣·作主, 朝祖, 陳器, 祖奠, 遷柩, 臨壙, 告窆, 封築, 瘞明器, 祠土, 題主, 返哭. 至虞祭, 卒哭, 祔受, 弔小祥·大祥, 禫吉祭. 諸儀節大有古風, 惟發引於日夕, 與華俗略有晝夜之別耳. 其發引時, 以雙杠在底之綵罩舁柩, 其罩蓋有頂, 罩四圍綴綵燈, 先以兩婢各乘馬, 於馬上圍麻帷, 其婢於兩馬帷內如歌如泣以爲前導, 繼則紅燈對對擁諸翣及明器銘旌, 引靈輿行, 沿途煇燿如晝.

俗, 於元旦·寒食·端陽·秋夕[謂中秋也], 皆行墓祭, 但元旦·端陽二節, 諸祭饌略減耳. 其祭時, 則除去墓上草棘, 以祝陳詞, 投匙正筯, 行三獻禮, 禮畢, 祠土地.

國多山, 行旅徒步或負物者, 不論老少, 多有兩手各杖一策, 而助步以趨走者. 其富貴人則乘馬乘轎, 馬多駑駘, 轎有大有小, 式甚短矮, 置兩短杠於底, 左右以繩繫杠頭, 而套於肩以舁之, 而且皆無中層, 只可蟠膝以坐. 小者三面帷布, 一面置簾, 名曰步轎. 大者以板製成, 髹以黑漆, 名曰四人轎. 其婦女之轎, 小者置綵色飄帶於簾外, 大者四面置簾, 簾外周繫綵色飄帶.

往役者, 凡田八結出一夫從公役, 一年六日, 或逾之, 則於來年役日內扣除. 其坊役, 常時則士夫及文武兩班正職出身, 三醫司俱免出. 其大坊役, 則從家座出役.

兵丁[一日兵隊], 衣鑲邊, 號褂, 戴小黑氈笠, 而笠檐周圍甚窄, 望之如小帽然. 帽箍上以紅布條書其名, 帶以銅牌爲扣, 亦書某軍字樣. 遠而望之, 儼若中華軍士. 今之操練, 亦以洋鎗爲尙.

龜船, 明萬曆年間, 朝鮮統制使李舜臣預造, 以防日寇, 其製以板鋪船面, 上揷錐刀, 藏兵於底, 四圍有銃穴十四方, 戰則覆以編茅, 賊登船則陷於錐刀, 圍之則礮火齊發, 橫行如飛, 所向披靡, 以是屢敗日本兵於海上, 至今仍循其製.

軍校, 衣緇靑博袖長布衫, 外罩半臂衣[半臂衣, 諺名戰服, 原名搭護, 其式似無袖之背心, 衣而長與衫等者也. 兵校以布爲之, 士庶人以紗繒爲之, 其色或藍或黑], 著革履或麻屨, 戴烏氈笠, 笠後拕紅氂麈尾.

衙役, 多以奴充之. 烏笠長衫, 與庶人之服色等, 惟氣概有不同耳. 奉差提人甚趾高氣揚也.

別監, 以公奴充之. 衣麤布博袖紅長衫, 戴黃草笠, 笠上攢揷雜花, 家多以妓爲妻[新聯婚而尚未完姻之年幼者, 亦衣紅衫, 冠草笠, 但笠上不攢花, 而衣之紅布較細耳].

執鞭者, 衣短衫, 著芒屨或麻屨, 其笠如鍋而頂尖突, 周檐陡垂, 六隅凹張, 有六尖角焉. 乃以麤荻蘆篾片編成者, 名曰蒉笠.

駄物者, 牛多於馬.

奴婢, 以世及名類甚多, 有官奴婢·寺奴婢·各司奴婢·私奴婢等等名目, 而約而名之, 則曰公私賤. 統而言之, 則有役於公者, 有役於私家者. 其事則任租傭, 看管空宅, 備簽擇充丁役, 及夜於驛站執火炬, 遞照官行諸事. 凡公私賤娶自己婢所生, 給己之官主, 娶妻婢所生, 給妻之官主, 有母役之名焉. 有上典下典之分焉, 以奴婢稱其主人, 則曰上典.

婢於事時, 皆以眞髮合假髮編蟠於頭, 如黑漆盤之狀, 遇有物須捧持, 則皆戴於頭上, 而空其手以行.

娼妓, 妝束與士夫家無甚差別, 髮梳墮馬髻, 好揷珊瑚釵, 衣袾襦纖衫, 其袴重重, 其裙甚廣, 著革裏繪表之鞋, 間有繡者. 衣外著暢領博袖長衫, 侑酒度曲多歌唐人詩句, 或揚裙以舞.

婦女之轎, 皆繫飄帶, 惟妓之轎, 與仕宦所乘者同, 四面有窗, 而飄帶則不繫.

賣酒之家, 以女當壚, 門前設幌, 店面架設案板. 板上置椒腐牛豕魚蛤等菜, 不設桌椅. 客至皆立飮, 一飮既完, 卽時行去. 倘多逗遛則後至, 有無賴者, 必怒其勾留而毆撲之.

澣婦, 衣經垢膩, 必循縫拆開, 以灰水浸之, 於川澗之濱漂之淨潔, 有色者則復染之, 曝乾而重縫成, 用軸裹捲置碪上[其裹捲之木軸, 朝鮮名曰紅道介, 一曰橫擣介], 以雙杵敲, 令平勻光燦.

婦女於黃昏人靜後, 出街赴戚串家, 名曰走親戚[比來漢城禁夜甚嚴. 凡走親戚者不宵行矣].

聞諸朝鮮人曰朝鮮婦女之妝束也, 梳墮馬髻, 垂於腦後. 釵則或金或銀或玉, 皆長股. 於常時插者皆蘑菰式之釵頭, 於于歸時則用龍頭式者, 或空而縷花之方式頭者. 其珊瑚釵之長股者, 多以金銀飾接, 惟短者爲全珊瑚. 其耳挖亦以金銀珊瑚諸玉爲之, 式褊且短. 其耳不穿孔, 不繫環. 其戒指有金者銀者玉者, 多作外圓內平之環式. 其足不纏, 但較男子者小耳. 履則革鞋麻屨, 而以革裏繒表之履爲上, 色間亦有刺繡花朵紋者. 其袿衣名曰女赤古里. 一似袜襦[袜襦衣, 朝鮮名之曰赤古里. 男女皆衣之, 但男子寬大略長, 與中華之袖子彷佛, 而婦女者極其纖小. 短於中華緊身衣之大半也. 凡衣皆聯帶爲扣, 而名其所聯之帶曰衣纓. 蓋亦猶冠之系稱纓耳], 其纖且短, 爲袖極狹著, 須擡起肩窩以手向上, 其手方可入袖. 襟裾後及半脊, 前僅遮胸, 緊貼於身, 以纓爲扣. 於袜襦短纖衣外著對襟背心, 衣式頗似帔, 長短與纖衣等, 以蜜蠟玉爲牌鈕, 兩枚於胸前扣之. 其牌鈕亦有各樣之式者. 胸乳之間繫裙, 裙甚寬大, 幅整紐聯, 縫不開展, 自後繫前, 疊摺其裙腰以束之. 袴亦寬大且好多著, 其內袴前後襠從腰下直分兩瓣, 其外袴於前腰開一直縫數寸, 左右搭而束之. 富貴婦女至有著至數層綃袴, 而數重羅裙者. 凡婦未乳子者, 則將兩乳束於纖衣下之裙袴腰內. 其已乳子者, 則將兩乳於纖衣裙袴之間, 露突於外. 若年少婦亦不之甚露也. 士夫家婦女衣裙皆衣羅綃繒, 且於纖背心衣外著比襟周衣長, 可距地數寸, 兩袖寬博, 身幅亦廣, 若俗所謂美人衣之式然. 凡良家婦女出街徒步, 必以暢襟寬袖綠袖長衫蒙首, 以兩手持襟, 僅露兩目於外, 其衫自首覆肩, 下約及股左右, 其殆高麗時長黑紗幅蔽面之遺, 而一變爲衣歟. 若諸婢婦女, 則不得有衫蒙首云.

多有不事生業而終日閒遊之人, 其衣長衫, 緩步, 冠圓笠, 端正而面貌良善, 言語和平者, 但不過常有酒容, 好於人立處羣聚而瞻望耳. 若歪其笠, 麤其聲者, 非特酒時好鬬, 卽不飮時亦然. 第見其官則便避之.

乞丐甚少, 卽偶有之, 亦年老者. 其邦人云, 凡捕役捕盜賊, 均須乞丐指引. 若無乞丐指敎, 則捕役不能獲. 然則乞丐不甚少也. 但所見寥寥, 且皆老者, 長衫襤褸, 烏笠損敝, 逢華人則連揖之, 聲云, 派貝惡逋梭. 與其一文便去, 與之錢多, 則來日便遠遠揖迎矣. 派貝者, 方言飯也. 惡逋梭者, 方言無也. 蓋言其無飯也.

深諳方言者無多, 其通華語者, 於事時多輒曰知道. 通西語者, 於事時多輒曰耶思. 殊不自知其所知所是者謂何也. 每隨官長往其國總理通商事務衙門, 則欣欣然謂轎夫傭役等曰, 外衙門去. 其於署內購物而從中分肥, 則尋常之事焉.

小民甚畏官長, 恒受吏役之欺, 而一爲他邦之傭, 則氣態驕輕, 卽非復昔日之本來面目矣.

朝鮮自箕子布化, 國臻郅治, 降至新羅鷄林時, 雖不能幾古之風化, 猶不失爲强盛之邦, 今則未免形積弱矣. 不知爲國者不患積弱, 患在文不修, 武不備耳. 夫興敎布政之效, 六府三事之治, 聿本乎文之修要, 非以徒事詩書爲文, 運籌帷幄之中, 決勝萬里之外, 悉由於武之備要, 非以徒事兵甲爲武, 故曰, 爲國者當文修武備. 非獨朝鮮爲然也.

光緖甲申十年春, 余遊朝鮮, 旅漢陽城, 歷乙酉丙戌春, 於所見所聞者, 略述其大槪, 其他處名勝之境, 未經遊覽, 莫由述也. 其花郎·遊女·僧尼, 皆禁入城者流, 不必述也. 其有弱齡之童, 薙髮改裝, 隨華人內渡者, 思鄕國而難返, 望滄海以涕洟, 情殊慘然, 莫忍述也.

20

東國名勝記

朝鮮 金敬淵 著

金剛山, 萬二千峰, 峰巒洞壑, 水泉淵瀑, 無非白石結作, 故山一名皆骨, 言山無寸土也. 乃至萬仞之巓, 百丈之潭, 渾是一石, 此天下所無也. 山中央有正陽寺, 寺有歇惺樓, 坐其上可得一山眞面目, 如在瓊瑤窟裏, 淸氣爽朗, 令人不覺換滌腸胃間塵土. 正陽西有長安·表訓二寺, 內多元時及前朝古蹟, 從正陽寺北入爲萬瀑洞, 有九潭之勝. 洞壁有楊士彦蓬萊楓嶽, 元化洞天八大字, 字畵飛動如生龍活虎, 飄飄然有羽化意. 內有摩訶衍普德窟, 淩空架虛, 結構如神功鬼力, 殆非意慮所到. 最上爲衆香城, 在萬仞峰巓, 地皆白石, 而有磴級, 中安一立石如佛像, 無眉目, 是天成. 左右石牀上, 又兩行排列小小石像, 亦無眉目, 諺傳曇無竭住此. 前臨絶壑萬丈, 惟從西北角微徑以入. 萬峰皜如, 水石潭洞, 曲曲奇巧, 不可盡記. 名庵小寮籠絡溪上, 殆如金翅鳥帝釋宮殿, 不似人間有者. 上頂曰毘盧峰, 直上剛風, 登陟則雖夏猶寒. 山西北有靈源洞, 別成一界, 東爲內水站, 卽嶺脊脈也. 踰脊卽楡站寺也. 楡店東北有九龍洞, 大瀑自高峰飛下, 穴爲大石臼者九層, 層皆有一龍守之. 山崖水道, 皆光潔白石, 傾危峻側, 不可接足, 森嚴肅烈, 不可偪視. 楡店以西謂之內山, 以東謂之外山, 水流入東海. 自古皆無虎蛇, 夜行不禁. 玆乃天下之奇異, 當爲國中第一名山.

天一臺, 白雲淨, 盡世所稱萬二千峰者, 一一呈露如掌中, 果其殊狀異態不可備述. 大都皆皎潔如玉, 奇巧如鏤, 絶無塵土氣, 亦絶無癡頑意. 昔明人吳廷簡見黃山, 以爲半生所見皆土堆石塊耳. 今見是山良然.

萬瀑洞, 全以大盤石爲底, 石皆白色如玉, 溪水自毘盧峰以下, 衆壑交流, 奔趨爭先, 咸會於是洞. 石之嶔崎磊落槎牙齟齬者, 又離列錯置, 以與水相爭, 水遇石必奔騰擊搏, 以盡其變. 然後始拗怒徐行, 爲平川, 爲淺瀨, 間遇懸崖絶壁, 又落而爲瀑, 瀑下又匯而爲潭. 瀑長自六七丈至一二丈, 潭廣自七八畝至三數畝. 其名爲龜, 爲船, 爲靑龍·黑龍, 爲凝碧, 爲眞珠, 爲靑琉璃·黃琉璃, 而碧霞最奇麗, 火龍最雄大, 此其大略也.

摩訶衍, 背擁衆香城, 若負扆, 前則穴望·曇無竭諸峰環列, 如屛障, 信名藍也. 衆香諸峰皆作爛銀色, 晶熒閃爍不可定視, 峰姿固奇而得落照爲益奇. 正陽所覩又不如也.

船潭, 巨石中陷, 狀類舟船, 衡可二丈, 縱裁半之溪水懸注其中, 高幾一丈餘, 水畢至石與船之左右等, 然後乃復從石觜墜下爲小泓. 以上數里, 溪之爲瀑·爲潭者益衆, 水石甚淸壯, 殆欲與萬瀑伯仲, 但少峰壁左右映帶耳.

海山亭, 前臨南江如襟帶, 東眺大海不十里, 而近銀濤雪浪蕩漾几席間. 海中有白石數三, 屹然玉立, 卽所謂七星峰矣.

候日出, 見天東赤氣微暈, 俄而色漸洞赤, 雲物受之皆成五采, 濃淡異態, 頃刻萬變, 而已日冉冉從海中出, 大如紫銅盤, 旋又蹙入, 爲波濤所汨沒, 出入良久, 旣乃躍而騰空, 海波始赤如金, 至是汪汪若銀汞, 萬里一色, 從者咸大讙叫稱奇, 念余平生所見亦未嘗有.

三日浦, 周遭可十餘里, 外有三十六峰環之, 中則小島兀然, 朱甍出其上, 曰四仙亭. 環島皆怪石, 上有石松數株, 類皆瘦短不能作天矯勢. 風至, 瀏然有聲, 亦自可喜.

門巖, 二石對立, 人往來道其間, 若門色白而狀頗奇, 花草斑駁, 其上如繡. 自此數里間, 奇石棊置, 白沙如雪, 海鷗飛鳴往來, 或去人丈餘而不驚避, 意態甚閒暇. 委轡徐行, 顧盻吟哦, 不覺鞍馬之爲勞也.

至海上觀叢石, 有大石柱四, 離立水中, 高皆十丈以上, 曰四仙峰. 峰皆束數十小石柱爲體, 石皆方直六面, 其束皆整比如櫛, 類用繩尺刀鋸爲之者, 不獨四峰者然耳. 環亭數里, 縱橫顚倒而散布者亦無, 不然計其伏於土中者累累皆是. 有能以海濤蕩滌, 漱雪空岸, 土而盡出之, 則不知當爲幾千百叢石. 造物之巧, 何以至此. 奇哉奇哉. 是日天甚晴, 坐亭上東望, 目力所極, 惟海而已, 更無一物芥滯於胸次, 令人浩然有鼓枻蓬萊之思. 會日暮, 風力甚大, 雪浪騰上, 幾及柱之半, 澎湃吼怒, 勢甚可畏, 懔然難久留也. 向吾見金剛, 以爲半生所見皆土堆石塊, 今又覺半生所見皆涓流蹏涔耳.

朴淵, 兩山夾水而下, 忽陡斷爲大石壁, 磅礴奇壯, 不假層累, 高凡三十仞. 壁上下皆有潭, 上潭直穿石以成, 其規如滿月, 其色深綠, 當中有圓石, 隆然若穹龜之伏於淵, 而出其背. 下潭廣袤幾六七畝, 其黑窅然類有物伏焉. 上潭之水匯而注於下潭者爲瀑, 其始猶著壁耳, 旣而懸空直下, 如滾雪, 如垂虹, 奇逸不可狀. 飛沫噴薄, 人在數十步外, 面髮皆溼, 如立雨中. 陰雲解駮, 旭日射之, 晃朗璀璨, 目眩神奪. 余方大叫稱美, 而子益自淨慈至, 相與縱觀劇論, 以爲生平所創目, 不知廬山如何耳.

華陽之勝葩谷, 石色尙欠瑩膩, 其最皓潔可愛者, 獨有水北一處耳. 其餘則皆未稱上品, 且其水勢邐迆少奇變, 終遜於楓嶽之碧霞潭矣. 仙遊洞, 開廣寬平, 雖若不及葩谷, 而水石極奇壯, 左右又有巖壁之勝, 偉麗幽敻殆無可比, 宜居葩谷之上矣.

屏川, 在聞慶地, 距華陽四十里許, 洞皆石, 石皆白色, 宛然一葩谷也, 規模雖小, 而奇處或過之.

龍湫, 自屏川循溪下數里, 左右巖壁甚壯偉, 水匯上下二湫, 沈沈黝碧, 陰森不可久坐也.

外仙遊洞, 亦聞慶地, 距華陽五十餘里, 水由石中行, 嵌空玲瓏, 清絶可愛, 規模似內仙遊, 而奇壯不及.

陽山寺, 在聞慶曦陽山, 一名鳳巖寺, 以在大路旁, 故僧頑俗, 不使人愛也. 然寺上下五六里間, 水石往往奇勝. 其稱落石臺者, 恰似葩谷模樣, 寬廣不及, 而修長則過之. 其稱白雲臺者, 格面又稍別, 觀者或以爲勝葩谷·仙遊, 或以爲不如. 蓋其寬廣不及葩谷, 奇壯不及仙遊, 而兼有二者之勝要之, 姿態似不足也.

曦陽山, 無多峰巒, 獨一主峰, 以石爲體, 石色正如三角之仁壽·露積二峰, 絶無破碎塵土氣, 但形體未甚峭銳, 以此少瑰奇之態耳.

白雲山, 白蓮堂在寺左偏, 面前峰嶺竦峙, 楓松被之, 峭蒨葱蔚, 若雲霞然. 溪水演迆其下, 白礫清潭, 瑩徹若鏡, 有魚數十頭常遊焉. 自白蓮堂緣溪而上, 凡數百步皆白石玲瓏, 絶無磈礫堆疊之累. 水行其間, 隨勢停瀉, 深淺紆直皆曲有恣態. 從此而入, 可達曹溪. 曹溪者, 古寺也, 今廢久矣. 其下有瀑泉甚勝, 溪中白石陂陀顚委, 幾十數丈, 泉流横曳, 作兩折而下, 折處輒爲小泓, 清淺可弄, 石色瑩膩如玉. 溪南蒼巖横帶亦可觀. 大抵意態奇麗, 彷彿若楓嶽之碧霞潭而小, 要當爲一山最勝處. 緇流秘之, 故遊人絶無至者. 其實自寺至此不能數里, 徑路又甚夷. 余於一日中再往返, 杖屨猶有餘力, 山僧固善諱勝, 遊者自鹵莽耳.

寒溪寺, 輿行十里爲玉流泉, 泉從石上流下, 穿石爲小泓, 泓上下皆瀑, 約長數百尺. 十里爲舊寺基, 自此以上, 路極峻絶, 在輿上如直登天. 行三里, 下輿步行, 十步一休, 喘息如鍛. 三四里, 得一石臺正對瀑布, 蒼壁磅礴, 不知幾千尺, 瀑從其顚下墜, 飛舞天矯, 如散絲, 如垂練. 日光正照, 忽作彩虹色, 或被山風橫吹, 則飄散霏微, 如煙如靄, 驟視之殆不知其爲水也. 舊見李孝光記, 鴈蕩瀑浡浡如蒼煙, 乍大乍小, 忽被風逆射, 盤旋久不下云云. 今見之信然.

普門庵, 在雪嶽東側, 自襄陽登嶽, 庵據五分之四而高焉. 南對雪嶽萬峰, 負勢競上, 箇箇竦厲, 懍然有不可干之色. 庵前近地有香罏臺, 奇巖層積, 坐其上, 指點羣峰令人叫絶. 總覽衆妙與正陽鳳頂略同. 若論驚心動魄, 則彼反有遜焉. 自內山五歲庵踰嶺, 未及普門六七里許, 行跨嶺脊, 東向俯視, 但見萬劍束鋩, 千戟攢枝, 屹屹直上, 騰騰飛動, 乍遇之令人錯愕, 終焉喜忭. 嘗覽海內奇觀, 惟黃山圖似之, 或恐其瑩秀森疏勝此, 而有未可知矣. 普門庵東臨大海, 可觀日出, 下有萬丈簾瀑, 其爲具勝邈不可及.

食堂泉石, 在普門下流十里地, 巖泉灑落, 洞府宏暢, 夾以丹崖翠嶺而不至襯礙, 雪嶽遠峰層見於雲靄間者, 隱隱可坐而挹也. 若以諸山泉石通較而定品, 則此爲上乘無疑. 雖如曲淵之十二瀑, 支離谷之九淵, 造化雖巧, 不合於徜徉, 枕嗽自當別論. 惟閉門巖·水簾洞可相高下, 而猶嫌其過於幽晦. 谷口有數三佳處, 坐地欠妥帖, 石理欠瑩潤, 不無愧色. 外是而萬瀑碧霞潭, 松面仙遊洞, 華陽葩串洞, 尙州瓶泉崖, 曦陽白雲臺, 皆不能盡美無疵. 碧霞有激射之快, 而地步若窄. 仙遊有幽敻之致, 而風韻不足. 葩串以盤石見長, 而大覺板冗. 瓶泉以玲瓏爲巧, 而全無映帶. 雖白雲臺上戴碧峰, 下展白石, 差可俯仰, 而猶未具森到停瀯之致, 令人意味易窮焉, 可與食堂等論哉. 自餘瑣瑣不足與較, 雖有一二未經眼者, 間有名稱而參互見聞, 概未有傑然者. 吾東泉石之觀, 蓋止此矣.

土王城瀑布, 在食堂十餘里許, 巨壁參雲, 瀑流中劈而下流, 既展廣流不屈曲, 其勢甚壯. 毋論上乘[寒溪瀑名], 殆可與開先爭雄. 若論其高, 則不翅數千丈. 海風江月之句, 惟此瀑當之. 東距滄溟不滿二十里, 祈雨時人有溯其頂者, 水源頗豊, 大旱未嘗斷流. 自前往來者, 只從道上泛觀稱壯, 未嘗爲之闡揚. 余停策良久, 細看其北邊對地, 有土岡可以攀上, 若就其顚作臺, 則爲嶺東一快觀也.

靑鶴洞, 上下十餘里, 窈窕幽夐, 殊不淺野. 兩崖嶄絶, 淵水沈墨, 若巨甕蓄黛, 沸成層湍, 或連亘數百步, 間有展拓宛轉處, 頗可嗽弄. 所欠水不澄瑩, 石皆玄黯, 觀音遷以上, 夾溪有圓峰峭壁, 可供眄挹者數三處, ≪石潭記≫所謂石門, 求之邈如也. 食堂巖則廣可布百人食牀, 而無奈其石色醜黑, 坐勢攲仄, 鏡潭亦欠圓成, 比襄陽食堂則不翅奴主之別. 坐巖上衆峰環衛, 儼若鬼神, 西北矗雲峰, 嶷然雄峙, 氣象可畏. 一入洞中, 若與人世隔絶, 幽致亦可悅也. 沿溪西入, 歷抱回巖·負回巖, 行可六七里, 至九龍淵. 觀其結局, 短窄不可與楓嶽·支離谷爭雄, 而最緊者一淵輒一瀑, 瀑淵相承, 層層成級, 勢若貫珠, 其爲首尾只百餘步, 而東西緣巖, 左右斜睨, 玲瓏歷落, 足爲奇賞也. 自下而數凡五瀑, 高可二三十丈, 第四瀑最妙. 所謂鶴巢則在別澗, 去龍淵幾數十里, 巖泉無可觀. 總論一洞之勝, 則食堂巖以下, 不及萬瀑. 百淵·九龍淵則具體而微, 栗谷品題恐不免爲溢美, 而契玄[僧名]之欲以此壓倒葩串·萬瀑者, 多見其持論不根矣.

鏡浦臺, 外海內湖, 具從容闊大之致, 足爲天下勝覽, 不知如何而登之, 自令人終日忘歸. 然須廣披胸襟, 大著眼目, 而後可領其要. 間有視短癖潔者, 規規吹索於渚涯之間, 而謂無足觀, 則亦淺之爲知也.

香湖, 瀟灑可愛, 而亭閣所據, 稍似低微. 若以文章比, 則鏡浦爲大家, 而此爲名家, 其猶王·孟之於李·杜乎.

華巖寺, 在彌水坡東側, 環擁素嶂, 俯臨滄海, 坐寺樓可觀日出. 下有六七分泉石, 淸絶可賞, 水碓相連, 周繞禪房. 南嶺有聖人臺, 巨巖平岾, 可坐百餘人. 南挹天吼山, 東俯永郎·靑草兩大湖, 縹緲憑虛, 令人有褰裳涉海之意.

高城三日浦, 淸妙中穠麗, 幽閒中開朗, 如淑女靚妝, 可愛可敬. 江陵鏡浦臺, 豁達中雄渾, 窅遠中安穩, 則不可名狀. 歙谷侍中臺, 明朗中森嚴, 平易中深邃, 如名相開府, 可親而不可侮, 此三湖爲湖山第一景. 次則杆城花潭, 如月墮淸泉. 永郎湖, 如珠藏大澤. 襄陽靑草湖, 如鏡開書奩. 此三湖奇勝, 亞於上三湖, 殆非人世間所有. 三曰[24]浦湖, 中有四仙亭, 卽新羅永郎·述郎·南石行·安詳所遊處. 四人不仕, 結爲友, 遊山水間, 世傳得道仙去. 湖之南石壁有丹書, 卽四仙題名也. 邑治東又有海山亭, 西顧則金剛千疊, 東望則滄海萬里, 南臨則長江一面, 闊遠雄壯, 兼大小幽曠之致. 南江上流有鉢淵寺, 旁有鑑湖. 昔楊士彦構亭於湖上, 手寫飛來亭三大字揭壁. 一日所揭飛字, 忽風吹捲入天中, 不知所之. 詢其日, 卽楊化去日時也. 人謂楊一生精神在飛字, 及氣散也, 與之俱散, 此實可異也. 鏡浦則一小麓, 東向而峙, 臺在其上. 前有湖水, 周圍二十里, 水深不過人腹, 可行小船. 東有江門橋, 橋外白沙隄, 重重互遮, 湖水通海隄外, 碧海連天. 昔崔澱弱冠到臺上, 題詩曰, 蓬壺一入三千年, 銀海茫茫水淸淺, 鸞笙今日獨飛來, 碧桃花下無人見. 或曰詩無一點煙火氣. 此仙語也. 或曰太虛而幽, 此鬼詩也. 澱歸而卽逝.

通川叢石亭·襄陽洛山寺·杆城淸澗亭·蔚珍望洋亭·三陟竹西樓·平海越松亭, 並據海結構, 海水絶碧與天爲一, 前無遮蔽, 而海

---

24) '曰'은 '日'의 誤字이다.

岸如江汀浮畔, 小石奇巖, 錯立岸上, 隱映於滄波之間. 海邊皆雪色沙, 履之戛戛, 有如步珠玉. 沙上海棠爛開, 往往松林落落參天, 入其中, 使人意想忽變, 不知塵世之爲何境形骸之爲何物, 恍惚然有淩空步虛之意. 一涉玆境, 自爲賢人, 經過雖十年之後, 眉宇猶有煙霞山水氣.

俗離, 堪輿家謂石火星, 然石勢高大重疊, 峰巒皆石尖叢聚, 形如初發芙蓉, 又如遠列炬火. 山下洞府, 紆迴深遠, 有八曲九遙之名. 山旣秀石, 而泉出於石, 故水味淸洌, 色亦紺碧可愛. 環一山多異洞別壑, 幽泉奇石, 幽渺窈窕之狀, 亞於金剛. 俗離南有幻寂臺洞, 千峰萬壑, 巉巖幽邃, 人不知其徑路. 俗離一支與靑華相對, 兩山之間龍湫以上, 通謂之龍遊洞. 洞中平地皆盤石, 大川自西至北, 闊展平鋪於石上, 遇石之棱層處則爲小瀑, 遇石之狹凹處爲小澗, 遇石之方廣處爲小池, 遇石之圓坎處爲小井, 遇平坦處水如眞珠簾, 遇洄洑處水如香煙. 纂石, 如槽, 如鼎, 如釜, 如臼, 如石. 假山, 如小島嶼, 如羊虎, 如雞犬, 奇奇怪怪, 而水環繞旋轉, 或澎湃, 或渟滀, 或激射, 或倒射. 兩崖樹木蕭瑟, 谷風淒洌, 殆天下之奇觀也. 西踰嶺脊爲外仙遊洞, 稍下爲葩串洞, 天深遠大, 溪日夜瀉, 下於石洞·石崖之間, 千回萬轉, 不可殫述, 比金剛萬瀑洞, 雄壯小遜, 而奇巧淸妙過之, 蓋金剛以後無此水石矣.

丹陽一境在萬山中, 無十里之野, 有江溪巖洞之勝, 世稱有二潭三巖. 二潭者, 島潭, 在永春境, 江流匯靜深闊, 水中聳出三石峰, 各離立而一行如弦直, 鑱鏤奇巧, 但恨低小, 無巍峨巀嶭之容. 龜潭, 在淸風境, 兩岸石壁, 巉天翳日, 江瀉其間, 石峽重重互遮如門戶. 左右有降仙臺·彩雲峰·玉笋峰, 臺則臨江, 高巖離立盤陀, 上可坐百人. 二峰則萬仞, 純是一石, 而玉笋尤挺直, 如巨人拱立. 三巖者, 在郡西南峽中, 大溪從石洞流下, 溪底及兩岸俱石, 岸上奇巖, 或作小峰岫, 或如牀榻展布, 或有城甎鋪築. 上有古松老樹, 或偃仆, 或點綴. 溪水到長凹石則如石槽貯水, 到圓凹石則如石釜盛水, 水石相激, 日夜喧豗, 旁不聞人語. 左右峽脊, 喬林蓊鬱, 百鳥啁啾, 實非世間境界. 上曰上仙巖, 中曰中仙巖, 下曰下仙巖. 邑東南有雲巖一小麓, 突兀隆起, 下有石壁, 山峽之水, 旋繞於石壁下, 有溪山之致.

21

入高紀程

闕名

高麗王親趙君寧夏, 禮部尙書金君宏集, 會同中國唐景星觀察, 前任舊金山總領事陳君芠南, 及管理開平機器礦務之西人白君, 另一西人柏君, 率領隨員七十餘人, 乘招商局興盛輪船前往高麗. 十月念八日, 晨十點半鐘, 由燕[25]臺啓輪. 是日, 大雪紛飛, 東北風突起, 寒暑鍼陡然下墜. 下午五點鐘, 過山東海表, 次日淸晨, 已見高麗地界. 七點鐘, 入口, 查在路共二十點鐘之久. 甫進口時, 水道危險, 興盛船主從未經此, 不甚熟習, 因緩緩而行. 少頃歷過小島·山嶼·海石無數, 處潮勢計有三十六尺, 潮落時方可行船無礙. 水灣計闊二十一里, 長一百八十里, 兩岸沙灘, 四面圍繞者, 又有高山三重. 船行五點鐘, 不見人煙, 不聞雞犬, 岸無耕牛, 水無漁舟, 離漢陽河九十里之遙, 尙屬荒郊野地. 在船諸高人悉籍隸京都, 詢以鄕閭村市, 茫然不知尋覓. 兩點鐘, 忽見高麗航船一隻, 隨風而行, 呼之不來, 船主卽命下舢板, 使一西人·六水手·二高人前往追及而告, 以故始允拕帶. 下午六點鐘, 拋錨停船, 惟已近黃昏, 不知

25) '燕'은 '煙'의 誤字이다.

所止之何處也. 次日清晨, 始訪得離漢陽河不過十五里矣. 停船相近處, 有日本小戰艘停泊. 一日本武員至船謁見, 且言, 欲鳴礮以敬高麗王親云云. 旣而由舢板往岸, 至日本租界. 是日, 天氣嚴寒, 舢板所行不過三里, 業已兩旁冰沍. 隨登一小海島, 西人名爲羅使. 該島在漢陽河之口, 周圍約有十里, 水漲時可灣大舟, 水淺時小舟可直抵沙灘一百二十尺之遠. 島中人皆以捕魚爲生, 約計一百名. 房屋計六十間. 面貌裝飾, 頗似日人. 未娶者分髮梳辮不啻女子, 其婦人皆居守屋內, 老幼不得見. 其衣服顏色, 以青藍紅白爲貴, 甚屬潔浄. 日本人以此島爲存煤之處, 日人水手時, 上岸淩辱土人, 以找尋小工爲詞, 撞入人家, 動卽毒打, 逼令土人工作, 無異於英國船主之使喚手下水手, 但此等行爲并非和睦鄰邦之道. 居此島時, 元城總統特來拜謁王親, 請其同席燕飮, 辭以職卑不敢, 遂另設一席以款待之. 總統身穿深黃, 大袖長袍, 袖則紅色, 頭帶馬騣高帽, 性情和順, 甚得人歡. 數日間, 高人居於船者不下十數人, 飮食無異西人. 王親臨別時, 深謝船主殷勤款待之意, 旣而復登岸入衙署歇宿, 其屋略似日本房屋, 客堂方十二尺, 高六尺. 衆皆屈膝坐地. 飮食時, 各客一桌, 高尺半, 闊二尺, 所食者爲飯與茶酒. 查高麗房屋, 俱由屋下另闢火坑, 故雖際隆冬甚覺和煦. 午飯後起程, 前赴元城, 共計水牛五十隻, 馬十五匹, 轎十五頂. 其轎不啻一大木箱, 高四尺, 方三尺半, 甚不適意. 夾路村民齊集觀看, 所過良田肥土, 坦路通衢, 甚爲整肅. 王親護衛軍, 皆衣黑衣, 長鬚草鞋, 不啻古時之羅馬人也. 入元城後, 卽住於總統署中, 款待禮貌, 甚屬殷勤. 趙王親現年三十九歲, 身長大而貌端正, 其行爲舉動, 甚似英國之威妥瑪君云.

22

巨文島形勢

闕名

高麗口外之巨文島, 卽西人所謂哈密墩也. 在濟州之東, 俗名三山島, 爲全羅道羣島之首. 距濟州海程三十英里, 東北距日對州八十英里, 風利半日可達. 分內外兩島, 形狹而長, 旁有小島, 一如鼎足之勢. 山高七十九丈, 山脈連絡, 如斷而續, 相離處約一百五十弓闊, 中間天然巨港, 從右邊南島進港, 港水縱橫約三英里, 深足容大船, 舟楫均灣泊於此. 外島二村, 合民百五十戶, 內島民村, 村各百五十戶, 中尙有零星小村莊數處. 島民皆以種麥·捕魚爲業, 不産禾稻, 終歲以麥爲飯魚爲羹. 時有遭風難船漂至長州. 土民捕魚舟十數艘, 所獲鮑魚·鰌魚最夥, 鯉魚大者, 重有三四斤云.

23

朝鮮諸水編

天台 齊召南 著

海自土門江口, 經李鳳坡東, 稍南爲西水. 洛城東南, 折而西數十里, 又折而西北, 經大山麓, 又折而西南二百里許, 折而南, 曲曲三百餘里, 又折而西百數十里, 稍折西南百數十里, 始折而南百數十里, 經端川城之東[東十二度六分, 極四十九度七分, 自西水洛城至此, 濱海無城郭, 多大山, 綿亘不斷, 端川稍平曠, 其東南海, 水澹而淸澈, 下視十餘丈, 與諸地不同], 又南數十里, 有一小水口[一水, 自端川西北三百里大山中, 合三源, 東南流二百里入海], 又南, 經利城東[利城西有檜山·聖代山], 又南, 爲北靑城北小水口[水自聖代山西北大山, 合三源, 東南流二百數十里, 至城東北入海], 又西南, 爲洪源城東小水口, 懸海中有島嶼. 又西南數十里, 經立元山麓, 又西南, 經咸興城南, 又西有小水口[水出西北大山, 合兩源, 東南流百餘里, 經定平縣北境, 又東南, 經道安山東麓, 又東南入海]. 又南數十里, 有永興縣城東北之小水口[水二源, 一西北出定平西之鼻白山, 東南流百餘里, 有陽德之遇仙山東水, 自西來會, 東流, 經永興北, 東入海]. 水口懸海, 卽花島·沙島, 其東熊島·連島, 其東南薪島·卯島·豬島·國島, 遠近相望[連島在洪源東, 最北. 卯島稍大, 最東. 國島最南. 餘皆近咸興, 及永興隔岸]. 海自永興東北水口, 東南百里, 經大博山北平地[其隔海, 卽國島也], 又東南百餘里, 經高源城東[東十二度五分, 極三十九度], 又南, 折而西數十里, 有文川城東北境小水口[水二大源, 自文川城西北大山, 一東南流, 一東流, 百餘里而合, 東經盤龍山·文川北境, 又東南百里入海]. 又東南百數十里, 折而南數十里, 經德源城東, 又南數十里, 有安邊城東北水口[水西出平康城之東大山, 東流經劍華山南·黃龍山北, 又東經城北, 東入海]. 又南, 經歙谷城·通川城東[南北相去皆五十里], 稍南, 爲高城東北小水口[水出秋池嶺南麓, 東流數十里入海]. 又南, 經金城東[金城西卽金城山, 山之西卽淮陽城], 又東南數十里, 經襄陽城東, 又東南, 有頭蛇山水口[頭蛇山, 卽金城山南行幹山, 其西卽金岡山, 又南爲張山]. 又東南, 經江陵城東, 又南百里, 經三涉浦東, 又東南, 折而西南百里, 經蔚珍城東, 其東南隔海, 曰千山島, 曰菀陵島[東十三度, 極三十六度八分]. 又西南數十里, 經平海城東南, 有小水口[水西出奉化城東大山, 合兩源, 東流百里入海. 海口正對千山島]. 又東南數十里, 經寧海城東北, 又東南數十里, 有小水口[水西自禮安城東白石山, 東流百餘里入海]. 又東南百餘里, 經盈德城東南小水口[水西出眞寶縣東山, 東流百餘里, 至城南, 東入海]. 其南岸, 淸河城也. 又東南, 經興海城東, 又東南, 經延日城東南, 有小水口[水西南山永川城東之母子山, 東北流數十里, 經普賢山之南, 又東經延日城南, 東入海]. 延日之南岸, 長老日城地, 又東南百數十里, 經左兵城東境, 折而西南, 有小水口[水西北出尉山城西山, 東流經城南. 又東南流經左兵南境百數十里, 入海]. 又東南數十里, 有小水口[卽梁山城北山水也. 東流百餘里, 入海]. 又東南, 經左水城東, 又東南數十里[爲朝鮮境極東南角. 東十四度弱, 極三十五度二分強], 折而西南, 有小水口. 又南數ㅣ里爲東南角盡地[東十四度弱, 極三十四度九分]. 隔海東南, 徑三百數十里, 爲對馬島, 大島也[島形, 自西北斜盤而西南, 尖長內向, 中有枝芽西指, 似關刀狀. 自北尖至西南尖, 有長山綿亘如脊, 長三百里許, 廣中百里, 前後數十里, 尖處十餘里, 自東十四度, 極三十三度八分, 至東十五度弱, 極三十四度四分. 蓋朝鮮東南海防之要地也. 西北正對絶影島, 及東萊西南·金海之東大水口, 四百里許]. 海自左水東南地, 始折而西而西南百里, 經機長城南境, 有小水口[即機長西境水, 南入海]. 又西南, 經東萊城南, 東萊南三十里海岸, 卽釜山. 隔海, 爲絶影島[隔岸三十里], 又西, 爲金海城之東大水口[東十三度, 極三十四度六分]. 此朝鮮國東南巨川也. 卽晉江.

晉江水[北出王京東南五百里榮川縣之北大山, 其脈北自長白·小白, 蜿蜒盤曲而來二千餘里, 至奉化縣之西·禮安縣之西北, 起頂而支峰南行, 又分二幹, 以南爲各郡縣經絡, 而盡於海. 此水, 東南流數十里, 經榮川縣東, 又南合西來一水, 又東南, 經安東城西南, 又東南, 受東北來之白石山水, 折西南, 經淸涼山西麓, 又西南, 經義城西境·龍宮城東境, 有水東南自北安城西流來會, 又西南, 有豊西川, 西北自咸昌城北山, 東南流, 合西來尙州西北巴音山之東水, 東南流來會, 又南流, 經仁同城西·善山東, 又南, 經開寧城東境. 又南, 有水西北自赤巖東南流, 合西南來之居昌水. 又東經金山南而東, 合北來一水, 經星州北·開寧南, 而東南來會. 又東南流, 有水東北自慶州西北·永川東南之母子山西麓, 西南流, 經河陽城南, 又西南, 經恭谷城南境, 折而正南, 經大邱城西, 而南流來會. 又南稍東, 有水西南自浹川城, 東北流經高靈城南, 又東北流來會, 又東南, 經元風城南宜寧城北, 又東, 經昌寧南, 有水西南自雲峰智異山, 東南流經咸陽南·丹城北, 又東, 受北來之山陰水, 又東, 經三嘉南, 又東, 受北一水, 東經晉州南, 又東南, 經恭原城北, 曲曲東北流, 共七百里來會. 疑卽泗川也. 又東而東南, 經靈山城西. 靈山者, 大山, 脈自母子山, 蜿蜒歷慶州·蓀仁·慶山·火邱·淸道五城, 南抵昌寧, 爲武溪山, 東南至靈山城之北, 爲華嶽山, 朝鮮最高山也. 又東南, 有水東北自密陽北, 會慶山西南山及東北蓀仁東之金鼇山水, 南經彥陽·梁山西境·密陽東境, 而西南來會. 又東南, 至金海城之東. 入海, 東十五度, 極三十四度六分. 其東岸, 爲東萊西境. 東萊北有輪山. 金海西有熊山. 江口之東南, 卽絶影島, 又隔大海東南, 爲對馬大島. 此水, 源流長千里, 會數十城山川].

海自金海城南而西百里, 經熊川城南, 隔海, 有洲數十里, 曰加德天城[相隔五十里]. 又西百餘里, 經昌原城南境, 及仁兵城南, 隔海巨洲, 曰永登島[洲橫七十里, 徑三十里, 洲近東曰右水營, 近西北曰巨濟. 其南知泄浦也, 亦朝鮮南防要地]. 又西南百餘里, 經鎭海城南, 又西百數十里,經昆陽城南, 又西數十里, 隔海巨洲[洲自北而西南, 而南而東, 折而北而西, 而北而東北, 一尖向北岸, 一尖向南, 徑百里, 橫八十里, 腹徑五十里, 近北曰南海城, 西曰珍助頂, 南曰平山浦. 距北岸三十里, 西北距河東城五十里]. 又西, 經河東城南, 又西, 有小水口[水北自南源城西北山, 東南流, 經谷城東北境, 會東北來一水, 南流, 經永禮城西境, 又南, 會西北來自無木山, 經松京山及順天城北, 東南流. 一水, 南經光陽城東而南入海. 海口東十餘里, 卽河東城也]. 又西百里, 經左水城南稍西, 有小水口[水北自樂安城東北之松京山麓, 東南流入海]. 又西南, 折而稍北, 經興陽城南, 又西北, 爲天冠山水口[天冠山, 在興陽西北·樂安及寶城之南. 水自山西北麓, 西南流, 經長興城南, 又西南至兵城東南入海. 長數十里], 又西經兵城及康津城南, 又西稍北, 經海南城, 又折西北數十里, 有一水口[水東北自昌平東北大山, 西南流百餘里, 經光州南境, 至無木山之北, 又西南, 有水西北自井邑西之龍岑山南阜, 東南流百數十里, 至無木山西南, 合焉. 又西南經和順南·綾州北, 又西, 經靈巖北, 又西南, 有水自綾州南山, 西流來會, 又西南, 經右水城西北, 又西南, 受東南來一水, 又西南入海. 海口闊數十里].

海口西南, 隔洋曰黑山島. 其南稍大, 曰琭島. 又東南稍遠最大, 曰濟州島[黑山島, 在海口之西南, 去南海城岸百里, 北去務安南岸五十里, 形如鵝卵, 中有黑山, 周五十餘里. 琭島在黑山東南五十里, 去南海城岸九十里, 形長而方. 近南有金伊山, 其北曰南桃浦, 周百里許. 濟州島, 在琭島東南七十里, 北去南海城岸百數十里, 形三角, 東西百數十里, 東南至西北百餘里, 北至西南九十餘里, 當中有漢拏山. 山北曰濟州, 東南曰旌義, 西曰大靜, 爲朝鮮西南防海要地. 自東四度五分至九度弱, 極三十四度至三分].

海口之西, 爲務安城南境, 朝鮮西南角地也. 始折而北數十里, 經城西, 又折而東北數十里, 經山麓, 又北, 經南平城西北境, 有小水口[水東北自龍岑山, 西南流, 經長城南, 又西南百數十里入海]. 又北, 經茂長城西, 又北稍長折而西, 又北, 經高敞城西境, 又北稍曲, 經扶安城西境, 稍北, 有水口, 卽沃溝城西南境也[水二源, 南源, 東南出秋月山, 西北流, 經金溝城南, 又西北, 會南來一水, 又西北, 經古阜城北, 又西, 經萬塡城南, 又西北, 至扶安北境, 而北源來會. 北源, 出山西流, 經金隄城北, 又西北, 經臨陂南萬塡城北境, 又西稍北, 至扶安北境, 西與南源會, 西流數十里, 入於海. 此水長三百餘里]. 又北, 經沃溝城西境, 隔海三十里, 有洲, 曰羣山島[島長圓, 周六十里]. 又北稍東, 有舒川南水口, 卽沃溝西北五十里地水, 亦朝鮮一巨川也[水有兩源, 一東南出錦山城東南境赤巖西北麓, 西北流數十里, 經城東而西北, 合南來一水, 又西北流, 經珍山城之東, 有一水西南自高山城來會, 又北流, 經永同城西北, 有一水東南自巴音山之陰, 西北流, 經黃磵城北, 而西北來會, 又北而西, 經沃川城北, 又西北, 經懷德城北文義城南, 又西, 經珍岑城北, 又西北至公州東境, 而北源來會. 北源, 東北出鳥嶺, 西南流, 經淸安城西境鎭川南境, 有一水, 東自陰城, 及槐山西流合焉. 又西南, 經淸州西北, 又西南, 有一水, 東南自報恩之東開慶之南大山, 西北流, 折而西, 經淸州南境懷仁北境, 而西來會, 又西南, 至全義南境文義北境, 又西稍北, 至公州之東, 與南源會. 二水旣合, 西北流數十里, 折而西, 經公州北境, 折而西南流, 經燕岐城南, 又西南百餘里, 折西流, 經扶餘城北, 又西, 折而西北百里許, 又折西南, 經石城北境定山城林川之東, 又西南, 有一水自東南來會. 水東出連山東北珍岑之南大山, 西流, 經泥山南境礪山北境, 又西南流, 經恩津城北, 又西南, 有一水南自全州西南之母嶽山, 北流, 經益山城西, 而西北來會, 又折西流, 經龍安北境, 又西, 經咸悅北境, 又西北數十里, 南北會小水各一, 西北經大山南麓, 又西北, 與北來定山林川之大源會. 旣合, 折西流, 經靑陽南境, 又西, 經韓山城南, 又西北, 經舒川城南, 又西稍北數十里, 入海. 此水, 合州縣數十之水, 源流幾及千里. 江口正西百里, 隔海口元山島. 其南稍東曰羣山島. 元山島, 形長六十里, 横二十里, 北與要兒梁地相去四十里, 西北與鳥平島相去九十里, 皆此江西面水口也].

海自水口而北, 歧海渚, 北經施仁城水城西, 又北, 經緖城西境, 又北稍西, 經泰山城東南境, 海渚西南折而南百數十里, 經要兒梁地, 卽泰山南地, 一綫陸入海中, 形如象鼻. 東望水城施仁岸, 相去三四十里也. 海自要兒梁之南, 轉西北, 經要兒梁西, 其西爲鳥平島[島周五十里, 東去要兒梁岸六十里]. 海又北稍西, 經泰山城西, 其外爲德勿島[島如雞卵, 周五六十里, 去泰山岸五十里]. 又折而東北, 經泰山北境, 其外爲龍島[島形微長, 周五十餘里, 南去岸三十餘里]. 又東北, 經端山城山北, 稍東有水口. 口之西, 卽大富島也[水東出淸州西大山, 當全義之東北, 西北流經天安城東北境, 合東北來一水, 又西流, 經安城·陽城南境, 又西北, 經稷山城西北境, 有水東南自東見山西北流來會, 又西, 經振威南平澤北, 又西北流, 有一水北自衿川城東北之冠嶽山, 西南流來會, 又西南流, 折而西, 經水源城南牙山城北, 又西北, 合南來一水, 又西南, 經富平城北境, 又西稍北, 有水東南自新昌之南山, 西北流, 經禮山城北境, 合西南來自加邪山一水, 又西北, 經德山城北境, 合西南來一水, 又西北, 經牙山城西沔川城東, 北流來會, 又西, 經沔川城北境, 又西稍北, 曲曲流, 經南陽城南唐津城北, 又西至水城南, 西入海. 此水, 源流五百餘里. 水口正西海中, 爲大富島, 形圓, 周五十餘里, 東北去水城岸四十里].

海自水口水城之西, 又折而東北, 經仁川城之北稍東, 爲朝鮮大水口, 此巨川也[源有南北二派, 南派, 東出張山, 合兩澗西流, 經牛頭山南麓淸風城北境, 又西, 有一水東北自寧市村西之孔雀山, 西南流來會, 又西, 經隄川城西南之雉嶽山南麓, 又西, 至原州東南境, 有一水東南自陰城之東北山, 西北流, 經忠州西及呂州東而北來會. 又西稍北, 經原州城南, 又西北, 經利州城北, 合東北來一水, 又西北, 經廣州城北楊根南境, 又西北, 經碑亭之北, 又西北至朝鮮國城東南之三角山前, 而北源自東來會. 北源有三, 一東北出金城東南之秋池嶺, 西流, 與西北一水合, 而西南至狼川東南境. 一出淮陽城北山, 及南金城山, 二水合而西流, 經楊口城及麟蹄城之北, 又西稍北, 與北源會. 二源旣合, 西南流, 至加平城南境, 而南源, 東南出金剛山者, 東北流, 經平昌城北, 而西北來會. 三源旣合, 西流曲曲, 經五甲山南麓洪川城北境, 又西, 經春川城北, 又西, 經橫城北境, 有水自東南來, 合焉. 又西, 經底平城北境抱川城南, 又西, 經楊根城北. 北岸山, 卽楊州城也. 又西循山麓, 至三角山前, 而南派自東南廣州來會. 二派旣合, 西流, 經國城案山之南. 國城, 自東北而東南, 西皆有護山, 西北有小山. 東十度六分强, 極三十七度六分. 隔山之東爲楊州. 其北八十里爲白嶽山, 山之東北爲積城, 又北三十里, 卽臨津江也. 其西北六十里爲高陽城, 又西北五十里爲坡州, 州北二十里, 卽臨津江也. 國南橫山作案, 東西綿亘數百里, 隨水爲案, 而宏滋院在城西南五十餘里山間也. 江水又西循案山南麓, 經果川城北境. 果川在國西南. 又西南爲龍仁城, 又西南爲冠嶽山·修理山]. 又西南, 曲曲依案山南麓百數十里, 經陽川城北, 又西, 經安山城北境, 受北來一水, 又西而西南, 經金浦城西而南, 有水東南自水原城北山, 西北流, 經富平城東北境來會, 折而西北, 經通津城北, 又折而西南, 入海. 海口之南岸, 爲仁川城. 北岸, 爲交河城, 相去百里. 海中當水口東南, 爲大富島. 當水口正西近北者, 爲井浦巨島, 周二百里, 中有江華城, 形方, 而西南尖斜, 東北至交河城岸四十里, 卽古所稱覺華島也. 此島西南六十里, 爲硯子島, 形如圓長之硯, 南與龍島·德勿島相望百餘里, 爲外大水口焉. 此水, 縱橫源流, 長千餘里.

海自江口交河城之西, 折而東北百里許, 爲臨津江口. 臨津, 亦巨川也[臨津江, 東北出伊川城西北大山, 南流, 合西來一小水, 又南, 合東北來經安峽之北一大水, 折西南流, 經朔寧城北, 又西南, 有一大水, 東南自鐵原之南, 西北流來會, 又西南, 有一大水, 東南自加平北山, 西北流, 經金化城之南境永平城之北境, 及連川城之西南境, 來會. 折而西流, 經麻田城南境積城北境, 西至大山南麓, 折西南流, 其南三十里, 卽口嶽山也. 又西北, 折而西南, 經坡州北境長湍城南, 又西南流, 合東南來一小水, 又西南百數十里, 有一大水, 東北自開昌府東之松嶽山南麓, 西流, 經長湍北境, 及府南境而西, 受北來一小水, 而西南來會. 松嶽, 卽朝鮮中嶽也, 在北嶽西北百餘里. 又西南, 爲臨津江, 西入海. 海口外, 以東南之江華島, 及北之喬桐城巨島, 爲大江口也. 此江, 源流七百餘里].

海自臨津江口而北, 爲豊德城西南地, 稍西北, 爲一水口[水源, 自東北谷山城之東北山, 西南流經城南, 合東一小水, 又西南流, 經新溪城北, 折西北流, 至遂山城之西南, 有大水, 自北合二源南流來會, 折西南流, 經兔山城北, 又西南, 受東南來一小水, 又西, 經松嶽山開昌府北境, 又西北, 循北山南麓而西, 經東金川城南境,又西北, 至西金川城南境, 有金州河, 東北自大山, 西流, 經川城之北, 又西稍北, 合北來二源, 西南流, 經平山城南者, 西來之金灘河, 西經西金川城東南, 又西南來會, 又西南, 曲曲經豊德城北境, 而西入海. 海口之東南, 卽海中喬桐城, 巨島也. 島形方長, 而西南尖斜, 周二百里, 似江華, 去岸四十里. 此水, 源流五百餘里].

海自水口而西北九十里, 有延山南一小水口[水東北出駒岑山, 西南流, 經建水城西北鳳山城南, 又西南, 經白川城南, 又西南, 循首陽山南麓, 至延山城之南, 西入海, 長三百里].

海自延山城南, 折而西數十里, 經康翊城南, 又西南數十里, 折而西北, 經瓮津城西南, 又西北數十里, 折而西, 經長淵城西南, 海中爲椒島, 又北數十里, 經豊川城西, 海中爲白翎島, 又北折而東百里許, 經殷栗城北, 又東北八九十里, 爲三和城南之浿水口[自東鳳山白川, 西至延山·康翊·瓮津·長津, 其背皆負山, 連亘不斷, 又折而北, 爲豊川·松花·長連, 而東至安嶽, 山亦屈蟠, 故數百里地, 南西北三面, 懸居海上].

浿水, 今曰大同江, 卽大通江也. 有南北二大源[南源有二. 一東出文川城西北百六十里大山西麓. 兩源, 一西流, 一西北流而合, 又西北, 合東北來一水, 西流稍北百餘里, 有一水, 北自德陽之東南大山, 西南流百數十里來會, 又西流, 是爲浿水. 至成川城東南境, 其南源東南自谷山城西北百餘里大山, 西北流, 合南來一水, 又曲曲西北流, 共二百里, 來會. 又西, 經谷山城南, 西流百數十里, 經三登城大木山南境祥原城北境, 而北源來會. 北源有三. 一東北出陽德城北之遇仙山西麓, 西流, 與東北出孟山城東南山者合, 而西稍南, 曲曲二百里, 至殷山城北境, 而自北來一水, 合焉. 又北一源, 出定平城西北鼻白山西麓, 西流, 經孟山城北境, 又西, 合北一小水, 西南流, 經德川城南境, 又西南, 至价川城東北境. 正北一源, 出寧遠城東北百餘里大山, 南流, 經寧遠城東境德川城西境, 又南至价川城東北境, 二源既合, 又南數十里, 而前源自東來會. 稍西, 折而南, 經殷山城西南境, 又西南流, 經燕山城東境, 又南折而西, 經江東城西北境, 又南數十里, 至祥原北境, 而南源來會. 西流百里, 經中和城東北境, 折而南流, 經平壤城之東, 又折而西, 經城南. 平壤, 卽舊王險城, 箕子故都. 漢嘗置樂浪郡治, 晉後高麗都此. 唐拔平壤, 高麗始平. 五代王建據高麗, 始謂之西京也. 今城東北六十里有錦繡山, 又北爲順川城, 又北則大山, 東北自寧遠綿亘而西南, 爲香山, 爲大祖山, 爲順安城. 又西南爲舞鶴山, 以南至江口, 共五百里不絶, 南襟浿水, 又南爲中和城, 北山爲案, 又南, 則黃州及鳳山也. 浿水, 又平壤城南, 西稍北數十里, 折西南流百三十里, 曰大同江. 過江西·龍岡二城之東南, 至三和城之東南, 而黃州北之黑河, 自東西流, 合南來安嶽水, 西北流來會. 黑河, 出祥原東南境大山, 合三源, 西流, 共三百里, 經祥原南境, 又西, 經黃州北境中和南境, 又西稍南, 至三和城東南, 有南來一水, 自安嶽來會. 安嶽水二源. 一東北出黃州東山, 西南流, 經黃州南鳳山北, 又西南, 合南來一水, 又西, 經載寧城北境, 至安嶽東北. 一西南出海岸長, 淵城東北之傅石山, 東流百里, 經松花城南信山城北, 與信川南山水, 東北流, 經海州城北者合, 又東北流百餘里, 經安嶽城東南, 又東北, 與東北一源合, 而北流九十里, 合東來之黑河, 西北流, 入大同江. 大同江旣合南水, 又西南入海. 此水, 源流八百里, 國西北巨川也].

海自三和城南水口, 折而北二百餘里, 經咸從·曾山二城之西, 又北, 經永柔城西北, 又東北有小水口[卽順安城西北大山之北水也]. 又北, 經肅川城西境, 又北, 經安州西南境, 有淸泉江水口[淸泉江, 二源. 一東北出寧遠城東北大山, 與德川東北源流入浿水者, 只隔一山, 西南曲曲流, 經西川城南, 又西南循山麓, 至寧邊城南, 又西南循嶽山南麓, 至安州東北, 而北源來會. 北源出南源之北九十里大山, 西南流, 合北來一小水, 又西曲曲而西南流, 經西川城北境, 又西南循諸山北麓耳. 山之後, 寧邊城北境, 折而南, 循嶽山西麓而南會. 又西南經安州城北, 又西南入海, 源流長五百里. 兩源, 自源至合處四百里, 中只隔山二十餘里]. 又折而西北數十里, 有大定江水口[大定江, 東北出靑泉江北源之西隔山, 西南流, 合北來一水, 折而西, 又西南, 經博川城南白碧山南, 合北來雲山之水, 又西南, 合北來龜城東北山水, 又西南流, 受北來一水, 南循大山北麓, 經嘉山城南境安州城西北境, 西南入海. 海口, 東南與靑泉江相去二十里, 自源及流, 與靑泉江不過隔山. 此水, 源流長四百餘里].

海折而西, 有那靑河小口[河出嘉山城西北山, 南流, 經鳳頭山東那靑廳西, 又南入海], 又西, 有大川河小口[河出北山, 南流, 經鳳頭山西麓, 又南稍西, 經定州城東, 又南入海. 以上二口, 與大定·靑泉二口, 相去在百里之間], 又西, 經定州西南境, 及郭山城南境, 有東來川小口[東來川, 出朔州北山, 與蓋幕山相連. 其北隔山, 卽鴨綠江南岸之敖登, 及遼郭爾與昌城三城也. 此水西南流, 經郭山城西宣川城東, 又南入海]. 又西, 經宣川城南境, 折而西北, 有宣川河小口[宣川, 出北山, 其隔山西北, 卽鴨綠江南岸之宿州城也. 此水, 西南流, 循鐵山之東麓, 於宣川城西南境入海].

海又西, 經鐵山城南境數十里, 折而北, 經龍川城西南, 有朔川河小口, 龍川城隔河北岸, 卽義州城. 又北, 卽鴨綠南岸之愛州也[朔川河, 東出山, 西流, 經龍川城北義州南, 又西南入海].

海自朔川口, 經義州西南境, 其西卽鴨綠江口, 西北岸爲盛京界.

24

高麗水道考

闕名

高麗之地, 北自長白發脈, 南跨全羅界, 西南盡於海, 而日本對馬諸島, 偏在海洋東南, 與慶尙道之釜山相對. 蓋東南西三面皆濱臨大海, 而地形則南北長而東西狹. 就水道而論, 則大海之水, 自土門江口, 經李鳳坡東稍南爲西水. 洛城東南, 折而西數十里, 又折而西北, 經大山麓, 又折而西南二百里許, 折而南, 曲曲三百餘里, 又折而西百數十里, 稍折西南百數十里, 始折而南百數十里, 經端川城之東, 又南數十里, 有一小水口. 又南經利城東, 又南爲北靑城北小水口. 又西南爲洪源城東小水口, 懸海中有島嶼, 又西南數十里, 經立元山麓, 又西南, 經咸興城南, 又西有小水口. 又南數十里, 有永興城東北之小水口. 水口懸海, 卽花島·沙島, 其東熊島·連島, 其東南薪島·卯島·豬島·國島, 遠近相望. 此高麗東北水道也. 海自永興東北水口, 東南百里, 經大博山北平地, 又東南百餘里, 經高源城東, 又南折而西數十里, 有文川城東北境小水口. 又東南百數十里, 折而南數十里, 經德源城東, 又南數十里, 有安邊城東北水口. 又南經歙谷城·通州城東, 稍南爲高城東北小水口. 又南經金城東, 又東南數十里, 經襄陽城東, 又東南, 有頭蛇山水口. 又東南, 經江陵城東, 又南百里, 經三涉[26]浦東, 又東南, 折而西南百里, 經蔚珍城東. 其東南隔海, 白[27]千[28]山島, 曰菀陵島. 又西南數十里, 經平海城東南, 有小水口. 又東南數十里, 經寧海城, 又東南百餘里, 經盈德城東南小水口, 其南岸, 淸河城也. 又東南, 經興海城東, 又東南, 經延日城東南有小水口. 又東南數百里, 經左兵城東境, 折而西南, 有小水口. 又東南, 經左水城東, 又東南數十里, 折而西南, 有小水口. 又南數十里, 爲東南角盡地, 隔海東南, 徑三百數十里, 爲對馬島, 大島也. 此高麗東南水道也. 他若晉江·大同江諸水, 亦爲巨浸, 固探水道者所宜知也.

26) '涉'은 '陟'의 誤字이다.
27) '白'은 '曰'의 誤字이다.
28) '千'은 '于'의 誤字이다.

25

奉使朝鮮日記

滿洲 崇禮 著

光緖十六年四月十七日, 朝鮮國王李熙母妃趙氏薨. 國王遵故事, 遣使奉表訃告. 其表文曰, 朝鮮國王臣李熙言, 臣母妃趙氏於光緖十六年四月十七日薨逝, 謹奉表告訃者. 臣李熙誠惶誠恐, 稽首稽首. 伏以小邦無祿, 肆切哀惶之忱, 內艱是丁, 恭伸訃告之禮. 臣無任望天仰聖, 激切屛營之至, 謹奉表告訃以聞.

禮部謹奏, 爲奏聞事. 據朝鮮國王李熙爲王太妃趙氏病故, 特差正使禮曹參判洪鍾永等齎表奏來京告訃. 於八月十三日到京, 當卽令其在會同四譯館安寓, 所有供給等項行文, 光祿寺備辦. 其恭進表奏, 照例送交內閣繙譯具題, 至諭祭該國王太妃一切事宜, 臣部另行分別具奏, 照例辦理, 爲此謹具奏聞. 於光緖十六年八月奏, 本日奉旨. 旨, 知道了. 欽此. 相應鈔錄原奏, 移會內閣典籍廳, 知照內務府朝鮮國王移付祠祭司, 查照辦理可也.

朝鮮國王告訃正使洪鍾永等爲懇恩事, 竊以小邦祗守藩服, 世沐皇恩. 壬午·甲申之交, 綱常得以扶植, 土宇賴以廓淸, 尤屬恩深再造. 自經喪亂, 洊遭饑饉, 民物流離, 六七年來, 艱難日甚. 近又不幸康穆王妃薨逝, 擧朝哀戚, 無計搘擋. 主上念王妃遺命, 憫八域困窮, 向例喪祭之需出自閭閻者, 不得不一概蠲免, 以舒民力. 故凡喪祭, 俱從儉約. 惟念大皇帝欽差頒勅, 自昔異數, 能無感戴, 特恐星使賁臨, 禮節設有不到, 負罪滋甚, 與其抱疚於將來, 孰若陳情於先事. 況蒙天恩高厚, 矜恤彌周, 有懷必達, 有願必償, 久如赤子之仰慈父母矣. 爲特敬求部堂, 俯鑒實情, 擎奏天陛. 倘有溫諭頒發, 俾職敬謹賫回, 免煩星使之處, 出自逾格恩施, 不勝急切兢懼之至, 爲此謹呈.

禮部謹奏, 爲據陳代奏事. 准朝鮮國告訃使臣洪鐘永等具呈到部, 臣等公同閱看, 係因該國自經喪亂, 國用艱難. 此次該國王太妃薨逝, 喪祭一切俱從儉約. 懇恩矜恤, 請免遣使賜奠等情, 乞爲據呈轉奏, 謹鈔錄原呈, 恭呈御覽. 伏候命下, 臣部遵奉施行, 爲此謹奏請旨. 於光緒十六年八月二十四日具奏. 二十五日, 准軍機大臣字, 寄奉上諭, 禮部奏朝鮮告訃使臣具呈, 懇請免遣使賜奠一摺, 據該國王太妃薨逝, 因連年喪亂饑饉, 國用艱難, 喪祭之需, 俱從儉約. 恐欽使賁臨, 禮節設有不到, 負罪滋甚, 懇將頒勅, 由該使敬謹賫回等語. 所陳困苦情形, 自無虛飾. 惟該國王世守東藩, 備叨恩禮, 弔祭專使, 載在典常, 循行勿替. 此天朝撫恤屬藩之異數, 體制攸關, 豈容輕改. 特念該國近年國用異常窘乏, 亦屬實情, 不得不於率循舊章之中, 曲加矜恤. 向來遣使該國, 皆由東邊陸路行走, 計入境後尙有十餘站, 沿途供億實繁. 此次派往大員, 着改由天津乘坐北洋輪船前往, 徑至該國仁川登岸. 禮成, 仍由此路回京. 如此暫爲變通, 則道途甚近, 支應無多, 所有該國向來陸路供張煩費, 悉行節省. 至欽使到國以後, 應行一切禮儀. 凡無關冗費者, 均應恪遵舊章, 不得稍事簡略. 此朕德禮綏藩有加無已之意, 該國王奉此綸音, 當倍深欽感也. 將此諭知禮部·北洋大臣, 並由禮部傳諭該國王知之. 欽此. 遵旨寄信前來等因, 到部相應恭錄諭旨, 鈔錄本部原奏, 並該使臣原呈, 知照朝鮮國王及北洋大臣欽遵, 暨移付祠祭司·四譯館查照可也.

禮部請奏, 爲奏請欽派事. 查例載, 諭祭朝鮮國王母妃, 由禮部奏請, 欽派正·副使各一員. 正使開列內大臣·散秩大臣·頭等侍衛, 副使開列內閣滿洲學士·翰林院滿洲掌院學士·禮部滿洲侍郎等語. 又查道光二十三年, 朝鮮國王妃病死, 經臣部奏請, 欽派正·副使各一員前往致祭. 奉旨, 交軍機大臣, 開列六部滿洲侍郎·八旗副都統, 欽此. 欽遵在案, 今朝鮮國王母妃趙氏病故, 應奏派正·副使往祭. 除各衙門宗室大臣例不開列外, 臣等遵照例案, 咨取各衙門銜名, 分繕清單. 伏候欽派正·副使各一員, 爲此謹奏請旨. 謹將侍衛處及各部送到銜名繕單, 伏候欽派正使一員副使一員. 奉硃筆圈出. 戶部左侍郎續昌·戶部右侍郎崇禮. 欽此.

禮部謹奏, 爲奏請賜卹事. 據朝鮮國王李熙陳奏, 爲該國王母妃趙氏病故, 特差正使禮曹參判洪鐘永等來京告訃. 臣部於八月十六日奏聞. 本日奉旨, 知道了. 欽此. 臣等查定例, 朝鮮國王母妃卒, 遣使讀文諭祭, 一次給與香帛等項, 及祭品折價銀兩, 由戶部咨取應用. 銀壺·銀爵, 由工部豫備. 祭文交翰林院撰擬. 今朝鮮國王母妃趙氏病故, 應請賜祭一次所有致祭品物, 臣等謹照例開具清單, 恭呈御覽. 伏候命下, 臣部行文各該衙門, 遵照辦理, 爲此謹奏請旨. 謹將致祭朝鮮國王母妃品物開列於後, 檀香一炷, 帛一匹, 白綾六匹, 白紡絲六匹, 藍紡絲二匹[以上五項, 由戶部咨取]. 銀壺一把[重二十兩], 銀爵三隻[每隻重四兩. 以上二項, 由工部咨取]. 牛犢一隻, 羊二隻, 豬二口, 桌席二十張, 酒二罈[以上五項, 共折價銀二百兩, 亦由戶部咨取].

禮部卽具咨知會朝鮮國王遵照, 並飛咨北洋大臣·直隸總督, 預備輪船, 轉行各海口一體接護. 其飛咨內開祠祭司, 案呈所有, 朝鮮國王母妃趙氏病故, 本部據呈代奏, 欽奉寄諭. 此次派往大員,著改由天津乘坐北洋輪船前往, 徑至該國仁川登岸. 禮成後, 仍由此路回京等因. 欽此. 今准戶部片稱, 本部滿左侍郎續·右侍郎崇, 奉旨派往朝鮮致祭. 現於本月十七日巳刻起程, 由通州乘輪, 至天津換輪前進等因. 玆本部派出六品通官豫和·七品通官恒霈, 同日起程. 所有正·副使及通官·跟役, 車輛·騾馬·撒袋·腰刀, 各按名數, 移咨兵部, 照例給發. 其沿途需用夫馬船隻等項, 應給與勘合車票, 至賫奉諭祭文, 應用背夫一名, 騎馬一匹. 又諭賜香·絹·銀兩等物, 應用馱馬及牌仗旗繖等項, 應用騎馬夫役, 一併照例撥給. 自京城起, 照例撥兵護送. 除分咨外, 相應飛咨北洋大臣·直隸總督查照, 預備輪船, 轉行各海口, 一體接護可也. 須至咨者.

北洋大臣李傅相接准咨文, 卽通飭各處接護, 並調北洋海軍兵船濟遠·來遠·經遠, 以備乘用. 九月十七日, 由京起節. 十九日, 至天津. 二十一日, 卽派濟遠兵船副將方伯謙先賫送牌文一道, 傳諭由仁川至漢城各驛站地方官, 照例預備夫馬伺候. 附開賫奉諭祭文一道, 又御賜香·絹·銀兩等物, 及牌仗·旗繖等項, 並隨帶通官·跟役名數, 交由仁川府使傳遞. 又與燕甫致朝鮮國王咨文一角, 一并交遞. 咨文內開, 照得本大臣等奉旨, 欽派賜奠正·副使, 改由天津乘坐北洋兵輪前往, 徑至仁川登岸. 除已牌行沿途府州縣及口岸地方查照向例, 備撥夫馬伺應外, 本大臣等瀕行請訓時, 面奉諭旨, 汝等到該國後, 應行一切禮儀均應恪遵舊章, 不得稍有簡略. 至該國王如餽送汝等禮物, 暨通官等銀兩物件, 均不准收受, 以示體恤屬藩至意等因. 欽此. 相應咨會貴國王查遵, 欽遵恩旨, 辦理施行, 須至咨者. 是時, 訃使洪鐘永已將改由水路, 派使之上諭節要電告該國. 隨於九月十六日, 派內務府督辦兼漢城府判尹[職從一品, 仿軍機大臣首堂官, 兼順天府尹堂]沈履澤充遠接使大護軍. 前禮曹判書[職正二品, 仿散秩大臣, 曾任禮部尙書]李承五充館伴使, 協辦內務府事. 戶曹判書[職正二品, 仿軍機處次堂官, 戶部尙書]閔泳商充迎接使都監提調官, 承旨兼監理仁川通商事務. 仁川府使[職正三品, 仿閣學兼海關監督, 正任知府]成岐運充迎慰使. 朔寧郡守[職正四品, 仿知州]李奭鐘充問禮官. 及迎接差備官十一員, 各項差使員十三, 司館內雜職事官十九, 司大通事八員, 各項差備官二十三, 司請來官掌務官各一員. 以上大小職官共差一百餘員. 京畿道監司[職正二品, 仿直隸總督]李憲植, 分派所屬各府郡縣分站, 伺應迎接, 管理臺舍茶饌夫馬兵校各事. 仁川府使成岐運率通津等十一邑守令, 在濟物浦宿站伺迎, 以仁川監理衙門修作行臺. 富平府使崔錫斗率高陽等十一邑令, 在梧里洞尖站伺迎, 卽民舍修作行臺. 驪川牧使[職正三品, 仿首領知府]率南陽等十一邑守令, 在廝浦宿站伺迎, 以公舍洗心亭修作行臺. 凡行臺門前設雙紅旗杆, 懸轅門黃旗二, 晨夕號礮鼓吹, 降輿入庭等處, 均以彩席鋪地, 堂院羃以黃棚, 奉置龍亭·香亭賜物等件, 中庭設龍牌香案黃幔, 奉置祭文. 余與燕甫分駐兩處, 寢舍修備, 各以豹皮蒙座, 彩席衣地, 衾枕帳幔, 榻座器皿咸具. 下至通官·從役等室亦甚整潔. 各室均派有扶侍人役, 備極周至. 由濟物浦八十里至漢城[朝鮮都城]南別宮[使節行館], 凡所經過道路·橋梁, 咸預修整平坦, 寬可並行五馬, 道中墊以黃土. 各府郡縣皆集發各邑兵校吏役·儀仗旗幟, 仁川府並調集練軍洋鎗隊百餘名, 祗迎護從, 與國王出巡儀制差同. 越十日, 遠接使沈履澤率其屬差備等官, 京畿監司率其所屬各守令, 及迎慰使·問禮官等, 先後赴濟物浦候迎. 館伴使李承五因病辦, 差改派刑曹判書[職正二品, 仿刑部尙書]南廷哲代充. 先是葬太妃時, 王因病, 致送喪禮缺. 四月初八日, 禮曹具啓, 請示, 以迎勅有親臨郊迎例, 亦有只百官郊迎例, 今次何以爲之. 並在何處備迎. 王答傳曰, 依各年例爲之, 處所崇禮門外磨練[東國文字]. 其時病猶未愈, 故議者以此次郊迎與否, 尙難准定. 迨二十二日, 王病小瘥, 遂擬親行郊迎, 以崇禮門外道狹不便, 改定在敦義門外[卽漢西門外]. 京畿道監司衙門前通衢中, 作爲祗迎處所. 九月初五日, 接北洋大臣李少荃伯相電, 據駐津朝員金商德呈稱, 奉其國命, 以仁川登岸. 雖距漢城八十里, 沿途只一小站, 彫殘不足備供張. 請改由壬午大兵登路之馬山浦口登岸, 距漢一百里, 沿途有府縣, 易於供應尖宿等語. 乞酌核示覆, 或於請訓時面奏變通辦理云云.

初六日, 與燕甫電覆李相, 以仁川登岸已奉明諭, 未便率行奏改. 李相又電覆, 已電飭袁道查覆. 袁道世凱, 北洋派駐朝鮮總理通商交涉事宜者也.

初七日, 李傅相電稱, 查仁川至漢城九十里, 路坦近, 有官舍, 馬山至漢城百六十里, 路險遠云云. 與燕甫將連日來往電信請樞廷代奏.

初八日, 軍機大臣面奉諭旨, 仁川登岸, 原係體恤該國, 節省陸路供張煩費, 尖宿之處, 仍遵前旨辦理, 毋庸改道馬山. 欽此. 又准禮部知照, 派六品通官豫和·七品通官恒霈隨往. 又准禮部照章恭錄歷奉諭旨九道, 鈔錄禮節則例. 並稱, 此次欽奉諭旨, 於率循舊章之中, 曲加矜恤, 所有此次該國饋送應如何辦理之處, 由使臣自行酌核云云. 與燕甫會商片行, 禮部定本月十七日巳刻起程, 由通州乘船至天津, 換輪前進. 一切應行應辦事宜, 已否齊備, 片覆以便定期. 請訓禮部片覆查致祭朝鮮, 應用祭文祭品及折價銀兩, 經本部開單, 奏交翰林院, 戶·工二部撰擬給發, 並將起程日期知照兵部, 給與斟合夫馬, 暨飛咨北洋, 預備輪船, 轉飭經過各海口一體接護云云.

初十日, 接北洋電. 十五日, 遣小輪船來迎, 係燕甫所借, 爲拖帶坐船也.

十一日, 具聯銜安摺請訓蒙召見, 將禮部文內饋送一節面奏, 奉諭旨, 爾等到該國, 應行一切禮儀, 均應恪遵舊章, 不得稍有簡略.

至該國王如餽送爾等禮物, 曁通官等銀兩物件, 均不准收受等因. 跪請聖安退出. 將此次面奉諭旨, 電致北洋, 轉電袁道.

十二日, 北洋轉據袁道電稱, 朝鮮在距漢十里江邊之洗心亭修備節館, 並趕修由仁川至漢城橋道. 又接北洋轉據袁道電稱, 該國早將供張財物籌備, 解漢近惟盛備供給, 冀臨時稍免禮節, 並倭使等探何日節到, 意將迎謁.

十三日, 電致北洋轉電袁道云, 告知該王, 凡關典禮, 萬不稍事寬假, 擅行從權. 供張細節, 亦無不仰體聖意, 格外將就, 切不可稍存揣摩. 並告知駐朝鮮洋人, 此次限期迫促, 彼此均免周旋.

十四日, 奉旨, 此次續昌等乘坐輪船, 前往朝鮮, 著李鴻章嚴飭管帶官約束兵丁, 不准登岸, 免滋事端, 欽此.

十五日, 北洋差千總馬振芳·劉長發來迎.

十六日, 與燕甫同赴禮部, 恭閱御祭文, 並點驗香·絹·銀兩等物, 眼同加封.

十七日, 巳正, 與燕甫同赴禮部大堂, 向御祭文行三跪九叩, 禮畢, 恭捧交兵部差官, 背負儀仗, 前導乘馬, 出朝陽門, 至大橋換輿. 申正, 至通州. 通永道楊宗濂州牧何其翔迎於河干, 設茶座略談. 始知先行牌於十三日過通州, 竟由陸路, 遞赴山海關矣. 遂登舟, 自備船五艘. 余與燕甫, 大船二, 幕友船二, 通官船一. 燕甫幕府張蔭農茂才汝勳, 余則約周滌峰水部頌多雨三太守齡, 並戈什哈各一人, 隨從各五人, 幕友從人各一人.

十八日, 辰初開行. 用津航·慈航二小火輪拖帶, 開往天津, 距馬頭八里, 火輪因水淺, 躭延一時許. 午正, 至馬頭, 行九十里. 未初行. 酉正, 停泊, 距河西務水程已三十里矣.

十九日, 辰初開行. 巳初, 過河西務, 營汛各員弁跪迎於岸. 午正, 至蔡村, 大風, 停泊一時許. 申刻, 過楊村, 營汛各員迎如前.

戌刻, 泊浦口, 接天津縣孫令禀稱, 明日爵相率各文武在吳楚公所跪請聖安.

二十日, 辰刻, 開行. 巳刻, 抵天津, 各營整隊, 夾岸跪迎, 泊舟新浮橋, 乘轎至吳楚公所, 李相率文武跪請聖安. 回船後, 接見文武各員. 稍間, 李相邀飮, 與燕甫同拜李相, 商帶兵輪前往及一切事宜, 轉電奉天將軍, 將陸路遞去, 先行牌截留. 電知廖仲山司馬, 隨派齊遠兵輪賫送牌文傳諭仁川府使, 傳遞各驛站照例預備夫馬, 附開祭文·祭品·牌仗·旗纛, 隨帶通官跟役名數. 又恭錄面奉諭旨, 咨會朝鮮國王欽遵. 又劄委袁道, 稽查從人. 二鼓, 回船. 嗣接朝鮮國王咨覆云, 朝鮮國王爲咨覆事, 光緖十六年九月二十四日, 接准貴大臣咨開, 照得本大臣等奉旨, 欽派賜奠正·副使, 改由天津乘坐兵輪前往, 逕至仁川登岸. 除已牌行沿途府州縣, 及口岸地方官查照向例, 備撥夫馬伺應外, 本大臣等瀕行請訓時, 面奉諭旨, 汝等到該國後, 應行一切禮儀均應恪遵舊章, 不得稍有簡略. 至該國王如饋送汝等禮物, 暨通官等銀兩物件, 均不准收受, 以示體恤屬藩至意. 欽此. 相應咨會貴國王查照, 欽遵恩旨, 辦理施行等因. 准此, 查敝邦僻在海陬, 久沐聖化, 覆載高厚, 山海崇深. 此次特派欽使賜祭致賻, 改由水路, 以省沿途供億, 洵屬格外異數, 敝邦臣民感戴無涯. 至饋送禮物及通官等銀兩物件, 在敝邦優禮天使之地, 固是不可已之例, 而迺蒙皇恩隆摯, 有加無已, 免其收受, 以示體恤. 惟有欽遵辦埋, 庸答寵眷. 不知海外偏藩, 何以得此於聖朝, 謹擬前頭使行, 恭申謝悃.

二十一日, 李相答拜, 談半時許. 接見提鎭司道各總辦. 飭船泊紫竹林. 津海關劉道汝翼邀飮, 時北洋已調鐵甲兵船經遠·來遠聽用, 遂與燕甫定二十二日開行.

二十二日, 巳刻, 水師營丁軍門汝昌邀飮. 飮後巳未刻, 與燕甫偕幕友通官從人, 乘快馬輪船, 由紫竹林開行. 過北塘等處, 各營汛跪迎. 至大沽口礮臺升礮迎, 遂乘潮出口. 燕甫奉諭祭文登經遠輪船, 予奉賜祭品物登來遠輪船. 酉正, 開往朝鮮.

二十三日, 辰初, 至廟島. 午刻, 至煙臺. 未正, 至威海衛. 酉正, 至成山頭[下闕].

26

東行初錄

丹徒 馬建忠 著

光緒八年壬午春三月, 我東方屬土朝鮮國, 始與阿美利加合衆國立約通商, 其國之政府以不諳外交, 願得中國大員莅盟. 於是合肥傳相請於朝, 以建忠行. 北洋水師統領丁禹亭軍門因巡洋之役, 率兵舶三艘, 曰威遠, 曰揚威, 曰鎭海, 以偕至煙臺, 同美國全權大臣薛孚爾駛赴朝鮮議約. 十四日, 自析津起程, 同行者爲呂秋樵孝廉. 丁軍門以事暫留, 余偕友人乘鐵龍小火船先行, 至大沽船隖勾當公事. 十六日午刻, 丁軍門乘鎭海兵船來會. 午後, 登舟, 先有一客在焉, 詢諸禹亭, 知爲慶軍分統朱試程軍門, 附舶歸登州防次者, 遂乘潮鼓輪出口. 是日, 潮漲丈有三尺, 風平.

十七日晨, 微霧, 緩輪行. 七點鐘, 至登州蓬萊閣下, 以舢舨送朱試程登岸. 忽有煙如雲自閣東出, 旋起旋滅, 諦視之, 則平原淺草間健兒林立, 知爲陸營槍操, 旋旆飛揚, 軍容甚盛. 舢舨回, 復鼓輪東駛, 天亦開朗. 鐘報十二點, 舟抵煙臺, 美國兵舶名舢島者, 在口內望見水師提督旗幟, 站舷申敬. 入口後, 渡登威遠兵舶. 俄而汕島船主哥貝來謁, 云薛使滬遊, 卽夕可返. 英國水師提督頃赴析津聞亦將迎威妥瑪往朝鮮議約, 而水師總敎習葛雷森至舟, 亦述新報載有英·法·德三國調集兵艦, 將赴朝鮮議約, 而日人亦有兵船直指漢江之語. 無何, 哥貝辭去, 復有四人來見, 詢知爲招商局友附舶東渡者. 告以行期旣定, 令鎭海管駕官知會登舟. 晩膳後, 海月東升, 萬象呈露, 偕友人憑高眺望, 見島嶼環列, 有若屛障, 之罘·文登·榮成諸山, 則皆有始皇之遺跡在焉. 方其泐石紀功德, 入海求神仙, 亦自謂駕諦帝而淩往王矣. 卒之, 祚不過二世, 地不越萬里, 長城甫就而阿房已灰, 徒令後之勤遠略者引爲蓍鑑. 我朝龍興艮垠, 東西南朔, 延袤九萬里, 幅員之廣, 超越前代, 而風氣所開, 猶復不可遏抑. 嘉道而後, 乃更創來賓之局, 宏柔遠之模, 擧宇內五大洲諸國, 罔弗梯航來集, 九垓八埏, 如在庭戶, 誠亘古所未有之盛也. 是夜憑眺, 至漏三下乃寢.

十八日, 晨, 報薛孚爾至, 專人賫傅相書去, 附以洋文一椷, 訂相見期. 隨偕丁軍門登岸, 拜東海關道方佑民觀察. 歸途遇哥船主, 謂薛使候於寓, 與禹亭改道訪之, 促譚良久. 薛使謂, 在煙臺宜損棄往拜升敝繁文, 以免譁屬. 且頃聞英·法·德·日四國咸將調集兵艦麕至朝鮮, 果爾則定議遂難, 宜乘閒先期往. 遂訂我舟於二十日辰刻起椗, 美舶於二十一日辰刻起椗, 陸續進發瀕行. 與貝船主約午後在汕島船會議入漢江口停泊處所, 俾先後來集, 於是三點鐘偕丁軍門往晤哥貝於其船. 船長二十八丈, 廣五丈有奇, 船主艙在舵樓下, 陳設都麗. 相與披圖指定於漢江口虎島旁下椗, 蓋過此則水淺溜急, 輪舟不能停泊矣. 虎島, 屬朝鮮京畿道仁川府治, 去王京九十餘里. 回舟繕禀上傅相, 報起程日期.

十九日, 早膳後, 開單購外洋酒點, 曁中國果菜, 以此去漢江不無酬應筵宴故也. 午後, 丁軍門傳令各船管駕官, 於詰旦五點二刻起椗東渡, 首威遠, 次揚威, 次鎭海, 各距八百碼, 魚貫而進, 速率每小時行八邁半, 前舟晝於橫桅懸速率表, 夜綴燈毬, 以屬後舟耳目. 諸習流軍將往觀東瀛風景, 令下之後, 整篷理索, 踊躍歡欣.

二十日晨五點二刻, 起椗東駛, 風平浪淨如拭. 九點二刻, 過劉公島, 一點鐘, 薄成山岬, 自此迤東偏南太半度行, 直指漢江口仙俠島外小島, 距水程一百七十邁. 先是, 海道往朝鮮, 無入漢江口者, ≪隋書≫, 開皇十八年伐高麗, 以一軍自東萊泛海趣平壤城. ≪唐書≫, 貞觀十七年, 上親征高麗, 以張亮爲平壤道行軍大總管, 帥戰艦自萊州泛海趣平壤. 平壤, 箕子故都, ≪漢書≫所稱王險城者是也. 今屬平安道, 據大同江上流, 則皆進大同江無疑. 宋, 徐明叔≪宣和奉使圖經≫云, 由定海乘南風北行五日程, 可歷大青島, 入急水門, 則亦由大同江進. 又≪唐書≫, 永徽五年, 命蘇定方爲神邱道行軍大總管, 帥師伐百濟, 定方引軍自成山濟海, 百濟據熊津江口以拒, 定方進擊破之. 熊津, 在今忠淸道公州下流, 由舒川入海, 則又自舒川口進, 而以一帆東渡, 直指漢江, 記載以來, 都所未有. 蓋其口外, 島嶼碁布, 水淺湍急, 沙線無常處, 巨艦至此, 率以觸礁擱淺爲懼. 故往時泛海者, 至大青島·成山岬二處, 皆分迤南北而去. 同治中, 法國水師提督羅斯駛往測驗, 繪圖極審, 爲海舶指南, 始稍稍有知漢江口者. 國朝魏默深≪聖武記≫謂, 熊津江卽漢江, 係屬舛午, 熊津與漢江相距遠甚, 從前地圖簡略, 經緯不明, 雖通材亦不能無誤也. 午後, 微雨尋霽, 道生不敢疾駛, 速率一小時行八邁, 約遲明可見仙俠島外小島.

二十一日, 晨四點鐘, 舟指仙俠島, 微霧, 島靄沒不可辨, 緩輪繞行. 有汽船自南來, 辨煤煙, 知爲日本兵舶. 有頃, 霧歛微雨. 五點二刻, 過仙俠島外小島. 八點鐘, 過仙俠島. 島四合如行江中, 水靑若潑黛, 溜急, 溯流上. 日舶道熟先駛, 相距已十邁矣. 十二點三刻, 過立岐島, 傍小貓島舟折而北, 右掠小阜島, 左壓燕興島, 已復迤東兼北行. 鐘報三點, 望見日本兵舶已於虎島旁下椗. 四點鐘,我舟相繼至下椗，與日船鄰．其副船主刺舢板來，與我舟管駕官相慰勞，兼詢東來故，亦遣大副刺舢板答焉．日船名磐城，自內海口下關載駐紮朝鮮公使花房義質來，途中行十日程，道泊金[29]山·巨文島各數日，其船大與鎭海埒．俄而小艇二隻自山隙出，張蒲帆駛附鎭海，以遠鏡窺之，見有烏帽藍袍倚舷而立者，則朝鮮四品鴻臚李應俊也．應俊前以約事至析，月之初旬，令鎭海送至鴨綠江口歸國者，故識之．鎭海管駕官旋以舢舨送之來，則與偕者，又有三品鴻臚韓文奎，五品鴻臚高永周，登舟寒暄畢．筆談數則，卽以登岸爲請，言其國王已令於仁川掃除行館，派二品參判趙準永爲伴接官，明晨來謁．薄暮，應俊等辭去，丁軍門傳令三船，仍蒸瀛以待．

二十二日，午前十點鐘，李應俊諸人與趙準永先後至，準永以登岸請，余以美使未來，而朝鮮議約大員亦未派至，適館無所事事，因固辭．準永等復固請，乃允於午後三點鐘登岸．留準永等同飯舟中，飯畢，準永謂，曩游日本識日使花房義質．請往訪於其舟，命舢板送之去，約二點鐘回威遠，同行李應俊，別偕諸人往觀揚威快艦．鐘報二點二刻，應俊等歸自揚威，準永猶未返．余遂偕秋樵率鎭海管駕官陸倫華，及習流軍八名，與應俊等別乘舢舨先行，中流見準永自日船下，花房義質亦刺舢舨至威遠船，意將往謁丁軍門及余焉．三點鐘，抵埠，仁川都護府使鄭志鎔迎謁道左，兼以肩輿來迓，輿如車箱狀，趺坐其中，四人舁之行，導以靑旗皀蓋，輿隷呵殿，漫聲長謠，前後互答．迆邐循山麓行，景色明秀，如在江南道中，村人扶老攜幼來觀者以數百計．越嶺者五，約十許里，見兩山環抱中嵌茅屋數十家，詢之，卽仁川府也．府無城郭，官廨在東山之麓，正對文岳，今卽以爲賓館．入門則棟宇剝落，儼若古刹，廳事

29) '金'은 '釜'의 誤字이다.

側小室三四間, 備余輩棲息. 室簇比如蜂房, 地薦蒲薦, 壁障紙屛, 無几案牀榻. 給事者先於門外解屨乃入, 其俗略似日本, 而簡陋過之. 坐甫定, 府使以矮几獻食, 殊粗惡穢, 氣觸鼻欲嘔者再, 屢辭乃撤去. 晚令從者煮粥以食. 食已, 趙·李諸人相繼至, 各筆談數則而去. 燭跋, 席地就寢, 穢氣襲屋猶存, 而室後山松, 因風作濤, 三鼓盡, 方寐.

二十三日, 晨起, 陸倫華回舟, 李應俊辭, 赴王京, 催派議約大員. 趙準永等相繼來問訊, 因與筆談, 將乘間覘其朝議, 而準永等狡甚, 語涉政府, 輒諉不知. 乃告以傅相奏請大皇帝派員來此, 原爲調護屬藩起見, 分宜推誠相待, 安用是模棱爲. 準永等悚慴謝過. 午後, 無事, 方欲偕友出遊, 而丁軍門策馬來, 知美船未至. 因聯騎遊山, 岡巒迴合, 林木叢茂, 雖無雄奇險怪之觀, 而平遠深秀殊足引人入勝. 因念中原山水, 在通都大邑爲冠, 蓋所往來者, 固皆登諸誌乘繪爲圖畵, 而荒遠僻左之區, 自唐宋以來, 亦率有遷客騷人爲之搜奇選勝, 作爲詩文以寵之, 俾流傳宙合. 蓋一邱一壑能自拔奇於嶽瀆之外, 迄於今湮沒不影者, 抑已尠矣. 朝鮮山水之勝, 無異華土, 徒以越在東隅, 屐齒罕至, 數千百年, 卒無好事者從而表章, 俾得附宇內名勝之列. 地望限人, 豪傑所慨, 山水亦有然與. 方與攬轡流連, 而通詞尾至, 喘汗雨下, 叩馬請返, 謂余輩屛從微行, 設有蹉失, 渠等罪且不測. 爰循舊路緩緩歸, 村人集道旁觀者益衆, 皂隷亦踪跡至, 先驅淸道以行. 返館小憩, 復與高永周筆談, 諮其政治風俗與夫古蹟之沿革, 遂留之晚膳. 膳畢, 而二品參事堂備官金景遂至自王京, 云已派定經理機務衙門事申櫶爲議約大員, 越日當馳至. 景遂年六十餘, 其國王於派定議約大員後遣之來, 知其胸中已有成竹, 以筆談䑛之, 詞氣桀黠, 隱然有輕量中國之意. 因責其應對失禮, 立傳接伴官, 飭質明備輿馬回舟, 漏三下, 準永等猶來固留.

二十四日，晨起，金·趙諸人復來固留，峻詞謝之．丁軍門先行，時余將登輿，而日使花房義質策馬往王京，道出仁川，適館請見，與語良久出館，各分道行．至舟，美船仍未至．雖連晨霧阻，而後期至三日，恐別有事故．爰與丁軍門議質明遣鎭海返至煙臺，沿途探視，因以一稟上傅相，令就便賫回．甫繕就報見美國兵船入口，時已晩七點鐘矣，登舵樓以遠鏡窺之，則於口門下椗，相距猶三十里．

二十五日，霧．美船未起椗．午前，丁軍門邀赴揚威閱操．午後二點鐘，美船駛至，傍威遠下椗．金景遂·李應俊等亦來威遠，遂歸自揚威，而我舟管駕官呂翰自美船回，尋知美船在口外阻霧，停四十八點鐘，故失期．薛使致聲，謂明日十點鐘來答煙臺之拜．景遂等尋入見，謂申櫶今夕至，詞氣謙抑非復前日．數語後應俊躡[30]衣請閒，遂引入別室．詢悉王京議論歧出，興寅君李昰[31]應頗非外交，景遂其黨，故有前日之言，因與筆談數則而出．應俊等請往款接薛使，適美船船主來答呂翰之問，稱薛使兩日內不理公務．乃爲轉告景遂諸人．五點鐘，辭去．

二十六日，九點鐘，美船船主哥貝來拜．十點鐘，薛使來拜．寒暄畢，薛使謂全權字據譯出，兼備有咨行朝鮮總理機務衙門公文一通，以此次未攜繙譯，不審華·洋文有無舛午，乞爲點勘．允之，有頃辭去．余與丁軍門議，翌夕七點鐘邀薛使，暨美·日二船主晩膳，旋繕發洋文請單，薛使辭以疾，二船主答書如約．三點鐘，趙準永率李應俊諸人，持其大官經理機務事申櫶·副官經理機務事金宏集，與從事官機務副主事徐相雨三刺來問訊，訂明日十點鐘登舟晉謁．大官意卽大臣之謂，下國陪臣不敢稱大臣，降而稱大官，禮

30) '躡'은 '攝'의 誤字이다.

31) '昰'는 '最'의 誤字이다.

也. 未幾, 鐘報四點, 往美船答薛使拜, 準永等留待舟中. 薛使出國書與全權字據華·洋文各一通, 爲校閱畢. 薛使商於余, 謂條約未定, 不便遽遞國書, 擬先以公文咨朝鮮政府, 國書俟約定後再呈. 余謂國書呈遞先後, 無關輕重, 第先將全權字據咨行朝鮮政府, 便可會議. 薛使因問, 朝鮮正·副二使有無全權. 余謂其國王旣特派議約, 諒無不予全權, 且我傅相所議約稿內載明全權字樣, 彼政府逐件恪遵, 非有窒礙, 不敢易也. 旋辭回舟, 復與準永筆談, 語及全權事, 李應俊復請往別室, 求代擬諭旨一稿攜去.

二十七日, 九點鍾, 丁軍門邀同點名. 九點二刻, 薛使來商請議約時, 在近岸支立帳房, 不必往仁川行館, 幷問朝鮮正·副二使登舟升礮幾響. 余謂近岸議約, 我免涉跋, 彼省供億, 計誠兩得, 少頃當與朝使言之. 升礮則按中國禮用三響焉. 十點鐘, 趙·李諸人先至. 十一點二刻, 申·金二使率徐相雨及申櫶之子奭熙·孫德均登舟, 舟師站隊以迎. 升礮後, 令通詞傳語陪臣某某入艙, 先行三跪九叩禮, 代國王恭請皇太后·皇上聖安, 然後行賓主相見之禮. 於時余偕丁軍門屛息旁立, 櫶·宏集行跪叩禮畢, 乃與相見. 送茶後, 立問其國王安, 櫶·宏集亦立問傅相安, 周旋之間, 頗極嚴翼, 蓋自二十三日回舟, 小示決裂, 彼乃知中朝士大夫不可狎玩. 嗣是景遂諸人及凡來自王京者, 罔敢稍有褻越, 兩使臣則又傴僂益恭云. 就坐數語, 遂留飮, 與金宏集筆談甚長. 申櫶, 卽光緖初與日本議約者, 年七十餘, 雖步履甚蹇, 而風度頗復端凝. 金宏集, 年逾四旬, 望之似三十許人, 通達識時務, 曩與日本議加稅則, 章程周密, 是其所定, 蓋國中矯矯者. 飯畢, 偕赴美船拜薛使. 薛使待之禮有加焉. 已而周視礮位, 駭嘆無已. 四點鐘, 回舟, 申櫶請先歸, 余復與金宏集筆談良久. 六點鐘, 始以小火船送之去. 七點二刻, 美·日二船主來赴宴, 極懽而散, 已九點二刻矣.

二十八日, 晨起, 無事, 檢點筆談. 午後四點鐘, 仁川府使鄭志鎔, 以牛一頭, 豕二肩, 暨雞魚等物, 致饋美船, 遣通詞登舟請示, 且言, 李應俊復往王京, 面陳機務, 因中國派員莅盟, 故雖投贈之微, 不敢不告. 亦恭順之一端也. 初, 志鎔亦數以禮爲饋, 余與丁軍門皆巽辭却之, 一無所受, 以體國家優卹藩服之意.

二十九日, 舟中無事, 與友人縱談朝鮮國祚興衰, 郡邑沿革. 晩五點鐘, 國王遣承政院右副承旨金晩植, 賫名柬來勞問, 柬貯匣中, 襲以紅綾, 跪而進獻, 余長揖受之. 啓視則右側下方書朝鮮國王李熙六字, 細若蠅頭. 與坐筆談數則, 囑歸告國王, 蕆事後詣王京晉謁, 願先容焉. 與丁軍門各附銜刺璧柬, 晩植復跪而受之, 因順令轉囑仁川府使, 明日備輿馬至浦岸伺候, 與丁軍門往行館答拜申·金諸君.

四月初一日, 雨. 美船船主哥貝將薛使命來催訂議約期. 十點鐘, 促具膳. 膳後, 偕丁軍門登岸, 則仁川府使已肅候道左, 進肩輿, 乘之行, 亂山經雨, 嵐翠欲活, 緣麓越嶺, 若歷圖畵. 十一點二刻, 至館, 與申·金諸君相見畢, 就坐, 筆談良久. 二點鐘, 進食, 食時接談, 胥金宏集主筆, 率以米穀出口於朝議民情有礙, 須設法議禁爲請. 余謂, 見薛使時, 當相機爭之. 四點二刻, 辭歸, 復往美船, 以米穀出口一條與薛使往復辨論. 七點鐘, 回舟, 作書以所議告申·金兩使.

初二日, 曉晴. 專弁赴仁川致書. 去後, 倚舵樓看諸船曝帆, 中·美·日五舟星羅如聯珠, 而威遠適當其中, 亦一異也. 亭午, 致書人猶未返. 一點二刻, 李應俊持申·金二使復函來, 謂, 頃間歸自王京, 文件均攜至, 副使金宏集於明日謁商壹是. 招商局五人已言於朝, 允卽飭人護送至王京, 察看商務, 訂後日起行, 且爲其國王致願見之忱, 請余與丁軍門蕆事後赴漢城一遊云, 已令館人除室以待. 三點鐘, 應俊辭去. 薛使在汕島船望見朝鮮人來, 遣隨員至我舟謁議約期, 答以俟明日金宏集來舟議定再告.

初三日, 午前, 閱日本達根坂郎所撰≪朝鮮國圖志≫. 二點鐘, 金宏集率徐相雨·李應俊來舟. 宏集以文件遞交已, 復筆談良久. 四點鐘, 辭去. 是夕, 余以約事粗定, 至朝鮮且半月, 尙無一紙抵津, 恐傅相眷注, 因與丁軍門議令鎭海兵船於初五日賫稟先歸.

初四日, 晨起, 申·金二使令應俊來, 以國王命, 璧還銜柬, 并致牛一頭, 豕十蹄, 雞五十, 卵二百, 白粲五石, 以犒我軍士, 故受之. 十二點鐘, 薛使赴仁川, 答申·金二使拜, 卽校閱全權字樣, 邀與偕行, 遂登岸, 同至行館. 申·金二使與薛使出全權字樣, 互相校閱, 畢. 訂初六日, 在近岸支立帳房, 會集畫諾. 四點鐘, 薛使先歸, 余復與金宏集筆談良久, 宏集等留飮, 出樂侑觴. 六點鐘, 回舟, 繕稟上傅相, 并附筆談日記二冊, 交鎭海管駕官陸倫華. 令遲明起椗, 賫至煙臺後, 沿途探投. 稟云, 忠於去月二十三日, 因薛使失期不至, 恐有事故, 擬遣鎭海輪船回至煙臺, 沿途探視, 并將抵朝鮮後一切情形, 縷悉具稟. 稟甫繕就, 而美國兵船已至, 故未卽發. 玆持附呈鈞鑒, 將二十三日以後情形, 撮擧大槪, 爲憲臺陳之. 薛斐爾二十三日入口, 次日抵港. 二十五日, 彼此往拜, 談及約內第一條, 彼終謂有礙平行體統, 且電復未至, 斷難擅允. 詢以何天爵在京所譯第一條洋文. 則謂, 未經攜來, 亦并不知所譯是何言語. 詞意之間, 甚爲決絶. 若必欲以此條列入約中, 勢將以固執廢事. 不得已, 議令朝鮮國王於約外, 另備照會一通, 聲明爲中國屬邦, 則在我旣存藩服之名, 在彼亦無礙平行之體. 薛使謂, 曩在煙臺答中堂書時, 曾許令朝鮮設法聲明, 玆旣不列入約中, 則亦無所不可. 忠因思此項照會內, 須寫明係於未經立約之前, 先行聲明, 則美國於此條, 雖未允列約內, 而約先旣許聲明, 似卽與認明朝鮮爲我屬邦無異.

惟朝鮮自受日人蠱惑以來, 雖未敢箕踞向漢, 而亦不無狡展之心, 自二十日回舟, 小示決裂, 始知中朝人士不可玩狎, 由是景遂諸人及後之來自王京者皆益恭謹, 而其國王亦遂遣承旨官賫帖來拜, 其狡展之心, 似已非復前日. 玆若以聲明屬邦一節, 愷切詳諭, 令其遵照辦理, 以理勢揆之, 似不至或有違悖. 然萬一中於簧鼓, 稍涉支吾, 則美·日二船, 瞻視非遙, 深恐於國體有礙, 爰欲略參權變之術, 以駕馭之. 遂於二十七日, 其所派議約大官申櫶·副官金宏集登舟來謁時, 令先站隊升礮, 以張吾威. 復傳令陪臣某某代國王行三跪九叩禮, 恭請皇太后·皇上聖安, 以折其氣. 然後以筆談所載諸語, 從而紆徐引掖, 使之樂就·夫範圍已乃爲代擬照會一稿, 寬假以自主之名, 實申明其屬邦之實. 金宏集等閱之, 乃皆欣然願從. 即於次日命李應俊賫回王京, 請其國王照稿繕用. 繼復議及他款, 大都無甚出入. 第米糧出口一條, 申櫶·金宏集均謂, 於其國朝議民情有礙, 堅欲議禁, 薛使則堅不允禁, 相持屢日. 金宏集乃議添註, 惟仁川口不準出米一語, 忠以語涉含混, 擬代改爲惟于仁川已開之港, 各色米糧概行禁止運出, 較爲周密. 經與薛使輾轉商量, 適渠亟欲歸國, 極思約事早蕆, 內迫於速成之心, 外屈於婉商之誼, 遂已勉强允行. 初二日, 李應俊返自王京. 初三日, 將照會賫來, 照稿謄寫, 一字未易, 擬存忠處, 俟定約時與國書條約交薛使一并賫回. 頃薛使邀赴仁川, 已與申櫶·金宏集等約定, 於初六日在濟物浦會集押約, 玆恐仰蒙憲慮, 特先具禀, 并日記筆談等件, 交鎭海兵船先行賫呈, 忠於蕆事後, 擬赴王京一行, 答其國王專帖之拜, 約初十內外, 當可起椗西渡矣.

初五日, 風. 午前八點鐘, 李應俊來舟, 請國書答復款式, 爲屬草以去. 九點鐘, 丁軍門遣軍士至濟物浦助支帳房. 午後, 朝鮮議約大副官與美師遣人持漢·洋文約本各三冊來請校勘, 閱畢, 遣還,已六點鐘矣. 復接兩國使臣函, 謂詰旦簽諸事, 兩不相諳, 乞登岸蒞盟焉.

初六日, 風定. 午前九點鐘, 偕丁軍門減從登岸, 美船四艇偕行, 花旗颭風, 銜尾而進. 至濟物浦, 有朝鮮官備肩輿來迓, 詢知帳房在山陽, 因辭輿步行, 越嶺, 見篷揭崖麓, 環繩爲衛, 守之以兵, 美使率水師官弁十餘人, 火器兵二十人踵至, 偕行. 甫及帳, 申·金二使趨出, 肅迓入帳, 送茶畢, 卽爲指授儀節, 請兩國使臣中坐行事. 余偕丁軍門退居他室以待. 約本漢·洋文各三冊, 悉當場鈐印簽押, 冊尾年月均以漢文塡寫朝鮮開國若干年, 卽中國光緖某年月日字樣. 事畢, 申·金二使復起立, 以其國王致美國伯理璽天德約外照會一通, 捧交薛使, 託賫歸轉呈. 於時, 哥船主於帳房燃火箭一枝, 俄而美船升礮二十一響, 致敬朝鮮國王, 諸臣各肅立以聽. 已復升礮十五響, 致敬丁軍門及余. 威遠亦升十五礮答之. 礮聲止, 余偕丁軍門出室稱賀, 因邀薛·申·金三使, 曁趙準永·徐相雨·李應俊等至我舟宴集, 爲敦槃之會. 申櫶辭以疾, 趙準永因事不赴, 餘人悉至, 登舟已十一點二刻, 小憩, 入座, 與宏集筆談甚長. 薛使卽席邀余與丁軍門, 曁金·徐諸人翌午會飮, 金·徐以復命辭. 席散, 薛使辭去, 金宏集復留筆談. 四點鐘, 宏集辭登岸, 且謂, 頃聞薛使云於初八日起椗, 請順至美船送行. 因遣我舟管駕官偕之往, 美船升礮十五響敬之. 六點鐘, 申·金二使復遣李應俊, 以其國王命持答美國伯理璽天德書二冊來, 請余擇用, 書中一列名, 一不列名. 余謂, 照會旣無國王名, 則答書亦不必列名, 以歸畫一. 應俊卽以一冊留舟中, 託代致美船.

初七日, 午前九點鐘, 日船花房義質來拜, 詢知昨夕歸自王京, 談次, 因賀余約事贊成之速. 余謂, 此由美使無甚要求, 故介紹亦易易耳. 復以約款爲問, 則答以初次立約, 諸從簡略, 不過藉通情好而已. 俄而花房辭去, 升十三礮送之. 十一點二刻, 偕丁軍門赴美船宴, 花房已先在, 相見畢. 余以朝鮮國王答書轉交薛使, 花房詫爲奇捷. 旣而入座暢飲, 花房復擧觴向薛使, 以約事速成爲賀. 薛使謂, 此由中國李傅相主持之力, 又得馬觀察善爲介紹, 故便利若此. 花房聞之, 詞色漸沮. 散席, 回舟. 李應俊復持其特命總理機務衙門大臣金炳國照覆薛使公文一通來請轉致. 蓋薛使於校閱全權字據時, 曾以照會抵朝鮮執政, 故炳國覆之. 應俊謂, 昨金宏集復命王京, 與花房義質遇諸途, 花房向叩約款, 宏集謂換約後乃可宣示, 花房頗有不豫色云. 四點鐘, 偕丁軍門答拜花房於其船, 薛使亦至. 坐定, 其船主旋來道礮位不備, 不能升礮之歉. 蓋西洋水師成例, 凡兵船升礮者, 必有邊礮六門. 日船僅邊礮四門, 於例不能升礮也. 少頃, 回舟, 遣管駕官持金炳國照覆公文送交美船. 是晩, 檢點行裝, 擬遲明赴朝鮮王京.

初八日, 晨霧. 八點二刻, 偕禹亭軍門及秋樵率僕從六名, 差弁四名. 習流軍十二名至濟物浦, 舍舟登輿, 儀衛如初赴仁川時, 增以鼓吹一部. 行三十里, 過星峴山, 山隷富平府治, 高約百丈, 輿夫登陟, 喘汗雨下, 前驅軍士按轡徐行, 蠕蠕然若蟻緣垤. 又十五里, 至梧里洞食, 已十二點矣. 飯畢, 復登輿, 行二十里, 歷楊花津, 抵漢江. 江無巨艑, 以小舟四艘, 兩兩比屬, 四圍設屛, 上覆以頂如亭式, 紆徐而渡北岸, 渡側石壁數仞, 臨江屹立, 崖麓樹影中, 飛宇翼然, 隱約可見者, 則江亭館也. 復行十五里, 抵漢城. 城爲古朝鮮馬韓之城, 因山島下甃石以城, 北枕華山, 南襟漢江, 左控關嶺, 右環渤海. 百濟中葉, 嘗都於此. 有門八, 東曰興仁, 西曰敦義, 南曰崇禮, 北曰肅淸, 東北曰惠化, 西北曰彰義, 東南曰光熙, 西南曰昭義. 是日, 余由崇禮門入, 市廛荒陋, 民居湫隘. 都人士觀者如堵, 而婦女絶少, 閒有一二老嫗, 皆衣褏衣覆頂, 側立遠視. 歷里許, 至南別宮居焉. 宮在南部會賢坊, 本小公主宅. 從前詔使舍於太平館, 在西部養生坊. 壬辰兵燹, 公私廬舍, 蕩然灰燼, 此宅以倭將所居見遺. 癸巳四月, 李提督如松復京城, 館於此, 遂爲詔使所止. 今稱南別宮. 屋宇宏敞, 擬於王宮. 余與丁軍門各處一堂, 皆布席蔽地, 中設公座. 座後列屛爲障, 左側爲臥室, 中懸紗幔, 室內置榻, 高不及尺, 圍以短屛, 榻前列矮几一, 上庋木匣貯文具, 以備筆談, 盤盂爐鼎均備. 入館少憩, 伴接官趙準永及李應俊諸人先後至, 因偕丁軍門先以銜柬往候國王, 訂翌日進謁. 晩九點鐘, 國王遣左承旨趙秉鎬持帖起居, 謂諏吉於十三日相見. 余謂, 事冗不克久留, 無已, 則以初十日爲期, 託其轉達國王. 趙秉鎬辭去, 韓文奎復以國王命求璧銜柬. 是日適値佛誕, 國俗以其夕爲燈節, 黃昏後, 火樹銀花, 滿城開放, 而國王與其世子亦遣內侍持宮燈四懸來贈.

初九日, 晨, 登明雪樓閒眺, 見棟宇間木刻櫛列, 皆從前皇華莅止時留題篇什. 其詩多道國家綏靖藩封之意, 與朝鮮服事上國之忱, 想見其國之君長累世恭順, 宜一旦有事, 朝廷不忍以度外置也. 十點鐘, 日使花房義質遣參贊近藤眞鋤適館, 請來見期. 余謂, 卽日出拜申·金諸人, 當順道往訪. 近藤眞鋤辭去. 一點鐘, 申·金二使來謁, 與金宏集筆談通商事宜. 宏集呈條約冊子, 詢未諳各節, 手批答之. 二使聞余將往拜, 固辭. 余謂, 輿馬巴[32]備, 無庸固辭, 且余亦將假此一出遊覽耳. 於是二點鐘, 遂偕丁軍門先出敦義門, 訪日使於淸河館, 館在盤松洞門外, 淸泉噴流爲池, 廣約數畝, 新荷出水, 乍解搖風. 館內正室曰西爽軒, 公使居焉. 左曰天然亭, 右列四宇, 隨員及差備官·通詞舍之. 後一榭曰淸遠閣, 可供遊息, 地勢居高臨下, 俄視城中數萬家, 如在几案, 顧屋宇狹小, 遜南別宮

32) '巴'는 '已'의 誤字이다.

遠甚. 坐談, 少頃, 復命駕至申櫶宅, 則金宏集·徐相雨俱在. 蓋兩君恐余往拜, 故均集櫶宅迓阻. 相與問訊畢, 櫶率其子若孫, 導游園亭. 園有晩香堂·御書樓·見山亭·閒琴堂諸勝, 雖臺榭不多, 而水木明瑟, 頗饒野趣. 其幼孫年十一歲, 著茜衫隨行, 問讀何書. 曰≪通鑑≫. 問經書卒業否. 曰, 東國訓蒙之法, 童子入塾, 首讀周興嗣≪千字文≫, 次卽授以≪通鑑≫. 經書則俟文理略通後乃讀云. 六點鐘, 歸館. 九點鐘, 國王遣右承旨金晩植持帖請翌日申刻相見. 余語晩植, 歸告國王, 前已由陪臣代請聖安, 此次相見, 第賓主長揖而已.

初十日, 凌晨, 金宏集以國王命來館, 密商事件, 延入筆談良久. 金曰, 小邦地褊民貧, 邇來經用實絀, 欠項頗多, 日人或有願借之意, 然此事旣出於不得已, 則無寧仰請於上國耳. 忠曰, 借貸之事, 所係甚重, 用之善則國受其利, 不善則反受其害. 以國乞借, 其法創自外洋, 往往藉此以富國, 亦有因之以弱國者. 但外國借債, 借之於民, 卽向他國借債, 亦借之於他國之民, 從未有向他國政府告貸者. 向一國政府告貸, 勢必受其要挾. 由此以觀, 則日人願借之意, 甚屬可慮. 我中朝屢有洋商欲借款項, 而政府屢却之者, 防後患也. 然我國繁富, 籌款甚易, 貴國貧瘠, 欲求富强, 不得已而出此一擧, 良以時勢使然. 然告貸之先, 當籌所以告貸者, 所辦何事, 果爲民興何善擧. 知所辦之事, 果爲民有益, 可以裕商, 則願貸者不乏其人, 雖千萬百萬, 可以一呼而至, 且利息甚微, 何則, 以貸主知異日之必能償還故也. 金曰, 所敎周悉, 籌款事, 惟礦山可議, 日人自立約後, 卽要求開礦, 然敝邦恐其欺挾, 至今不准, 願請中國礦師設法創行. 忠曰, 貴國富有五金礦, 日本·俄羅斯久已垂涎, 創始之先, 必須踏勘着實, 何處有何礦, 何處礦苗最旺, 然後擇其易於開採者先辦, 如是而後, 可籌款以爲興辦, 貴國貧瘠特甚, 欲藉此法以爲富强，聞之不勝欣喜，歸當稟請傅相，先遣礦師數人，踏勘礦山，礦山果旺，必當爲貴國籌一至當無損之道，以借款項，百萬千萬措借亦易易也．金曰，現領選使在津所辦器械，若得傅相求一方便法，俾有購資，尤幸，敝邦包蔘稅有歲課，亦可按年歸償耳．忠曰，包蔘之稅，何處撥還．金曰，包蔘稅，係義州府柵門接界所徵收耳．忠曰，領敎，但借款一事，不可不愼爲貴國謀，切勿墮日人計，至囑，至囑．丁軍門偕友人策馬往遊南山，宏集去，徐相雨來，復與筆談，因留之飯，方擧箸而丁軍門歸，頗述南山之勝．飯後三點鐘，伴接官趙準永偕司員四人來請赴王宮，遂偕丁軍門著行裝登輿，行二里許，至新宮．入門，兩旁古樹參天，中擁石道，過勤政殿，至協陽門降輿，入次．次以屛風支成，如兩室狀．於次進茶果二道．從官呈接見國王與王世子儀註四冊．導入便殿，至東楹外，國王出就西楹，東向立，揖讓而入，登殿行揖．禮畢，就坐，提調進揮巾，尋跪獻茶果兩道，進退周旋，均以樂節之．譯官四人，著四品服，奔走傳語，所言者寒暄而已．殿中袍笏森立，金宏集·趙秉鎬·趙準永均在．國王年三十餘，冠翼善冠，服袞龍袍，龍四爪，甚灑落．提調行禮，有參錯者，率親加指示，且時與近侍及諸臣談笑，諸臣亦得於王前偶語，狀如家人父子．蓋其風氣近古，故上下之情易通．凡白事者，夜三漏猶接見焉．須臾，禮畢樂止，起座辭出，國王送至楹外，視余與丁軍門出門，猶拱手以立．至協陽門，入次，小坐，金·趙諸人均來問訊，王叔興寅君李是[33]應與王弟載冕，亦至次款語．少頃，復出，至王世子處行禮，與國王同．世子年九歲，眉目穎秀，被服如國王，二中官擁之坐，問答聲均自座後出．禮畢，復至協陽門，登輿歸，而王與世子均遣中使送筵席至，羅列盈室，臭味不可嚮邇．繼

33) '是'는 '最'의 誤字이다.

復饋方物, 固辭不獲, 乃受數種. 時已十二點鐘矣. 方解衣就寢, 而中使又至, 詢之, 則國王遣慰留少住數日者, 亟起辭之. 使者去, 復臥, 則中使復以國王命持千金爲贐, 余倦甚, 偵知丁軍門已醒, 令人囑其起辭, 峻拒再三, 乃肯持去, 而牆外雞聲膈膊爭唱, 蓋夜漏已五下云.

十一日, 晨六點鐘, 遣人持銜柬至國王與王世子處辭行, 國王與王世子亦遣趙秉鎬賫帖來送. 無何, 金宏集·徐相雨諸人先後至館候送, 申櫶以老病, 遣其子來代之. 九點鐘, 起程. 至漢江渡, 時日使花房亦遣隨員持刺追送. 十二點鐘, 至梧里洞, 食. 三點鐘, 至富平, 易轎而馬, 疾馳三十里. 四點一刻, 抵濟物浦. 丁軍門躍馬先至, 知英國兵船二艘, 一名味齊朗, 至自長崎, 十二點鐘下椗. 一名賽得落, 至自津門, 一點二刻下椗. 尋登舟, 而英國駐京參贊懋德偵余歸, 先以一書請見, 未幾卽攜傅相函至, 叩余行期. 答以遲明卽發. 則固留. 余謂, 俟讀傅相函後, 再定行止. 懋德辭去, 讀悉書意, 旋至味齊朗兵船答拜懋德, 兼晤其議約使臣水師提督韋力士, 告以暫緩起程. 韋使略詢薛斐爾先後議約情事與所開口岸, 小坐, 回舟. 七點鐘, 伴接官趙準永登船送行, 留之晩膳, 本傅相意作書, 致申·金二使, 俾轉達國王, 交準永, 令星夜賫去.

十二日, 晨七點鐘, 李應俊至. 先是國王以條約照會等稿備文, 令應俊附便船至津, 賫呈禮部及北洋通商大臣衙門. 比至舟, 知英船東來議約, 遂立回王京面陳. 十點鐘, 韋使來拜余與丁軍門, 幷託向朝鮮代購兩船食物. 行時, 升十五門礮送之. 十一點鐘, 申·金二使及趙準永以禮來饋, 巽辭卻之. 午後二點鐘, 懋德來舟, 索觀美約洋文稿, 檢出予之. 談次, 因述其舟甫至時, 日船遣人叩東來故, 答以與朝鮮議約, 將俟馬觀察回舟, 請爲介紹. 日人聞之, 慚恧而去.

十三日, 舟中無事. 午後, 偕丁軍門剌小艇往遊舞雌島, 返至永宗島, 有僉使在焉. 爲言島中舊有城壘, 置永宗鎭以守. 七年前, 日人因約事尋衅, 以巨礮轟塌之, 今永宗鎭遂移居山巓. 四點鐘, 回舟. 英船賽得落忽起椗駛出, 詢知將至大靑島, 調測量船來朝鮮測量海口. 晩七點二刻, 偕丁軍門赴韋使宴, 席間談笑甚歡. 韋使欲將美約略爲增減, 余堅持不得一字更易, 其後竟如余言. 歸時, 已九點二刻. 國王復遣韓文奎·高永周來舟挽留, 并條詢英約各節·知其國已派兵曹判書官一品趙寧夏爲議約大官, 偕副官金宏集·從事官徐相雨·伴接官趙準永, 卽日馳至仁川, 訂翌午登舶, 面請機宜. 寧夏, 年三十餘, 大王后之姪, 與國王爲中表兄弟.

十四日, 晨, 英參贊懋德來商條約事件. 十二點鐘, 朝鮮議約大官趙寧夏·副官金宏集率從官諸人來舟, 留之飯, 與寧夏筆談. 李應俊尋賫其國王咨北洋大臣曁禮部文件, 內有轉請奏留持辦等語, 至自王京. 二點二刻, 偕趙·金諸人赴英船拜韋使, 議及條約, 辯論再三乃定. 韋使謂, 俟繙譯官自申至, 卽訂期畫諾. 回舟, 復與寧夏筆談. 先是傅相手諭謂, 望日由津門啓節南旋. 玆朝·美事蕆, 而英約亦大概將成, 因議令揚威快艦於遲明駛赴煙臺, 以迓憲節, 并乘便添備食物. 趙·金二使請順攜李應俊賫文前往, 許之. 晩膳, 上傅相稟, 并鈔呈筆談. 略云, 忠於本月初四日, 肅泐寸稟, 交鎭海兵船, 賫送回津, 旋於初六日, 高·美兩國使臣就濟物浦支立帳房, 會集畫押, 當將朝鮮國王照會與國書條約等件并交美使, 美使卽於初八日起椗歸國, 忠亦於是日偕丁提督同赴漢城, 初十日, 見朝鮮國王於便殿, 行賓主禮, 十二日申刻, 回舟, 則英國使臣韋力士先於日午乘兵船駛至漢江口, 傍我舟下椗, 尋遣其參贊懋德來詢行期, 告以明日起椗, 遂殷殷挽留, 囑爲介紹, 并交出憲台鈞函, 莊誦之餘, 就函中大意, 卽夕書屬申·金二使臣, 囑其轉達國王, 妥速計議, 嗣復與韋使論及約內第一條, 韋使謂, 威使在津與中堂言明一切, 條約均照美國辦理, 至朝鮮爲中國屬邦, 素奉中國爲主, 美國如何辦理, 英國亦應照辦, 若必列入約內, 則未奉本國電復, 斷難擅允, 忠因思條約僅係兩國使臣所議, 照會則由朝鮮國王向英國君主自行聲明, 似尤覺正大, 且此條美國旣不允列入約內, 使英國允之, 則不特於平行有礙, 亦且將貽笑他人, 度其意斷難聽從計, 不如仍依美國成例, 令朝鮮國王於議約前, 先備照會聲明, 而朝鮮國王亦甚欲約事速成, 卽於十三日派兵曹尚書趙寧夏爲大官, 經理機務事金宏集爲副官, 來與英使會議, 今午後登舟來謁, 旋與同赴英船, 與韋使相見, 韋使初膺使事, 諸務未諳, 狐疑特甚, 云, 美國約略舉大概, 似涉掛漏, 擬從中添註數條, 以期周密, 忠告以此係初次立約, 僅能略舉大概, 俟五年後, 彼此交誼審熟, 然後乃可商量損益, 向來各國立約, 均係如此, 因爲之反復開陳, 其參贊懋德亦明決善斷, 復從旁代爲剖晰, 於是韋使乃無異言, 大約一切可照美約定擬, 惟俟英國繙譯官到, 方可擇期畫押耳.

十五日, 晨六點鐘, 李應俊來, 尋附揚威西渡. 交到津海關道周玉山觀察書, 書由陸路遞來, 乃上月二十一日自津門封發者. 八點二刻, 丁軍門乘小火船往測漢江. 三點鐘, 韋使遣隨員來告賽得落兵舶將至, 至卽逕赴煙臺, 倘有信件, 可便將去, 因以一函答玉山觀察. 四點二刻, 韓文奎持其國王照會英國君主公文至, 暫留余處, 俟簽押日復由朝鮮議約大副官交韋使賫歸. 五點鐘, 賽得落兵舶進口, 尋卽駛去. 六點鐘, 英國測量船名飛魚者至自大靑島. 八點二刻, 丁軍門回舟, 道, 漢江兩岸, 風景劇佳, 而江華居民稠密, 亦復不減漢城云.

十六日, 午前九點鐘, 英參贊懋德來舟問訊, 繳還美約洋文稿, 謂繙譯失期不至, 焦急殊甚. 午後無事, 乘小火船趁潮偕友人往遊江華, 初歷舞雌島, 次下鶴舞, 次虎島. 島僅一礁石, 狀若伏虎, 日本所繪朝鮮圖, 以虎島置漢江口, 係屬舛午. 漢江口右側大島, 蓋永宗島也. 次西湖里, 村落綴山麓, 蕭疎淡遠, 殊有畵意. 次至上鶴舞, 山窮水盡, 前若無路, 復行四五里, 則兩山對峙, 中通一水, 曰孫突項, 爲漢江入海關鍵. 朝潮夕汐, 至此一束峽, 勢峭立如門戶, 水經其間, 不得速出, 奔騰噴薄, 聲殷怒雷. 且其下暗礁林立, 利同劍鋩, 三南稅船[全羅·忠淸·慶尙三道在朝鮮南境, 國人稱爲三南], 至項外, 必俟潮滿乃過, 否則率遭觸損, 號稱天險. 相傳朝鮮太祖嘗乘舟至此, 欲鼓棹逕過, 舟人皆諫, 不聽. 有孫姓者自斷其手以進, 太祖懼, 乃候潮而濟, 故至今以孫突名焉. 越項則江面陡狹, 兩岸皆山, 甃石爲壁, 間以礮壘, 如長虹起伏. 三點一刻, 至鎭海樓, 登岸入石壁門, 距江華猶十里, 無輿馬, 緩步以進, 陟高嶺, 見雉堞參差, 知爲江華城郭. 尋池下, 行山谷中, 雞犬連村, 桑麻被野, 殊有太平景象. 十餘年前, 佛郎西人嘗兩入其境, 今乃完善如此, 意當時固未甚蹂躪與. 未幾, 入城, 其門額曰江都南門, 城中亦皆茅屋. 過閱武廳, 憊甚, 小憩. 索三馬乘之, 至留守署. 署踞山腹, 廳事軒敞, 周覽城郭, 皆因山高下爲之, 如漢城制. 山之最高者曰牟尼峯, 府置留守官爲一品大員, 非親貴不得居, 任此者恒處漢城, 歲中間至其邑而已. 今留守李載元, 王從兄也. 蓋江華自我朝龍興時, 以兵伐朝鮮, 國王嘗兩遷其地, 遂爲重鎭, 防禦之嚴, 爲國中第一. 時有從官崔姓者來見, 具酒食款留, 以日暮策馬去, 至鎭海樓, 已六點鐘矣. 適潮落, 小火船駛甚速. 八點二刻, 回舟.

十七日, 十點鐘, 趙寧夏遣韓文奎來假小火船赴通津訪友. 十一點鐘, 英參贊懋德來議約事. 一點鐘, 偕友人刺舢舨游月尾島, 見五色芍藥, 翦數枝, 歸供膽甁, 晩接趙寧夏書, 謂午疾作, 未赴通津, 火船遣還, 謹以一函附謝云. 嚮夕, 雨.

十八日, 大雨, 竟日無事.

十九日, 晴. 九點二刻, 懋德復來議事. 十點鐘, 登舵樓, 見煤煙一縷自天際起, 以遠鏡測之, 知爲揚威入口. 十二點一刻, 揚威下椗, 葛雷森來, 攜家書一封. 詢知十五日起椗後, 於次晨四點鐘駛過成山岬, 緩輪行, 十點鐘至煙臺, 探悉傅相乘保大輪船, 於昨日三點鐘出攔江沙, 廻旅順而南, 不入煙臺口, 故途次相左. 因以文件交文報局寄津投制憲, 復鼓輪東渡煙臺, 食物購至, 乃邀英提督韋力士·參贊懋德及其水師官三員, 於翌午宴敍.

二十日, 晨, 趙·金二使遣韓文奎·高永周來問訊. 十二點鐘, 復見汽船進口. 一點鐘, 韋使等來赴宴, 甫入座, 則報法國兵舶至矣. 旋接其駐津領事狄龍書, 謂, 攜有北洋大臣函件, 請來舟面交. 韋使聞法舶之至, 恐其後來居上, 遂不及待繙譯, 卽席訂翌午簽押. 二點二刻, 客散, 狄隆來謁余, 兼拜禹廷軍門, 交到制憲函件, 略談辭去. 余卽登岸晤趙·金二使於仁川館, 爲告法舶東來意, 并語以明日朝·英簽押事宜, 與兩使筆談甚長. 七點二刻, 辭回, 以日暮, 易輿而馬, 疾馳以歸, 至舟已九點鐘矣. 無何, 狄隆復來訪, 與促談良久而去. [筆談. 忠曰, 朝使一聞法國之名, 卽皇皇然以傳教爲慮, 隱有不願與貴國立約之情, 緣朝鮮最忌傳教, 故現與日本重議通商章程, 有一款內載將教書與鴉片煙幷禁, 如有攜入各口者, 罰其物主, 併將其物當衆燒燬之語, 且貴國先有傳教士潛入朝鮮, 以致同治七年, 入踞江華之事, 後經余再三責導, 謂法國此來非爲傳教, 志在通商求好, 朝使方允, 將貴國行將締約之意, 馳告國王, 定奪朝使. 又云貴國此來, 雖以通商爲名, 禁教之事, 不得不設法聲明云云. 狄曰, 禁教一事, 吾國萬萬不能允行, 欲以吾國萬萬不能允行者格外提明, 豈非明明拒我乎. 忠曰, 禁教之事, 若在十年以前, 貴國固難允從, 但刻下貴國政已變, 上下議院中, 維護傳教者寥寥數人, 而秉國政者多非其黨, 若與朝鮮立約, 載明禁教一節, 貴國政府, 必不深咎. 狄曰, 吾國政府, 雖于傳教一事, 不甚關切, 然若以禁教二字形諸公文, 必致激成吾國人民之公忿, 故執政者必不能允行也. 忠曰, 子知貴國民情之可慮, 抑知朝鮮民情之尤可慮乎. 前日往游江華府, 與其官接談, 尚以貴國前踞江華之事爲憾, 且謂此皆由傳敎所致, 余居此一月, 與其官員來往, 無不以傳敎·鴉片煙爲大戒, 前國王禁敎甚嚴, 外洋敎士屢遭殺戮, 至今猶盛稱之, 今則時局一變, 其國王有意外交, 而老臣皆以爲非, 王叔李昰[34]應尤力持以爲不可, 幸國王明決, 已與英·美立約, 故遣來議約者, 類皆少年心腹之人, 國之老臣, 屛不與議, 今貴國來此, 朝鮮臣民皆知貴國以傳敎爲務, 若不明爲禁止, 則有拂朝野公論矣. 狄曰, 事雖如此, 傳敎之事, 可如英·美約內不必提明, 如欲提明, 微特吾國難以允從, 卽歐美各邦, 莫不以爲大恥, 若悉照英·美條約定議, 余卽可暫行代寶公使簽押. 忠曰, 現在朝鮮使臣專派與英議約, 豈敢與貴領事簽押. 況暫代秉權大臣簽約, 并未見有公法載及者. 狄曰, 簽約不能, 還乞貴道請朝使敍一函, 內稱願與吾國議約, 其約款悉照英·美定議云云. 忠曰, 朝使非奉國王特命, 不敢私與外人交談, 況致書乎. 狄曰, 若國王已允吾國議約, 朝使卽可致書于我乎. 忠曰, 彼非奉有國王特諭, 與某國議約, 决不敢以書札相往來也, 無已甚[35]領事致余事照會, 余卽以照會之意函致朝使, 俟朝使復余後, 余再移覆貴領事, 是爲正辦. 狄曰, 此法貴[36]善, 使日朝明[37]至舟, 乞由貴道引余一晤, 庶可回覆賽大人, 謂至此已面見朝鮮官員矣, 至禱至禱. 忠曰, 俟朝使明日至舟時, 當婉爲介紹.]

二十一日, 晨九點二刻, 懋德來議兩國使臣官銜字樣. 十點二刻, 偕丁軍門答拜狄隆於其船, 略談卽歸. 十一點三刻, 趙·金二使率從官來舟, 款以飯, 與之筆談甚長. 二點二刻, 兩使先辭去, 至濟物浦賬房候押. 三點鐘, 韋使率舢舨四艘向岸疾駛, 余亦偕丁軍門乘舢舨尾至. 登岸, 入帳內小憩, 兩國使臣尋中坐簽押, 一切如與美國定約時. 押後, 韋使向余再三申謝, 英船未孔礮, 以舟小礮位不備故也. 六點鐘, 回舟, 晚膳後, 狄隆來訪, 探問其事, 十點二刻去. 解衣就寢, 而

---

34) '昰'는 '最'의 誤字이다.

35) '甚'은 '貴'의 誤植이다.

36) '貴'는 '甚'의 誤植이다.

37) '使日朝明'은 '朝使明日'의 誤植이다.

朝鮮人復至, 持交周玉山觀察書, 詢知爲李祖淵由陸路攜來者.

二十二日, 晨四點二刻, 英提督韋力士乘味齊朗兵船駛去. 十點鐘, 金宏集偕徐相雨諸人至, 知趙寧夏於昨日簽約後, 卽馳回王京復命, 幷啓國王以余不日西渡之信. 初, 國王遣派趙·金二使與英國議約, 諭中卽有飭二臣, 固留上國星槎之語, 後復另諭飭留. 玆余欲廻舟, 故寧夏返漢城禀命云. 因留金宏集午飯, 宏集向余詢商務, 又出與日使花房義質所定通商章程一冊, 手批答之. 飯時, 報鎭海至自津門. 無何, 陸管駕倫華持玉山觀察函至, 閱悉津門近狀. 二點鐘, 狄隆至舟, 余卽引與宏集相見, 坐間以法語爲宏集代達壹是, 良久狄隆乃去. 復與宏集筆談, 言英·美和約已由中國介紹, 如他國踵至, 宜以轉請中國先容辭之, 方不受其欺挾, 宏集稱感不已. 時又報有英國兵船名基得落斯者, 自長崎至, 已下椗矣. 未幾, 英國駐日神戶領事亞斯登持懋德一函來見, 詢係駐日公使遣之西來襄贊約事, 與味齊朗遭於道, 故懋德作書令其來見. 亞斯登攜有朝鮮人衣日本服色者, 宏集等見而惡之, 屛弗與語. 五點二刻, 宏集辭歸仁川, 而港內英船三艘, 法船一艘, 知我於質明起椗, 各船主皆相繼來送. 余卽刺舟答拜亞斯登, 談次知其在神戶已與家兄相伯相識. 尋回舟, 而日本領事近藤眞鋤至自王京, 投刺請謁, 微詢英·美約本. 余以他語掩飾之, 因卽辭去. 初, 日本朝聞中國派人襄理朝美約事, 特遣花房公使馳至, 意在居間市惠. 一月之閒, 美·英事蕆, 而約本尙未一見, 數廹朝鮮政府出示, 均以未經批準, 不便宣示辭之, 故日人悵悒殊甚. 七點鐘, 狄隆復來, 云其兵船於詰日逕赴長崎, 欲附我舟西渡. 飭揚威備客艙居之. 七點二刻, 伴接官趙準永來舟送行. 是晚, 各國兵船皆鼓樂酣歌, 以賀成功云.

二十三日, 淩晨三點二刻, 趙寧夏遣人持函來, 云回自王京, 國王仍飭固留, 聞星槎卽發, 弗敢再瀆, 惟冀不日重臨, 則敝邦邀福無量, 頃以道路奔馳, 委頓已甚, 罔克趨送, 謹獻數物將意. 與禹廷軍門答刺辭之. 五點鐘, 起椗, 威遠停泊匝月, 船隨潮汐轉, 鏈纏於錨十數圍, 倉卒莫能遽解. 鎮海駛稍緩, 且螯水不深, 可逕行取疾, 丁軍門升旂令先行. 六點鐘, 日本兵船起椗, 絶駛而過. 無何, 我舟錨解, 鼓輪進發, 揚威尾之. 行數里, 見日船停輪, 乃軼過之. 蓋日船錨鏈未解, 欲爭先他國, 弗顧而駛, 卒以牽掣難進. 天下事有欲速反遲者, 皆日船類也. 法船亦相繼起椗, 十二點一刻, 出口, 雨風自船尾來, 浪靜舟穩.

二十四日, 晨三點二刻, 至成山岬. 十一點, 至煙臺, 停泊添煤, 繕稟上傅相. 略云, 朝·美約事定議後, 曾上一稟, 飭揚威快船賚呈. 該船於十六日駛抵煙臺, 憲臺已前一日鼓輪逕南, 當將稟件交文報處賚投振憲轉遞矣. 前稟發後, 原議俟英繙譯至朝鮮, 便可簽押, 乃遲之數日, 繙譯不至, 因復略生枝節, 欲於約外另備照會一通, 聲明約內未及詳載者三節. 忠査所開各節, 尙無違礙, 而測量一事, 尤於中國有益. 蓋朝鮮各口, 此後皆中國兵船所至, 得英人測量後, 繪一詳審海圖, 便可坐享其成, 遂爲轉告朝鮮趙·金兩使, 兩使亦請於國王, 照准咨覆. 二十日, 忠邀英使韋力士在舟午飯, 忽報法國兵船進口, 韋使恐法人後來居上, 遂不復待繙譯, 卽席定於次日畫諾. 忠尋由法國領事狄隆處, 奉到振憲書函, 謂, 寶使遣狄隆東來, 先達通好之意, 囑忠設法先容, 幷指示朝鮮將該國傳敎爲難情形, 詳細告知狄隆, 俾回稟寶使商定辦法, 然後再赴朝鮮立一通商妥約, 而不及傳敎, 以免日後衅端. 忠遵於是日往晤趙·金兩使於仁川行館, 代達法船東來大意, 且謂朝鮮旣與美·英通商, 似難獨拒法國, 好在刻下尙非立約, 若其間不便之處, 儘可向狄領事先期直陳. 兩使謂, 朝·法向無往來, 且言語不通, 雖欲有陳, 無由自達. 忠因議令趙·金兩使. 以一書與忠, 云忠旣爲狄隆向兩使代達通好之意, 故兩使亦覆書以所答之意託忠, 轉報狄隆焉. 惟禁敎一節, 辦理頗爲棘手. 是晚, 歸自仁川, 卽與狄隆反覆陳說, 謂朝鮮所以不願與法國立約者, 徒以傳敎一事, 今欲立約, 必須禁敎. 狄隆謂, 敎可不傳, 而明禁字樣, 斷不能形諸筆墨, 無已則照美·英辦法, 彼此均不提及乃可. 忠因思敎事, 最爲西國所重, 若以明禁字樣, 形諸筆墨, 微特法人引爲深恥, 卽美·英各國, 亦皆必不允行, 誠有如威使在津所言者然. 若仍照美·英辦法, 彼此均不提及, 又恐法人將來乘隙而入, 致滋後患. 遂於二十二日邀朝使與狄隆共集舟中, 將朝鮮傳敎爲難情形, 當面代以法語詳細告知, 而函內則第稱朝鮮向來未通外交, 國事民情, 多有與他國不同之處. 此英·美國二約, 均於朝鮮國事民情毫無窒礙, 法國若要與朝鮮立約, 願悉照美·英約本定議, 而換約後, 所行各節則皆按照約內議定條例辦理. 如此, 則於法國體面無礙, 而朝鮮不准傳敎之意已隱寓其中. 昨已將書函抄稿, 移交狄隆, 令歸報寶使, 而英·朝約事, 亦已於二十一日在濟物浦支帳簽押, 其聲明屬邦照會, 亦如與美國定約時, 一幷交英使賫歸. 朝鮮國王恐他國踵至, 固留忠暫緩回舟, 爲之終始其事. 忠以美·英約事已蕆, 而法·德·俄議約使臣亦均未至, 居留以待, 似於體統有失, 遂於二十三日起椗西渡. 瀕行前一日, 語朝使令轉告國王, 云刻以要務暫歸, 如他國續來, 卽告以朝鮮不諳外交, 約事多由中國主持, 今欲與朝鮮立約, 可先赴津門商請北洋大臣派員莅盟, 方可定議. 庶朝鮮爲中國屬邦之義, 亦將於是益明矣. 計此後續來各國中, 如法國大局已定, 自由中國主持. 德國亦與朝鮮言語不通, 文字不同, 斷難對面立約. 惟或逕至朝鮮, 邀日人介紹, 乃爲可慮. 顧念德國如照英·美成約定議, 則日人必不肯代達, 若仿日約成例, 則朝鮮亦必不肯允行, 勢非仍請中國莅盟不可. 俄國或未必來請於我, 然忠已將利害語之, 將來俄人雖不來請,朝鮮亦必來請也. 今已於二十四日駛至煙臺, 復接振帥來函, 抄示總署. 又十九日函稿內云, 寶使於十六日遣繙譯官至署, 請函致張制憲, 再將法·朝議約照美約不增不減不改之意, 加函寄交馬道. 本署答以寶大臣旣託威使與北洋大臣商定辦法, 可不必再由總署寄信. 寶使聞言始而忿爭, 繼而婉懇, 謂此事始終未託威使一字, 伊從中招攬, 誤我要事, 所說不足爲據, 惟求總署再將此意詳致北洋大臣. 相與辨駁許久, 寶使堅辭相求此事, 法·朝議約照美約, 而不提傳敎辦法, 前次函商, 諒臺端早經閱悉, 希將此意函知馬道等語. 十七日函稿內云, 英·德旣云悉照美約, 法使今亦有照美約之言, 若與於法國添入不准傳敎條款, 無論法國傳敎士最多, 且用意最專, 必不答應, 且卽勉强答應, 而美·英·德等國, 亦各有敎士, 見法獨添此一條, 將謂靳於法而不靳於我, 轉滋糾轕, 不如准其仍照美約依樣葫蘆, 渾然無迹. 飭忠遵照函內事宜開導朝鮮, 與狄領事相機商辦, 玆忠已返至煙臺, 而狄隆亦已歸報寶使, 其如何辦理之處, 當俟回津後, 再聽振帥與總署商定. 第念忠前當甫行東渡之時, 於照會聲明一事, 深慮朝鮮不遵, 美國不收, 乃抵朝以後, 辦理俱皆應手, 而英·法續至, 亦復無甚掣肘, 此殊可幸耳.

27

東行續錄

丹徒 馬建忠 著

壬午夏五月朔, 復奉東行之檄. 初, 余之西渡也. 朝鮮國王知約例既開, 請款者必且踵至, 咨商北洋大臣張制憲樹聲, 請余遍莅諸盟, 制憲據情入告, 朝議允之. 故於德國使臣巴蘭德之東, 復檄余偕丁禹廷軍門率威遠·揚威·超勇三船以往, 與巴使會於煙臺. 於是初二日晚十點鐘, 與友人呂秋樵乘鐵龍小火船啓行.

初三日, 晨五點鍾, 至大沽船塢, 巡視廠棧. 勾留半日, 丁軍門已先在. 是日東南風勁, 威遠兵船泊攔江沙外. 午後二點二刻, 邀禹廷偕乘招商局利達輪船出口. 三點二刻, 過攔江沙, 薄威遠以登, 兩船掀簸, 小有觸損. 旋飭蒸汽於六點鍾開行, 舟簸如箕, 入夜尤甚.

初四日, 晨六點鍾, 過廟島. 二點鐘, 抵煙臺, 巴使已先一日乘士鳥什兵船東渡. 南洋登瀛洲兵船, 前以總署之調泊煙臺備遣, 至是其管駕官葉伯鋆來謁請從, 往覘朝鮮海道. 因念南洋諸船尚無識漢江口者, 登瀛洲間泊煙臺, 攜之東渡. 使乘便識一海口, 或亦南洋諸當道所深韙也. 爰命添煤儲食, 備初六日開行.

初五日, 晨起, 偕丁軍門拜訪佑民觀察於其署, 兼商登瀛洲東渡事, 午後, 回舟, 飭呂官駕購辦中西酒菜, 備漢江宴客之需. 鐙下繕稟, 上合肥傅相與制憲, 報起程日期.

初六日, 午前十點鍾, 起椗, 登瀛洲尾行, 駛二十餘邁, 升旂告機器損壞難進, 威遠緩輪以俟. 其大副旋刺舢板來請, 入威海衛停泊修理, 威遠亦駛入待之. 二點二刻, 進口. 口深可容巨艦百餘艘, 當口有山曰劉公島, 居中屏立東西, 分爲二口, 艤舟者多由西口入. 東口形如箕張. 東風甚則不利泊焉. 下椗後, 偕禹廷刺舢板登西岸, 岸有市䦨, 室整潔, 狀若新造, 以石大磚, 斑駁可愛. 衛城在市南, 緣岸散步入. 城橢方形, 因山甃石以成, 頗雄拔, 民居整潔如西市. 薄暮回舟, 遣視登瀛洲機器, 還報夜十點鐘修理可竣. 因令侵曉起椗, 緩輪行. 蓋自此至朝鮮仙俠島, 距水程一百七十餘邁, 必質明乃可駛入, 故無取疾行云.

初七日, 晨六點鐘, 起椗. 九點鐘, 過成山岬, 風靜舟穩, 波紋平帖如熨, 每小時行八邁, 夜復緩輪行六邁, 約遲明見島.

初八日, 晨四點鐘, 大霧, 咫尺莫辨. 計自成山岬至此, 已行百三十餘邁, 距島當僅十許邁, 遂停輪噓汽. 八點鐘, 霧斂, 則四面皆島, 以昨晩風水助順, 軼行十餘邁, 故駛入旁島. 亟正向折行. 九點鐘, 入口. 午後三點鐘, 傍月尾島下椗. 德國士島什兵船佐領官刺舢板來勞問, 知巴使與其統領德國駐紮大東洋兵船總兵貝朗格, 先二日在口外迷霧, 一書[38]夜乃入, 至卽以文抵朝鮮政府請款, 卽午得報. 謂修好固所願, 顧本國素昧外交, 往者美·英二約, 胥上國派員蒞盟, 玆貴國兵船東來, 計使槎不日亦將續至, 屆時再議未晩也. 德船二艘, 其一名烏爾弗. 是夕, 余作書致趙·金二使, 飭仁川府使, 專弁飛遞王京.

初九日, 雨. 仁川府使鄭志鎔修迎謁禮, 阻風濟物浦, 遣通詞以

38) '書'는 '晝'의 誤字이다.

手版來告.

初十日, 微陰不雨. 午前九點鐘, 偕丁軍門往觀登瀛洲兵船. 十點鐘, 余獨棹小舟往訪巴使, 以德舶前至, 故先施之. 其兵弁站舷申敬, 談次, 巴使訂翌日午飯, 小坐, 辭歸. 見天際煙起, 知超勇·揚威入口. 先是二船赴旅順, 勾當公事, 故後期至朝鮮. 副主事尹太駿由津門附超勇東渡, 登舟來謁. 仁川府使鄭志鎔亦至, 與泰駿筆談數則去. 四點鐘, 巴使來報謁, 語及約事, 因告以此次約稿, 自應用德·漢文字, 顧余不諳德文, 當參用英文或法文爲副本俾便校對. 巴使謂, 英文約本係美國所訂, 字句生澀, 不若以法文爲副本. 惟約內須加註他日設有文詞不明之處, 以法文爲正一語. 余答以中西條約已有此例, 此次可援用焉.

十一日, 曉晴. 四舟張帆以暴. 十點二刻, 超勇取水舢板歸自濟物浦, 朝鮮通詞附函持刺盈握, 謂所派議約大副官, 於雞鳴馳至館近埠花島別將署, 先以名紙起居. 并請飭小火船午後赴埠, 俾乘以謁. 視其刺, 則大官趙寧夏, 副官金宏集, 伴接官趙準永, 從事官李祖淵, 鴻臚官韓文奎·高永周等, 諸君皆議約舊人, 新派者祖淵一人而已. 爰告丁軍門令揚威小火船, 午後二點鐘赴埠以候. 十二點二刻, 刺舢板赴巴使召, 席間略談約文, 飯畢, 回舟. 小火船自埠返, 則趙·金諸人外, 復有右承旨朴泳教, 以國王命持帖來舟慰勞, 與禹廷以銜柬答之. 旋與趙·金二使筆談, 盡紙累幅, 不覺日暮, 遂留之晚膳. 復以小火船送歸. 忽日本參贊近藤眞鋤自濟物浦寄書至, 謂頃自王京來見, 阻風浦岸, 請明晨六點鐘假小艇以濟. 因飭呂管駕屆時備舢板應之. 蓋日使花房義質居漢城, 與朝鮮重議通商條約款, 朝鮮國王派金宏集與之辯論, 閱月迄無定議, 而美·英二約已先後集事. 花房心常怏怏. 今聞德舶續至, 卽令近藤眞鋤來, 意將從旁偵探, 不知約事已議過半矣.

十二日, 晨八點鐘, 近藤眞鋤乘我舢板至於舵樓見之, 近藤眞鋤出花房公使刺, 起居與丁軍門以刺答之. 語間, 乘閒請觀約稿. 余謂, 美·英二使均與朝鮮使臣約, 換約前不得以約稿示人. 余處雖有底本, 然係咨行我北洋大臣及禮部存案之件, 未經秉命, 亦未便私以相示. 無已, 則昨於德使巴君處, 見有中德已印約文, 與朝鮮新約大略相似, 索觀甚便. 且巴君曾使貴國, 或者不忘舊好, 慨然以新約錄贈, 亦未可知, 君盍往試之. 近藤唯唯, 欲行. 余復謂, 少頃, 將偕朝鮮使臣往拜巴使, 旋返敝艦議事, 用是莫克久陪, 顧君館浦岸行人無, 乃不給於食, 請飭揚威快艦備飯以待, 事畢可往過焉. 近藤致謝, 往拜巴使. 十點二刻, 趙·金二使至, 與偕者有侍講院弼善李重七, 至王京以王世子名刺來候, 亦與丁軍門以銜柬答之. 尋偕二使赴德船, 至則德軍站舷申敬, 坐定, 各出全權字樣, 校閱畢. 趙·金二使起立, 以國王約外聲明照會捧交巴使, 請賚呈德皇. 復就坐, 開示彼此官銜, 卽由余定於十五日午前十點鐘, 仍於濟物浦支帳房簽押. 巴使喜出望外, 導趙·金二使遍觀兵艦, 已復爲影相以誌. 瀕行, 巴使請升十五礮送之. 且謂, 余水師定制, 凡兵舶入他國口岸, 未經升礮致敬其國之君臣者, 則他國官員登艦不得升礮送迎. 前君枉顧, 僅站舷而未升礮者, 職是故也. 他日重來, 則補升礮以敬. 余謂, 此細故耳, 余向來不競繁文, 殊未以是介意, 顧頃以水師定制爲言, 詎未識朝鮮照會聲明之意, 而以其國與中國等量齊觀耶, 雖然, 君他日再過我, 亦必以礮答焉. 旋偕趙·金二使返, 中流德舶升礮十五響, 停楫以待. 至舟, 款二使飯. 飯間, 筆談通商各務. 金宏集復出其與花房義質所議通商章程六冊, 囑暇時代爲點勘. 余與丁軍門因以所備饋貽國王與世子禮各八色, 託二使賚呈, 其他諸相識, 各以紈扇·時箋爲贈. 揚威大副持近藤眞鋤刺來, 謂, 十點鐘近藤與從人至舟. 飯畢, 卽登岸返王京, 留刺以謝. 四點鐘,余偕秋樵暨趙·金兩使, 挐小舟登岸. 初, 朝鮮乘馬無羈勒, 不良馳騁. 此次由津攜中西鞍轡四具至, 飭圉人配齊, 與秋樵騎行. 趙寧夏自恃善騎, 策馬請從. 行里許, 勒馬回視, 已失所在, 蓋早瞠乎後矣. 因先馳越嶺數重, 道旁稺松森立, 映日呈翠, 約五六里, 至花島別將署. 有頃, 趙·金二使繼至, 進茶以款, 小坐, 辭出, 繞道回. 至舟, 則巴使以所譯法文約稿暨另紙照會底稿, 存請校定, 燈下爲拈出法文不符者八處, 照會底稿亦略加刪削, 遣弁持還. 弁順邀巴使與其參贊阿恩德統領德國駐紮大東洋兵船總兵貝朗格, 明日午飯.

十三日, 晨十點鐘, 偕德使答拜趙·金二使於花島別將署. 巴使以照會交趙·金二使, 弁向余謝改訂之勞, 少敍名別. 一點鐘, 德使偕阿參贊·貝總兵等來宴, 甚懽. 席終, 余私謂巴使云, 丁軍門以提督統領水師, 貝君以總兵統領水師, 按各國水師定制, 總兵與提督遇, 當先謁提督, 何貝君猶未修此禮也. 巴使以語貝, 貝謂, 曩在粤東·福州·吳淞各口, 與中國兵船均未往來意者, 中國水師尚未與萬國水師公例歟. 余謂, 此南洋諸口則然, 若北洋則凡各國公使暨水師提督之入大沽口者, 固罔弗按禮升礮焉. 巴使亦謂誠然, 於是貝朗格謝過, 訂晚五點鐘戎服來拜, 尋卽辭去. 三點鐘, 國王與其世子復遣中使李敏和·金圭復, 以箑來贈余與丁軍門, 以其價値甚微, 且係方物, 遂受之, 分賜兵弁. 四點二刻, 偕友人登岸, 策馬至花島, 與趙·金二使筆談, 二使出照覆巴使底稿, 爲改訂數語. 瀕行, 寧夏謂, 頃奉政府命, 邀登瀛洲官弁十七人至王京遊覽. 先是, 登瀛洲管駕官葉伯鋆請假赴仁川遊覽, 仁川僻陋無可觀, 復請往王京一覘形勝, 謂他日舟回, 庶有以告南洋富道. 余爲告之趙·金兩使, 請於朝, 故有是命. 旋辭出, 取別徑, 越嶺數重, 至一處, 從者曰, 此走仁川道也. 爰乘興馳至府署, 見葉管駕猶在, 語以西渡期, 令於王京毋久留. 復乘月疾馳, 返抵浦, 障泥汗漬, 如經驟雨, 通詞云, 此行往返約五十里許. 回舟視鐘, 已八點一刻.

十四日, 午前九點鐘, 丁軍門往答貝總兵之拜, 且觀鎗礮帆索各操, 均極齊整, 歸時, 德船升十五礮送之. 十一點鐘, 遣小輪艇赴浦岸, 迎趙·金二使至, 則伴接官趙準永亦以國王命來璧銜柬, 尋去. 二使留舟午飯, 飯畢, 寧夏以國王命袖致密詢內政·設關·開港·電綫·採礦諸節, 屏左右, 筆談累幅. [筆談. 忠曰, 細考密詢諸節, 關係甚大, 當密稟我傳相, 代爲籌定, 惟其大端可約略言之. 首節云, 外交之際, 內政爲先. 此言深中肯綮. 蘇子云, 憂在內者, 本也. 憂在外者, 末也. 今貴國與歐西各大邦講信修睦,不過欲杜强鄰之覬覦, 此爲急標之擧, 憂在外者也. 國民貧困, 商務不興,官冗職曠, 此憂在內者也. 僕兩至貴國, 見民俗純厚, 土地肥美, 而庫藏不足, 興利無從意者, 其不均之過歟. 孔子曰, 不患貧而患不均. 均之之道, 在物貨流通, 而無壅塞不行之患. 其法宜因民之利, 大去禁防, 使民得自謀其生, 自求其利, 在上者第爲民除害, 設法鼓舞, 令民踴躍於農桑懋遷而不自知. 昔人謂, 善者因之, 其次利導之, 其次敎誨之, 其次禁防之, 最下者與之爭. 凡設法布網, 令民不得自主, 皆禁防之而與之爭者也. 草野之民, 苟可自求其利飽食煖衣, 亦何樂而爲不法, 以蹈罪戾. 故曰有恒産者有恒心. 此言信誣不也. 民苟自足, 君孰與不足. 泰西各國, 其始亦皆多設禁防, 民不聊生, 後乃翻然變計, 除厥苛政, 俾民得自主, 而國富兵强, 內外無憂. 有心世道者, 亦可識致治之本矣. 禁防旣去, 宜開學校, 造就人才, 人才旣得, 而後可變革官職, 若衣服不過取其簡便, 不必效日人優孟西衣, 爲人姍笑. 至養兵之道, 則當汰其無用, 留其精壯. 惟定律一事, 最爲至要, 其端卽在大去禁防而已. 開港設關置官, 此乃應行之事, 而電綫·郵遞, 則無事亟亟, 他日商務興旺, 自然水到渠成, 切不可效日人事事勦竊西法. 至於今電線·火車雖設, 而國帑空虛, 遂令識者病其外强中乾焉. 陽城開埠, 英人之意好在通商, 條約以五年爲限, 限滿後視仁川之埠, 設果有礙商務, 然後再開未晩. 開採礦沙, 乃理財之一法, 非理財之急務. 至如何開採, 與開採次第, 及開採集貲, 前已瀆告, 無庸另贅. 總之, 貴國王慨念時局, 發奮爲雄, 思有以改絃更張, 此乃吾東方之福, 顧念貴邦立國, 垂五百年, 臣民安於故轍. 若驟識革變, 易啓驚疑, 當因勢利導之, 使民日趨於化而不覺. 雖然, 有治法, 無治人, 法亦徒立. 貴國識時俊傑, 固不乏有. 然古來大有爲之君, 率用他國之人, 與共功名. 百里奚, 虞人也, 用於秦而秦覇. 伍子胥, 楚人也, 用於吳而吳强. 其他楚材晉用者, 史傳所載, 更難僕數. 近世泰西諸國亦然. 德之强也, 先用法人瓦代, 繼用丹人磨爾根爲大將, 遂盟長日耳曼. 俄之强也, 盡用法人·德人. 德國水師之初創也, 參用英人. 英之致富也, 以用法人都爾鄂. 何者國君欲思變法, 或重用其本國之人, 本國之人必等夷視之, 無以大服其心, 故令出難行也. 由是觀之, 則貴國不求富强則已, 貴國而求富强, 宜參用西人, 征收關稅, 講論殖財之道, 而西人有才者, 類皆傑驁, 又非貴國所可役使. 僕意宜有貴國王請一精明正直之華人, 隨時商酌各事, 弁延數西人, 令司關榷, 而以華人董其網, 然後細加考訂, 與時變遷, 此貴國最要之急務也. 凡此皆僕之私見, 尙未稟聞傳相. 如貴國王不以爲非, 歸當稟請傳相, 爲貴國籌薦一人. 此人乃貴國王所請, 非由上國遣派, 方不礙於貴國內政外交, 皆由自主之權. 僕所以亟亟思歸者, 無非欲密稟傳相, 爲貴國物色其人, 一有回諭, 定卽遣船密函飛報. 惟思築室, 必計其値, 前所云敦請華人, 雇用西人, 建立學校, 設立關榷, 大約初行二年, 每歲須費回五萬金, 以後關稅日旺, 自彌補其闕. 吾國初設關, 歲入不過七八百萬, 今已加至千六百萬矣. 不識初二年, 每年四五萬金之費, 國王以爲何若. 趙曰, 四五萬金之費, 雖屬不貲, 亦當稟明所以措辦之道.]

且爲批答與日使花房義質所議通商章程, 旋巴使送法文約本三冊請校, 趙·金二使辭歸, 因偕至其館, 爲先校華文約本三冊, 回舟. 復爲巴勘閱法文約本無誤, 隨遣還之. 附函詢詰朝晝諾, 攜兵弁若干. 巴使答書謂, 率軍士三十名, 武弁十餘名. 弁邀余與丁軍門於蒞盟後至船午餐. 爰商諸禹廷明日登岸飭帶兵弁如數, 蓋德人誇武, 亦用以耀我軍容焉.

十五日, 晨六點鐘, 我揚威兵弁攜帳至濟物浦支立. 九點鐘, 水師官領習流軍三十名, 駕舢板二艘, 鼓楫前導. 余偕丁軍門率威遠·揚威·超勇·登瀛洲諸船員弁, 令各腰劍, 刺二舢板銜行. 登岸整隊, 槍劍兩行耀日, 弁進抵帳, 則德國兵弁先在, 我兵居左, 德兵居右, 分立帳外, 如張兩翼. 趙·金二使率從官出帳肅迎, 德使亦相繼至. 坐定議簽名次第. 余謂, 漢文則朝鮮二使先德使, 德文則德使先朝鮮二使. 法文三冊, 則留於朝鮮者, 朝使先之. 賚往德廷者, 德使先之. 三使均首肯, 於是各升座僉名鈐印, 余飭從者酌酒以賀朝鮮二使. 復以照覆交德使, 德使向余致謝. 旋偕丁軍門·德使·朝鮮二使, 曁二國官弁旁立影相, 以誌其盛, 影畢, 各握手歡散. 一點鐘, 偕丁軍門赴德船宴, 宴間, 巴使謂, 亞洲各國外交, 朝鮮最後, 十餘年前, 法船駛入漢江, 兵損其半, 英船至其南, 投書不報, 美船三至而三不利. 今則數旬之間, 成約者三, 非中國傳相之力, 不及此. 座客齊聲稱諾. 席散, 回舟, 德船復升礮十五響敬余. 三點鐘, 貝總兵至揚威觀鎗礮各操, 余乘間登岸, 至花島晤趙·金二使. 二使謂, 興寅君報北洋大臣書, 詰朝可至, 乞余賚呈. 余復邀二使明日至舟午餐話別.

十六日, 午前九點二刻, 朝鮮國王與其世子覆遣中使賚帖送行, 幷謝饋禮, 亦以銜柬答之. 十一點鐘, 趙·金二使偕趙準永·李祖淵來舟, 寧夏賚致興寅君復我北洋大臣書, 旋款以飯, 飯畢, 拂箋磨墨, 邀二使書聯, 二使書皆取法松雪, 秀潤可喜, 求者爭攘取. 新派五品鴻臚官金奭準能懸腕作擘窠書, 尤勁健軼羣. 未多時, 長幀短幅, 布滿艙內. 五點鐘, 書畢, 辭歸. 余復登岸, 偕至其館, 贈言留別, 幷順將國王咨北洋大臣及禮部文件攜回. 是夕, 以約事已蕆, 偕禹廷邀各船船主大副夜宴, 禹廷飭遲明七點鐘展輪, 首威遠, 次超勇, 次揚威. 登瀛洲來自南洋, 如無事之罙, 可取道逕歸上海.

十七日, 晨六點三刻, 起椗, 四舟魚貫, 約未里許, 霧起, 德船先二刻行, 已下椗, 我舟亦相繼暫停. 八點鐘, 霧斂, 復起椗, 行未十里又霧, 前後船不相見, 各停輪噓氣以警, 歷二刻稍解, 緩行. 十一點, 霧旋散. 三點二刻, 出口. 正向, 風自左舷來, 張帆駛十邁半, 而登瀛洲與德國島爾弗兵船已在舟後, 其總兵乘巨艦名仕島什者先行. 五點鐘, 亦追及之, 夜九點鐘漸後, 不復可見.

十八日, 晨五點二刻, 過成山岬. 十二點鐘, 至煙臺下椗.

28

東行三錄

丹徒 馬建忠 著

壬午夏五月下澣, 德·朝款成, 建忠歸自三韓. 六月旣望, 以北洋大臣張振帥命, 赴南中謁合肥傅相言事.

十九日, 行次滬瀆, 奉電諭截留. 蓋以是月初九日, 朝鮮亂黨圍攻日本使館, 幷及王宮, 日人有死者. 蛉島君臣議將大集兵艦, 莅朝查辦, 我駐日大臣黎蒓齋星使電告振帥, 請派員酌帶兵輪至漢江觀變. 振帥以應否派忠前往, 商諸總署, 故先行截留.

二十一日, 奉電諭, 謂總署信至, 飭卽回津. 其明日復疊奉電諭, 令毋庸回津, 卽至煙臺, 會同丁禹廷軍門率舟師東渡. 遂於是晩登海宴船, 質明起椗.

二十五日, 晨三點鐘, 駛抵之罘, 晤禹廷, 交到函札各件, 議定翌午兩點鐘開行, 當作稟交海宴寄呈振帥. 晩, 晤東海關道方佑民觀察於其署, 託以後路. 是日, 各船購辦量餉, 裝載煤炭, 通宵未止.

二十六日, 十二點鐘, 佑民來答. 三點鐘, 偕丁軍門乘威遠先行, 次超勇, 次揚威, 銜尾而東.

二十七日, 午後, 入仁川口. 初與丁軍門約進口後, 中道至立岐島停泊, 以覘動靜. 比入口內, 則漁舟來往如常, 遂徑駛至月尾島.

夜十點鐘, 下椗, 而日本巨艦名金剛者, 已先在矣. 我舟至, 以舢板來問, 遣答如禮. 時朝鮮校理官魚允中在超勇快船, 立招來舟, 囑隨從朝人至近岸花島別將處, 詳探一切. 二點鐘, 人還, 未得要領, 因令另遣心腹明日至王京續探.

二十八日, 晨六點鐘, 允中自超勇寓書, 道國難甚亟. 八點鐘, 新任仁川府任榮鎬遣派軍校與花島別將先後來舟, 皆白衣冠. 詢爲何人持服. 以王妃薨對. 問何以薨. 以爲亂黨所驚對. 與之坐, 各筆談數則而去. 十點鐘, 日本參贊近藤眞鋤偕管領相浦紀道來謁, 謂其海軍少將仁禮景範以病弗克并至. 談次, 言及初九日遇變時事, 與所聞近日情形, 有可與允中書辭印證者, 胥默識之. 有頃, 辭去. 登艦聲十五礮, 禮丁軍門, 我舟答礮如數, 亦聲十一礮, 以禮其海軍少將. 海軍少將者, 三等水師提督也. 午刻, 復召允中來, 筆談甚長, 於此事麤得梗概. [允中筆談曰, 國王由支派入承正統, 其私父曰大院君, 性貪財色. 國王入承之時, 攬國權專, 恣奪人貨, 嗜殺人. 又與日本無端拒絶, 幾構兵釁. 其時國王僅擁虛位, 趨附大院君者, 實繁有徒. 及國王年長, 總攬朝綱, 一二臣亦協贊之, 奪其權, 革一切弊政, 與日本尋舊好, 欲聯各國以維繫國脈. 彼大院君憾於失權, 隱養無賴, 期尋禍亂者久矣. 或密藏火藥於王宮, 而放年[39]者數次, 又以暴發藥焚殺藎臣. 國王以事涉倫常, 不欲處之於法, 只翦其黨, 與誘之威之者屢矣. 於昨火[40]秋, 果嘯聚黨與, 刻日擧事, 有告之者. 幸得收捕亂黨, 而亦不窮治. 彼大院君恃其處於不死之地, 期欲擧事, 而其誘惑衆心者, 曰斥邪也, 絶外交也. 無知小民羣附之. 昨年逆謀之擧, 欲分三號, 一號直擊王宮也. 一號殺一切異趣之朝臣也. 一號殺日人也. 今日之事, 卽昨年之餘智. 大院君若在, 則人誰敢擧論外交. 聞今者亂黨先殺國王素信任之大臣, 繼入王宮, 國王及妃嬪皆奔避, 而彼大院君乃劫殺王妃, 逼返太王妃, 國王則雖不見廢, 然幽閉不能與外朝相

39) '年'은 '火'의 誤植이다.

40) '火'는 '年'의 誤植이다.

接. 朝臣涉外交者搜殺無遺, 人民皆奔避山谷, 國中一變. 今日若不亟亟調處, 日人必大發報復, 生民塗炭, 宗社將覆. 彼大院君又必廣招黴兵, 決計扼守, 而國內生靈不保, 政何以存, 亂何以熄乎.]

遂議詰旦丁軍門乘威遠回津謁振帥, 面陳機宜, 因以上振帥稟付去. 略云, 前於二十五日由煙臺肅上一稟, 呈報起呈日期, 諒塵鈞鑒. 旋於次日午後三點, 展輪東渡. 二十七日晚, 駛抵漢江口月尾島下椗, 見日本兵船一艘已先於口內停泊. 時魚允中在超勇快船, 卽傳請來舟, 令派人至近岸花島別將處, 探訪作亂確實情形. 尋據回報各節, 似事勢尙未十分喫緊. 嗣於次早復接允中來信云, 更探本邦情形, 則國勢一翻有堪痛哭者, 創亂另有其人, 朝臣之涉於外交者, 殆無孑遺. 至仁川府使亦仰藥而死, 其他可知等語. 旋新任仁川府使遣派軍校及花島別將先後來舟筆談, 該別將等皆服縞素. 問答之際, 雖未敢直斥倡亂之人, 與其王妃及各大臣被害之實, 而其呑吐之言, 已有與允中函辭脗合者. 因復傳請允中來舟筆談, 則據稱頃復著人探訪, 略得大槪, 初九日之事, 係國王生父興宣君李昰應率衆倡亂, 直入王京, 劫殺王妃, 逼歸太王妃. 國王雖未見廢, 已幽囚不與外朝相接, 搜殺大小文武之異趣, 而涉外交者殆盡, 人民率奔走山谷以避等因, 而日本參贊近藤眞鋤來謁, 亦謂李昰應因兵作亂, 往見王妃, 進酖以弑, 現在大權獨攬, 極爲猖獗云云. 伏查本月二十一二等日, 朝鮮領選使金允植致津海關道周馥書函及筆談等件, 內稱昰應聯結匪黨, 圖危宗社, 逆跡久著. 玆復據允中及該別將等與近藤眞鋤之言, 則初九日之變, 其爲昰應借淸君側之名, 翦除國王羽翼, 徐以窺伺藩位無疑. 夫朝鮮國王李熙者, 固中國大皇帝冊封以爲該國主者也, 昰應乃敢恃私親之貴, 殺其王妃, 而幽囚之, 其肆無忌憚之心, 已可槪見. 所不敢遽廢國王者, 度以人心未定, 兵力未集, 故少事遲回耳. 設中國稍從觀望, 不爲急圖戡定, 則其害將有不可言者. 惟今之計, 莫如仰懇憲臺權衡獨斷, 一面出奏, 一面檄調陸軍六營, 卽趁威遠·湄雲·泰安及招商局輪船之在津者東來, 乘迅雷之勢, 直取王京, 掩執逆首, 則該亂黨等布置未定, 防御未周, 摧枯拉朽, 當可逆計. 昨聞丁提督傳之鈞諭, 謂, 如須用兵, 必先得其國王璽書, 或臣民公狀乃可. 顧其國王方在幽囚之中, 欲以憲臺咨文送呈, 令修璽書見復, 則內外隔絶, 出入難通, 欲另作一書致趙寧夏·金宏集等, 令糾左袒臣民, 具一乞援公狀, 則寧夏等旣存亡莫卜, 而現在昰應大權獨攬, 沿途關隘及城門內外, 諒無不遍布私人. 脫事機走泄, 不特速諸臣之死, 而使該逆黨等得以知風豫防, 則將來辦理必且益難得手, 故不揣冒昧, 亟請濟師. 惟仁川·南陽等口, 距王京雖僅百里, 而遍地皆山, 亂黨易於伏匿. 進兵之際, 必步步爲營, 節節遞進, 使後顧不至貽憂, 斯前驅乃能深入, 故兵數至少須以六營爲率. 如六營不可卒調, 則請於就近無論何軍, 擇其可疾發者, 先派槍礮隊各一營, 飭令卽速前來, 先占海岸, 庶隨後各營來集, 乃可有路進取. 此外仍請函商總署, 電調南洋兵船二艘, 裝運糧餉, 兼壯聲威. 其各營所用子藥, 亦請飭軍械所分別撥運, 以資接濟. 所以爲是亟亟者, 一則恐亂黨日久蔓延, 驟難撲滅, 一則以日本花房義質及井上馨等, 不日將率領兵船大集漢江. 設其時中國仍無擧動, 彼必以重兵先赴漢城, 自行查辦, 則朝鮮國內必至受其荼毒, 而此後日本定亂有功, 將益逞强鄰之談. 中國相援弗及, 或頓寒屬國之心, 藩服將由此愈衰, 國威亦因之小損, 事機之失, 有深可惜者. 建忠本擬趁船來津, 親承訓誨, 以花房義質等卽日將至, 擬留此相機因應, 冀誘之延宕, 以待我師, 且可續探國內詳細情形. 玆丁提督乘威遠西渡, 稟商壹是, 不盡之言, 統當由其面陳, 所有朝鮮國事危蹙, 亟應濟師定亂情形. 謹縷悉稟陳, 不勝迫切待命之至. 至各營東來後, 建忠應仍留軍中襄助, 抑當卽行回津, 統候鈞示, 祇遵再繕. 稟未竟, 日本兵船二隻又至, 上載軍士多名. 計丁提督回津, 往返至速必須六日. 此間僅快船兩艘, 聲勢甚單, 恐花房來時, 意存輕挾, 乞飭各營卽速東渡. 總之, 今日之事, 早一日則多收一日之功, 遲一日則重受一日之弊. 建忠爲顧衂藩封, 保全國體起見, 故不覺言之過廹也.

再稟者, 晩六點鐘, 新任仁川府使任榮鎬來舟筆談. 詢稱, 十年山野之人, 爲國太公起用者. 乃知該府使爲李昰應黨, 因諭令派人星夜至王京, 密告執政, 令速派大員來此會議. 夫今之執政, 卽是應也. 如肯派人, 必其心腹. 刻下王京消忠[41]不通, 得其心腹前來, 亦可微覘動靜, 而復藉調停日本之設, 啗以甘言, 示以嘉惠, 冀可令其弗疑, 則隨後辦理, 或亦較易得手也.

余以日本公使花房義質且至, 獨留漢江以待. 議甫定, 而新任仁川府使至, 詢知乃初九日以後爲國太公所起用者, 令飛報執政, 速派心腹大員來浦議事, 而日本兵艦名日進者復率一商舶, 載兵七百餘名駛至. 晩繕稟上振帥, 至揚威宿.

二十九日, 晨四點鐘, 威遠鼓輪去. 十一點鐘, 日舶名日進者, 馳至港口停泊. 十二點鐘, 魚允中來, 方與坐舵樓少敍, 復見日本商舶駛入, 主桅懸國旗, 知花房至矣. 無何, 遣其通詞來起居. 余謂, 此次貴公使頗受虛驚, 少選當登舶問詢. 因飭軍士聲十三礮禮之. 五點二刻, 往晤花房於其舟, 坐談良久.

三十日, 晨四點鐘, 超勇·揚威二管駕各乘小輪至南陽測水. 趙寧夏·金宏集花島以書來, 謂, 淩晨馳至, 候命而進. 飭舢板赴浦岸迓之. 八點鐘, 永宗僉使宋啓憲來謁, 筆談, 旋去. 花房來答拜, 坐談移晷. 花房去, 而允中復來, 偕朝鮮官二人, 一爲校理金玉均, 一

41) '忠'은 '息'의 誤字이다.

爲史館記注徐光範. 頃在日本聞國亂, 偕花房歸視者, 與談良久. 二點鐘, 趙·金二使至, 縞服瘁容, 面有憂色, 屛左右, 筆談甚長. [筆談, 趙寧夏主筆. 趙曰, 敝邦經用甚絀, 年來軍餉不敷, 且頻與外國來往, 故亂卒·莠民緣以爲弊, 激而成亂. 初九日, 亂軍先殺宰相, 幾家毁破. 翌日, 仍向王宮咆哮, 以至蒼黃罔措之中, 大院君聞變而赴, 撫戢解散. 數日之間, 上自公卿, 下至象胥, 毁破其家, 至於致命甚多. 初九日夕, 方亂軍之作也. 莠民謂可乘之作亂, 欲殺盡日人云. 故國家先爲秘通於花房, 以爲準備避禍之計, 以是公使及隨率兵隊得以免禍, 惟路上閒遊幾人遇害. 亂軍聞花房逃去, 追到仁川, 又殺幾人. 我國家當場自救不暇, 先機指示日人, 以開生路, 日人似無憾我國之理. 日前伴接官尹成鎭見近藤眞鋤, 亦言顚末, 而渠亦稍有所知矣.]

瀕行, 請往晤花房, 余別作洋文一緘道意, 交二使面致. 五點鐘, 復有日本商船載兵入口, 而前駐之罘美國兵艦名磨那哥者亦尾至, 其船主命副管駕來告, 謂, 於明晨修謁. 旋徙倚舵樓, 見花房已登陸矣. 計二日間, 日兵起岸者, 已七八百名, 其營於濟物浦者, 約二百餘人, 進營仁川者, 約五百餘人. 夜九點二刻, 揚威小輪船歸, 鄧副管駕謂, 南陽水口尙便, 明日當復往細測云.

七月初一日, 晨, 登舵樓, 見日舶小輪船曳帶舢板, 載兵登岸, 緜屬不絶. 九點鐘, 朝鮮行承政院左承旨尹用求, 以國王名帖起居, 幷附其興宣大院君李是應一刺, 旁綴蠅頭細字數行. 云, 賤齒六十三, 家住雲監胡同. 子載冕, 年三十六, 曾爲翰林編修, 現任宗人府一品, 戶曹判書元戎, 孫三幼稺. 以名稟分別答之.42) 用求, 大公主子, 與國王爲中表兄弟, 因與筆談數則. 旋得金宏集書, 謂昨晩十點鐘, 偕趙寧夏晤花房於仁川. 歸候, 寧夏則聖使夜馳赴漢城矣. 十一點二刻, 美舶船主高登來謁, 詢知其外部聞日·高有事, 電波以兵舶東來觀變, 兼勸日兵毋躁進. 因以其外部電諭見示, 且謂,

42) 간행본은 〈稟〉, 영인본은 〈柬〉.

頃晤仁禮景範, 叩以此事顚末, 輒枝梧不答. 請見花房, 則答以俟返船時, 卽行知會, 亦茫無定期, 令人悶悶. 爰就余訪初九日之事, 余卽擧所聞各節告之. 言至王妃慘死, 戚然不平, 曰果爾, 則益當亟晤花房, 阻其躁進, 否則國王恐復不保. 余因教以本外部電諭之意, 剴切作書, 由仁禮速致仁川, 訂相見期, 則花房或可來也. 高登辭謝去, 歸船, 聲十五礮禮余, 余命答礮如數. 一點二刻, 允中來, 略談尋去. 其通詞金姓者, 歸者王京, 道, 漢城民情惶懼, 羣走山谷, 逵市爲空. 過仁川, 見日兵四出執豕攘雞, 閭閻驚擾, 而來蘇之望, 咸翹首王師焉. 五點鐘, 答拜高登於其舟, 復以稟報該國水師提督書函相示, 其間頗不滿於仁禮景範, 歸時復聲十五礮送余. 至舟, 接花房華·洋文函各一. 一謂, 本國來信, 稱元山於六月十七日, 有朝鮮亂黨, 拆毁觀察使衙門, 日本租地戒嚴, 幸未殃及. 一以余昨晩函囑緩赴王京, 以待寧夏之返, 報書如約. 八點一刻, 復有日本巨艦名比叡者駛至, 於是日船之在漢江者已六艘矣. 聲勢甚張, 往來舢板梭織, 港內喧譁達旦. 余惟兀坐舵樓, 靜守而已.

初二日, 晨, 鄧副管駕來告, 昨自南陽復探歸, 其地水探岸近, 利泊兵艦. 因念日兵登陸後, 虛實動靜, 都所未悉. 爰以一緘抵花房, 令差弁假賚書名, 沿途偵探. 八點鐘, 永宗簽[43]使遞到興宣君李昰應書, 稱漢城人心未定, 弗克跬步, 離以余方削牘招之也. 書辭卑巽, 深相結納. 十二點鐘, 日本海軍少將仁禮景範來拜, 中西語言均不解, 少坐卽去, 聲十一礮禮之. 亭午, 熱甚, 揚威快艦以鐵葉製成, 艙位偪仄, 已極蒸鬱, 加以器艙留火, 如坐甑中, 寒暑表升至九十六度. 四點鐘, 偵探人還, 備述所見. 花房答書, 有明發漢城之語. 九點鐘, 趙·金二使來自仁川, 謂花房入京意決, 挽留弗果. 袖

43) '簽'은 '僉'의 誤字이다.

出興宣君續致一書, 乞余速赴漢城, 借資鎭攝, 兼圖把晤. 因與二使筆談良久, 其間稍涉嫌疑者, 二使悉隨手抹云. 別時, 囑飭南陽府使集薪以待, 蓋我軍不日且至, 貔貅萬竈, 不欲縱令採樵也.

初三日, 九點鐘, 允中來舟筆談. 允中曰, 本邦近因財政窘竭, 掌賦之臣籌劃不善, 軍餼屢朔未給. 月初頒餼之時, 倉吏以陳腐散給, 且不準斛量. 因與倉吏口角, 格殺倉吏數人. 倉堂執軍人致之法, 軍人以無罪橫拏, 訴之而不聽放釋. 彼軍因四處奔訴, 及到某人之處, 彼乃投以一通文字, 乃入闕作梗殺閔哥, 乃殺倭人與外交之意也. 彼軍人及無賴, 乃敢行此, 彼若無指授, 何敢有此變乎. 王妃有內助之端, 故彼人入闕, 以亂軍脅之迫以飮藥. 允中在日船一晝夜, 知必生梗乃已. 彼人拗戾, 不離國王之側, 人不敢以外務說及. 惟引用同黨, 睚眦必報, 死人日積, 於日人議和議戰, 終無定見. 惟激亂軍, 使之尋事, 彼人不去, 國必亡乃已, 痛哭痛哭. 建忠按, 允中所云彼人·某人, 謂大院君也. 十一點鐘, 小輪船自浦岸迎趙·金二使至. 先款以飯. 飯後, 筆談累幅, 均被拉毁, 而亂黨之迹益明. 一點鐘, 日舶名淸輝者又至, 於是日舶之在漢江者, 且七艘矣. 三點鐘, 偕二使赴美船, 高登敬禮有加.

九點鐘, 前駐津門日本理事官竹添進一郞, 以花房命來舟晤談, 漏三下, 乃去. 竹添曰, 今次事件, 其初事事情不明, 敝國人心動搖. 幸我廟堂察朝鮮開國未久, 外交之事不能習熟, 猶我國二十年前情況, 不敢以兵革爭曲直, 原之公法, 欲妥愼結局. 但聞暴徒之餘燄尙熾, 故以兵員充獲衛, 乘坐軍艦而來. 弟亦乘命來觀動靜, 以仁川情狀察之, 朝鮮政府亦似少悔暴擧者, 故弟以明後日回國, 欲陳事情, 以安我政府之憂, 敢問如何. 忠曰, 初九日之亂, 甚爲猖獗, 以致酖使王妃, 茶戮重臣, 誅殺諸臣之有外交者. 今日亂勢雖平, 而死灰未熄, 辦理此事, 甚爲棘手. 緣執政之人, 非出自國王之命, 欲與執政辦理, 則執政之名不正. 欲與國王商議, 則國王不能自主. 不識花房星使此去漢城, 先從何處下手. 至於亂黨滋事, 攻擊使館, 決非出自該國朝議, 想亦不辯自明. 竹添曰, 彼政府果以王命爲名, 議及此事, 則自我觀之, 猶是名王也. 若夫國情, 則政黨之爭, 而非開鎖之爭, 故苟得速結局, 徐徐察其曲直, 亦似無不可. 忠曰, 所論極是. 貴國與朝鮮爲與國, 自不得議其內政, 但辦理此事, 似宜懲辦亂首之攻擊使館者, 幷宜設法爲善後之計. 若亂黨不除, 善後終無善法, 在花房星使與朝鮮政府, 自宜以速結爲妙, 而弟爲大局起見, 故汲汲焉, 以朝鮮朝政爲慮耳. 竹添曰, 敝國之意, 專在重交誼, 非乘人之亂, 以謀掠奪者, 故所求於朝鮮者, 不過懲辦亂首, 幷設法以爲善後之計. 弟所切望者, 只有速結局耳. 若遷延時日, 朝鮮亂民再有暴動, 則我國不得已以兵革責其罪. 果然, 則與國之交絶, 而亞細亞全局更岌岌矣. 至求償損害及兵備之費, 則萬國所同, 不得不遵之. 但敝國之出此, 非敢貪財也, 故欲從實算之, 決不以過當處之也. 至善後之策, 則想當不出於公使·領事, 及其眷屬得遊內地各處, 以親其人民等項也. 朝鮮之所以深惡外人者, 其原不過少見外人, 故多怪疑耳. 彼以疑我, 故我商民亦激之, 交怨交疑. 果然, 則歐洲諸國來通之日亦如此. 萬一不幸朝鮮暴徒有攻擊歐人之事, 則朝鮮之憂更大. 故今日爲彼之謀, 似狎見外人, 尤爲先著. 忠曰, 朝鮮貧瘠實甚, 國帑空虛, 民生匱乏, 將來此事結局, 優卹銀兩, 亦情理之常. 然索之過多, 恐朝鮮亦不堪命. 至於兵備之費, 弟則難贊一辭. 緣朝鮮賦出無多, 卽使貴國實算以求, 不知朝鮮何日償了. 至內地游歷, 使朝民狎見外人, 此論甚塙. 但甫亂之後, 似不可行之太驟, 不識尊意云何. 竹添曰, 我國內人心甚囂, 故借此名以慰其心耳. 朝鮮之貧窶, 敝國知之熟矣, 決無不堪之事. 若使敝國果有貪利之意, 則責彼凌辱我國人之罪, 以求過當之價, 或求割取島嶼, 亦非難事. 然而我政府之無此心, 弟以百口保之. 抑朝鮮之於我, 常挾猜疑之心, 以爲今之日本猶是昔日之日本, 而必有奪我土地之心, 又有取我財寶之心, 故今日之事, 我政府務以公平處之. 忠曰, 旣如來敎, 則專以優給卹銀爲民足矣. 猶憶我國於雲南之役, 英人亦曾調集兵艦, 但結局之時, 惟以卹銀爲名耳. 且按之公法, 各國交爭, 亦有不給兵費者. 黑海之戰, 俄之求成也, 英·法未曾索給兵備之費, 意大利屢戰屢屈, 亦未嘗稍給兵費, 其戰而屈, 猶且不給兵備之費, 而況貴國以優待與國爲心, 所調兵艦, 專爲保護與國起見. 若藉此有所需索, 弟恐以仁始者, 他國未必不笑其以利終也. 竹添曰, 請試略言敝國人心動搖之故也. 朝鮮人之來敝國者, 敝國待之極優. 客年朝鮮人歐殺我國民三名, 今年又有圍擊京城公使館, 至公使逃至仁川. 仁川府使欺之, 乘其眠, 奪我兵器, 殺害數人矣. 故國人之唱征韓說者, 攘臂而起, 我政府鎭壓之, 借償金之名, 以慰國人之心, 非有他意也. 所謂軍費者, 海·陸兵在內國亦給俸祿, 船艦亦各有經費, 以實算之, 固非多費. 此等事亦係政略, 其實非自救償起見者. 至其卹銀, 亦決無迫以難堪之巨費, 以仁始以利終, 尙似未察敝國之情. 忠曰, 所謂以仁始以利終者, 乃謂外人妄擬之意耳. 至貴國民心, 初聞滋事之起, 自然激於公憤. 假如執事將所探實情, 歸告政府, 謂亂黨起事, 不徒攻擊使館, 戕殺貴國人民, 而朝鮮臣民均受其禍, 幷且毒及王妃, 國人聞之, 當亦渙然冰釋矣.

初四日, 晨, 以夜來與竹添筆談大旨, 函告趙·金二使, 令馳報王京. 旋念竹添卽日回國, 因作書致蒓齋星使, 略敍起亂顚末, 幷以其國貧瘠, 索款過鉅, 恐不堪命等語, 囑得間言於日廷. 十二點鐘, 飭超勇移椗南陽. 先是, 丁軍門歸請濟師, 余先與之約, 謂日兵由仁川登岸, 我軍當由南陽登岸, 以示區別, 且免轇轕. 故三十初一等日, 疊遣小輪船前往測探. 至是, 度禹廷率兵且至, 遣超勇先往停泊以待. 趙·金二使亦遣隨員吳某偕往, 令促府使備軍芻焉. 三點鐘, 答拜竹添進一郎. 竹添謂, 頃得花房書, 謂昨次楊花津, 韓人勸止未聽, 已率師直趣漢城矣. 俟入京後, 續有書來. 無他變故, 卽將乘商舶還報政府. 少坐辭歸, 日艦聲礮十五響.

初五日, 午前, 趙·金二使與承旨尹用求來舟, 請偕往南陽, 幷告花房入王京, 駐軍城內木覓山下. 因遣員刺舢板, 詢竹添行止, 得二函歸報. 一花房函, 謂久留仁川, 恐生他變, 故徑行前進, 已於初三日, 安抵漢城. 一竹添函, 謂花房抵漢城後, 已與韓吏議事, 韓吏奔走甚謹云. 一點鐘, 日本明治九號商舶展輪駛去, 揚威旋亦起椗行. 途中與趙·金二使, 以礙於耳目, 弗克深談, 五點二刻, 駛抵南陽浦口, 以小輪船送二使曁諸人登陸, 飭弁與偕, 令探去岸道途遠近, 及有無間阻, 候至夜深, 猶未返.

初六日, 八點鐘, 小輪船歸, 知昨夕擱淺, 質明湖漲乃達岸. 趙·金諸人露坐竟夕, 聞之歉然. 今日炎歊偪人, 煩鬱珠[44]甚. 屈指禹廷之歸, 已逾七日, 濟師當可至, 徙倚舵樓, 手遠鏡時復西望. 晩八點鐘, 探路人還, 道, 自泊處至馬山浦約三十里, 自馬山浦至南陽, 約又四五十里. 附近諸岸, 亂山雜遝, 必抵馬山浦, 乃可登陸, 以達南陽. 府使令歸艦報余, 謂, 已備船隻馬匹糗芻伺候.

初七日, 八點鐘, 瞭望者報有烟起立歧島外, 急登高矚之, 見輪船五艘自西來, 兵弁皆相視色喜. 九點二刻, 首威遠, 次日新, 次泰安, 次鎭東, 次拱北, 銜尾而至. 先是, 振帥飭丁軍門及余赴朝鮮時, 卽擬奏請欽差幫辦山東軍務吳筱軒軍門督師相繼東渡. 至是, 見威遠前桅懸帥字旗, 知吳軍門已至, 卽刺舢板往謁, 幷晤丁軍門.

44) '珠'는 '殊'의 誤字이다.

詢知五船載兵二千, 尙有兩營, 乘南洋兵船繼至. 余亦略述近日情形, 尋讀振帥函札, 即議進兵. 余以花房至王京已久, 不知所議何似, 擬先馳赴漢城, 筱帥率大軍隨後進發, 丁軍門以舟師部署未定, 弗克同行, 筱帥令右營管帶吳孝亭率隊以從. 四點鐘, 偕友人呂君秋樵駕小艇乘潮至馬山浦. 五點二刻, 望見舢板十隻, 滿載軍士, 以小輪船二艘曳之, 魚貫而來, 登岸已七點鐘矣. 孝亭謂, 曛黑難進, 即駐浦口. 余偕友人策馬夜行, 須臾月落, 然炬以導, 每經山谷, 深林密箐中人影林立, 爲良爲莠, 均未可知. 余以王京事急, 勢難返顧, 徑行五十里. 十二點鐘, 抵南陽府署. 趙寧夏獨在謂, 宏集昨晩被命入京, 以國王今日引見花房, 宏集夙辦日本交涉事宜, 故亟召還. 談至漏四下, 乃寢.

初八日, 九點鐘, 右營至, 旋接李昰應函, 并將昨日花房所開七款, 及問答各節, 錄寄前來. 且謂, 花房限三日回答, 請速赴王京排解. 於是漢城之行愈亟矣. 因立請孝亭議事, 亭午始至, 商請進營水原, 庶王京翌日可至. 孝亭堅執不可, 盛氣而去. 余甚訝之, 遣人隨往偵視, 還報云, 其營兵弁以山行, 觸暑病者甚衆. 乃悟其因鬱生忿. 顧隻身入漢城, 終恐爲人所輕, 意筱帥且至, 乃姑待之. 午後, 與寧夏密談累幅, 均即址去. 是夕, 仍宿南陽.

初九日, 晨, 出館小步, 見道旁廳事一所, 顔曰唐城館, 款署金陵翁書. 詢之通詞. 曰此明時冊使經行所止他.[45] 回館, 寧夏來告王京送馬百七十匹, 牛車十乘, 至前備用, 乞函請筱帥派員點收. 八點鐘, 接筱帥書, 謂右營兵弁病滯, 另派後營管帶張仲明協戎率隊前來, 相偕遄進. 無何, 仲明來見, 詢知隊伍已至, 擬更行二十里, 進營九浦. 因與仲明約以全營紆緩, 請簡槍隊二百名, 輕裝疾走,

45) '他'는 '地'의 誤字이다.

期翌夕必抵漢城, 沿途軍食發價, 交地方官整備以待, 仲明應允去. 午後, 遲筱帥不至, 留呈一函, 旋於四點鐘偕友人策馬就道. 行經九浦, 晤仲明, 見健兒林立, 則槍隊已排定矣. 數語出帳, 復上馬, 疾馳二十五里, 水原守鄭箕世奉國王命迎謁道左. 又五里, 抵水原, 館通判署. 按朝鮮官制, 通判位在府使上, 故其署較寬整. 寧夏·允中亦相繼至, 坐定, 報張協戎小隊已至署外, 令卽於隙地駐紮, 地方官列帳傳餐. 俄而右營亦至, 駐紮其廨. 通詞謂, 爲國王行宮焉.

初十日, 八點鐘, 仲明先發, 余少遲亦行. 出水原, 萬松夾立, 中闢馳道, 涼雲盪空, 漏日無罅. 前行二十里許, 接是應昨午書, 謂, 花房以其政府限滿需回, 疑詰旦出京, 促於楊花津備舟以待, 其意蓋存決裂云云. 爰囑寧夏立遣快馬, 馳至津上, 覘花房曾否北渡. 十一點鐘, 至果川, 國王及世子遣中使馳帖慰問, 寧夏從中使詢知是應輕侮日人, 故激而出此. 少頃, 偵騎歸報, 日使已徑渡漢江矣. 少憩復發, 過南天山, 山高數百丈, 軍士登陟, 汗雨浹背. 二十里, 至銅雀津, 韓文奎於渡口, 小舟數十艘, 絡繹載渡. 登岸後, 列隊導行, 道旁觀者以萬計. 薄暮, 入居南別宮, 是應父子遲余館次, 因相與周旋. 尋答花房留函, 并知其參贊近藤眞鋤以病未發, 遂作書致近藤, 訂相見期. 國王及世子復以名柬起居, 李祖淵·趙準永先後至. 晚膳後, 復與是應筆談甚歡. 九點鐘, 近藤報書, 謂疾甚, 不克來謁云.

十一日晨, 是應疊以荷囊·摺疊扇爲贈, 且因余有仁川之行, 以其乘輿來館備用. 旋泐致筱帥與禹廷兩函, 告以近事. 十一點二刻, 就道, 途中蒸熱殊甚, 如熏籠上行. 五點鐘, 次梧里洞, 易輿而騎. 六點二刻, 至仁川, 與花房晤談. 花房曰, 本月初三日, 余率兵隊前至楊花津, 朝鮮政府派員至津口, 阻我入城, 余以城外議事不便, 逕行入城, 卽奏請國王, 訂引見期. 韓人又固固不從, 直至初七日,始見國王. 進呈摺於七款, 且請派員相議, 於三日內回復. 國王當派首相洪純穆爲議事全權大官, 乃至初八日, 接洪相來函, 謂, 復派令往勘山陵吉地, 須三四日後方可回京. 且云, 山陵爲朝鮮重事, 我國之款, 當俟歸時再議. 夫國王明知限期三日, 當面派定洪相爲議事全權大官, 而初八日猝將所派之人差往地處, 豈非自相矛盾. 且以其國山陵爲重, 是明明以吾國之事爲輕矣. 彼既絶我商辦之路, 故余俟限滿, 卽將此意奏明國王出京矣. 忠曰, 國王甚欲與貴公使議事, 大小臣工亦同此意, 徒以有志未逮, 致成此局. 君謂朝鮮尙有政府乎. 猶憶前在舟中語君以朝鮮事勢, 必以能使國王自主爲先務, 國王一日不能自主, 他國卽一日不可與之議事, 以主政者非執政之人也. 證之公法, 則土爾其·埃及每有亂黨殺傷各國之人之事, 各國必俟其君能自主, 乃與計議. 昨接君函謂, 欲候晤, 以朝鮮政府絶我商辦之路, 不得久留爲歉云云. 今我此來, 非爲朝鮮居間調停, 不過與君定明朝鮮事勢, 俛君免至錯認題目耳. 朝鮮國王現既不能自主, 而貴公使貿貿然與之議事, 無論所議不成, 卽令已有成議. 他日國王復能自主, 則所議者仍屬空談. 且若於此時與之決裂, 則將來恐不獨朝鮮政府有所借口. 吾國此次以兵前來, 惟有懲辦亂黨, 貴國政府想亦聞知. 君倘不審可否, 亟與亂黨定議, 吾恐日後自此多事矣, 故吾不得不先爲言之. 八點鐘, 出署, 間道馳抵花島, 約三十里許, 時已九點二刻矣. 府使尾至, 相與寒暄而別.

十二日, 花房訪余於花島行館, 近藤於昨晚回至仁川, 亦偕之來謁, 相與促談良久. 十點鐘, 自花島啓行, 次梧里洞, 復易騎而輿. 晚七點鐘, 馳回王京, 則丁軍門已率習流軍百名, 於午後至館, 而吳筱帥亦統大軍, 渡銅雀津, 薄漢城而壘. 是應聞余歸, 卽來相訪, 因留之晚膳, 筆談十二紙而別. 復偕禹廷出城謁筱帥, 議機密. 四鼓, 歸館宿.

十三日, 八點鐘, 允中·寧夏先後至, 匿允中館內, 令寧夏先入慰王. 十二點鐘, 吳軍門來館, 約丁軍門及余往拜昰應於私第. 吳軍門儀衛甚盛, 請減從而往, 以示坦率.46) 及至, 昰應率其子若孫迓門外, 入坐, 談笑甚歡. 已復導觀其精舍數處, 陳設都麗, 而位置天然, 都無俗韻, 乃知此老胸中具有邱壑. 瀕行, 以吳軍門先施, 謂卽呼騶報謁, 於是吳軍門出城, 止黃松亭軍門營內, 以其地距城較近也. 余偕禹廷歸南別宮, 禹廷遣習流軍四十名, 先至水原以待, 余作赫蹏書, 納允中袖內, 令薄暮持赴中營, 偕何營官赴王宮保護. 別遣張營官以軍士百人, 往守城門, 俾通消息. 其餘於城內梭巡備警, 部署旣定, 偕丁軍門同赴黃營, 則健卒百人, 長夫十六人, 已結束待用矣. 是日, 微雨, 時止四點鐘, 昰應率數十騎至, 入帳, 誘與筆談, 自申至酉, 累紙二十四幅. 環視侍者無一朝人, 知已均爲帳下所收, 度其時可行. 遂疾書以示曰, 君知朝鮮國王爲皇帝冊封乎. 曰知之. 曰王爲皇帝冊封, 則一切政令, 當自王出. 君六月九日之變, 擅竊大柄, 誅殺異己, 引用私人, 使皇帝冊封之王, 退而守府, 欺王實輕皇帝也. 罪當勿赦, 徒以於王有父子之親, 姑從寬假, 請速登輿, 至馬山浦, 乘兵輪赴天津, 聽朝廷處置. 昰應懼, 四顧, 吳·丁二軍皆起出帳, 余亦掖昰應出, 令登輿. 於時軍士兩行, 劍戟森列, 長夫舁輿俟. 昰應以非己輿, 不肯入. 余納而進之, 健卒百人蜂擁而去, 丁軍門策馬以從. 吳軍門卽馳行入城, 囑張·何二營官戒嚴, 且探警信. 無何, 紅燈數十對集營外, 詢之, 皆迓昰應者也, 復收而繫之. 夜半, 探者回, 道城內無警. 遂作書致允中·寧夏述事狀, 幷定應擧行者六事, 請密呈國王. 是夜, 宿黃營, 雨聲達旦未止.

十四日, 晨雨. 七點鐘, 至吳軍門營內, 略商以後事宜, 隨辭入城,

46) 간행본은 〈担〉, 영인본은 〈坦〉.

黃軍門撥軍士六十名爲衛. 抵館, 而寧夏已至, 密陳國王感謝之意, 惟是應係屬生父, 終乞余善爲保護焉. 與議翦除亂黨事. 寧夏謂, 亂黨數千人, 悉隷兵籍, 多在城東枉尋·利泰二里, 聚族以居. 其爲亂首, 無從廉得, 而蟠據二里, 跡同嘯聚, 朝鮮將校無敢深入其巢者. 亭午, 國王派定全權大官李裕元·副官金宏集, 將赴仁川, 與花房議事, 先遣戶曹尙書金炳國, 持條款來館請辭. [照綠日朝議定條約七款, 日本曆七月二十三日, 朝鮮曆六月初九日之變, 朝鮮兇徒侵襲日本公使館, 職事人員致多罹難, 朝鮮國所聘日本陸軍教師亦被慘害. 日本國爲重和好, 妥當議辦, 卽約朝鮮國實行下開六款, 及別訂續約二款, 以表懲前善後之意. 於是兩國全權大臣記名蓋印, 以昭信憑. 第一, 自今期二十日, 朝鮮國捕獲兇徒, 嚴究渠魁, 從重懲辦事. 日本國派員眼同究治, 若期內未能捕獲, 應由日本國辦理. 第二, 日本官胥遭害者, 由朝鮮國優禮瘞葬, 以厚其終事, 第三, 朝鮮國撥支五萬圓, 給與日本官胥遭害者遺族弁負傷者, 以加體恤事. 第四, 因兇徒暴擧, 日本國所受損害, 及護衛公使水陸兵費內五十萬圓, 由朝鮮國塡補事. 每年支十萬圓, 待五箇年淸完. 第五, 日本公使館置兵員若干備警事, 設置修繕兵營, 朝鮮國任之. 若朝鮮國兵民守律, 一年之後, 日本公使視做不要警備, 不妨撤去. 第六, 朝鮮國特派大官修國書, 以謝日本國事. 大日本國明治十五年八月三十日, 大朝鮮國開國四百九十一年七月, 日本國辦理公使花房義質, 朝鮮國全權大官李裕元, 朝鮮國全權副官金宏集.

照綠日朝議定續約二款. 朝鮮國與日本國嗣後爲益表親好便貿易, 玆訂定續約二款如左. 第一, 元山·釜山·仁川各港間行里程, 今後擴爲四方各五十里, 朝鮮里法. 期二年後, 自條約批準之日起算, 周歲爲一年, 更爲各百里. 自今期一年後, 以楊花津爲開市場事. 第二, 任聽日本國公使·領事及其隨員眷從遊歷朝鮮內地各處事, 指定遊歷地方, 由禮曹給照, 地方官勘照護送. 右兩國全權大臣, 各據諭旨立約蓋印, 更請批準, 待兩個月內. 日本明治十五年九月, 朝鮮開國四百九十一年八月, 於日本東京交換.]

余擧可許不可許與可變通辦理者, 爲之分別批答. [忠筆談曰, 日使所開七條, 其間有卽可許者, 有決不可許者, 有須變通者, 試爲分別言之. 第一條, 當許. 惟以不限時日爲妙. 亂黨不獨傷及日人, 亦且戕害貴國王妃·大臣, 若不嚴行査辦, 將國法之謂何. 第二條, 可許. 第三條, 可許. 優卹銀五萬圓, 分給十三人家屬, 尙不爲濫. 第四條, 當力與爭辯. 若必不得已, 可列入第三條優卹款內, 於五萬圓外, 增添若干. 因以前次舟內, 與竹添進一郞筆談示之. 第五條, 曠地閒行, 無礙於事. 惟貴國民心不靖宜限以數年後, 再爲擧行. 至咸興·大邱開市, 則爲陸地通商, 決不可爲日人開端. 楊花津雖屬漢江埠頭, 惟以逼近王京, 若許以通商,不識有無流弊. 第六條, 公使·領事遊歷內地, 原屬公法. 惟大亂初定以後, 公使等欲往內地遊歷, 必先知會地方官方可. 第七條, 京內長置大隊, 萬不可許. 至該公使爲保身之計, 隨帶若干兵弁, 在館內駐紮, 尙無不可, 惟不宜列入款內. 至遣使至日廷慰問, 似亦無所不可, 惟宜與花房言明, 日廷亦當有國書, 由彼賫呈國王, 以慰卹王妃·相臣之難. 如是, 則彼此相慰, 乃於國體無礙. 蓋朝鮮旣無駐日使臣, 特地派人慰問, 亦不爲過. 此數條若能辦到, 尙屬於情理無悖. 惟措辭之間, 宜以直捷了當爲妙. 可許者則立地許之, 不可許者則堅執不許, 隱示以旣有可恃, 不足深畏之意, 彼外屈於公義, 內怯於我國, 諒可不至始終決裂也.]

令回呈國王, 先決可否, 然後交二使仿行.

金曰, 日間所教, 間有未明. 卹銀五萬圓, 而添以兵備之費, 宜若干. 忠曰, 日本兵艦原有常費, 陸兵亦有定餉, 調集來此, 不過稍加運費, 若與卹銀統算在內, 不過十萬圓足矣. 若貴國國帑可支, 則宜一齊交付, 以免日後生息之累. 若無力齊付, 則可攤作幾年. 僕想花房亦不至以全付相强也. 金曰, 楊花津開埠可許乎. 忠曰, 若無大弊, 何妨許之. 仁川已開口岸, 楊花津亦不過銷仁川出入之貨, 其實非於仁川外, 另開一口. 況楊花津亦屬水路通商, 與已開口岸, 尙屬一例, 非若大邱·咸興等地, 復滋陸路通商之流弊也. 惟議事之時, 先可一槪不許, 必不得已, 則可許楊花津通市, 而不給兵備之費, 挹彼注玆, 未始非計. 旋以舟中與竹添進一筆談示之.

三點鐘, 上將軍李載冕來, 詢是應不歸事, 曲諭遣之. 昨是應孑身就道, 至是國王遣送行裝僕從登舟, 其猶子載元亦從往省視, 乞致書丁軍門, 爲之先容, 因沕數行付之.

發上傅相·振帥稟函各二件. 稟傅相云, 忠於十二日歸自仁川, 丁提督亦於是日率舟師百人, 偕筱帥大軍馳至. 筱帥軍城外. 丁提督入居南別宮, 與忠互相計議, 以我軍分佈各處, 均有朝鮮官員接待, 時與筆談, 人旣益多, 語難盡愼. 稍延時日, 懼有漏泄, 且日兵已盡出城, 使於此時擧事, 可無慮其攙越, 事機所在, 斷難遲疑. 因擬翌午邀同筱帥往拜昰應, 俟其出城報謁, 卽就軍中拘送登舟. 一面出示宣布中朝德意, 令軍民毋容驚擾, 卽彼時亂黨稍有蠢動, 而首領旣去, 脅從易解, 似不至或有巨變. 議定, 卽夤夜出城, 將此意商之筱帥. 筱帥之意, 謂宜先修外交, 後除內亂. 忠當謂, 朝廷爲朝鮮主持外交者, 所以扶持國王也. 今日昰應專權, 國王守府, 設於此與日人定議, 微論其議難定, 就令能定, 是助昰應, 非助國王也. 其失體殊甚. 今日之事, 宜先除內亂爲是. 筱帥聞此, 乃始毅然允行. 於是次日午後, 忠與丁提督皆先集城外. 無何, 昰應來營, 爰誘與筆談, 延至日暮, 先令收其護從, 然後勒令就道. 計王京至南陽海口, 相距百五十里, 途中懼有疎虞, 丁提督因自率小隊, 護送登舟. 忠以訪聞王京城東有居民數千, 均係亂黨, 擬留南別宮, 就近查拿渠魁, 冀漸解散. 筱帥仍駐城外, 以資鎭壓. 顧惟昰應倡亂, 竊權罪誠不赦, 然究於國王有父子之親. 設竟懲之以法, 則國王將無以自處. 脫令仍居國中, 則亂萌又或再起, 莫若仍照憲臺始議, 將昰應羈留中國, 令其富貴以終, 則庶幾恩義兩全. 已稟商振憲, 乞奏請將昰應安置中國. 第反正以後, 其國王必益圖振作, 再造之局, 微憲臺誰與主持, 況日人狡詐多端, 要求無厭, 忠以菲材從事, 倘復罔所秉承, 深懼貽羞隕越. 伏望俯念時艱, 出而視事, 則朝鮮幸甚, 大局幸甚.

稟振帥云, 自去月二十八日肅稟, 由丁提督寄呈後. 次日, 日使花房義質亦至, 其輪艦先後來集者, 共有七艘, 載兵千數百人. 花房卽擬進營漢城, 建忠設法延宕, 至初三日乃始入京. 建忠卽欲相繼而去, 而我軍未至, 隨從無人, 孑身孤往, 微特亂黨可慮, 且亦恐爲日人所輕. 乃仍留舟中靜候, 并乘間續探起亂情形, 大率均與前稟脗合, 初, 建忠欲誘是應來舟, 謂, 花房勒兵入京, 蹂躪必甚, 若太公來仁川與議, 則其行可止. 於是昰應乃於三十日派趙寧夏·金宏集馳至, 附書稱, 內亂未定, 不得跬步離漢城, 謹遣二人前來, 乞建忠速爲排解云云. 寧夏等來舟相見, 謂初九日之變, 僅而得免, 刻下禍且未已, 願以性命相託. 遂共留花島不去. 凡筆談之稍有關繫者, 均卽扯去. 初五日, 移椗南陽海口, 趙·金亦登舟以從. 南陽在仁川西百二十里, 以前與丁提督約我軍來渡, 改於其處登岸, 庶免與日兵糾轕, 故先期往待. 初七日, 筱帥及丁提督率師駛至, 接讀憲臺函札各件. 旋議進兵, 以花房入京已久, 不知辦理何似, 願請先往. 筱帥督大軍繼至, 丁提督部署舟師, 未克同行. 筱帥因派右營管帶吳總兵兆有與偕, 甫至南陽, 以軍士多病, 弗克前進, 而昰應方寓書敦促, 謂, 日使列款七條, 限期三日, 欲建忠速往代籌. 筱帥聞之, 復改派後營張副將光前, 率隊趨至. 建忠遂簡槍隊二百名, 輕裝疾走, 於初十日行抵漢城, 則花房已以其政府限滿不答, 責其慢事, 先一日決裂而去. 昰應聞建忠且至, 先與其子訓練大將軍載冕遲於南別宮, 深相結納. 建忠亦謬與周旋, 謂中國兵來, 專爲牽制日人, 別無他意. 昰應乃亦釋然不疑. 伏念朝鮮時事, 內患與外憂并亟, 而外憂之生, 旣由於內患, 斯內患之去, 尤急於外憂. 今日之計, 莫若爲朝鮮先除內患, 使其國王得以自主. 然後召日使告以前日之事, 皆亂黨所爲, 國王一無開罪. 玆仰上國之力, 事權反正, 願爲和好如初. 因以所請各條, 與之從容商榷, 如此則名義旣正, 事理亦順. 故於次日一面函商筱帥進兵, 一面馳赴仁川, 將此意告知花房, 令勿錯認題目. 惟至仁川後, 爲花房反復開陳, 雖決裂之意稍回, 而要挾之心猶甚. 擬請函商總署, 請將朝鮮致亂, 與中國代爲戡定緣由, 布告日本政府, 并泰西諸國之曾與朝鮮立約者, 俾羣曉然於前日之事, 非出國王之意. 彼雖過事誅求, 其政府或將屈於公議, 不至始終堅執. 至此後辦理, 能否應手, 尙難預知. 惟有勉竭駑駘, 相機因應, 旣不敢激烈以傷友誼, 亦不敢詭隨以累藩封, 以期仰副憲臺委任之意於萬一而已.

八點鐘, 魚允中·金允植以國王命鈔錄告示一抵來館, 爲是應辯誣, 蓋朝鮮素崇禮敎, 於倫理尤極講求, 故自六月初九日之後, 是應入踞宮中, 國王至議奔慶尙道以避, 而朝臣亦皆引鏡顧影, 惴惴焉若不終日, 卒無人敢以一旅靖難者, 故由勢力不足, 亦以骨肉之變, 非臣子所敢言者. 今者天討特申, 藩封再奠, 都人士皆喜於心而不敢宣諸口, 卽寧夏諸人, 密室筆談, 稍涉隱情, 若犯大戾, 必拉雜摧燒乃已. 是晨, 余於吳軍門營中, 見繕此示, 其間頗道是應劣跡, 卽知於國王有礙, 顧以已列余銜, 未便力阻, 致涉立異. 迨示出, 而國王果遣魚·金二人來辯, 蓋非徒顧念私恩, 亦將以掩飾耳目. 余因書示二人, 曰太公罪狀, 昭若日月, 不辯固無所加增, 卽辯亦斷難末減, 宏惟聖朝以孝治天下, 議親議貴, 自有權衡, 斷不使爲人子者, 有不能自處之境, 君等亦以此意, 歸慰國王而已. 九點二刻, 金宏集來議日事, 語甚精密, 宏集攜之而去. 朝鮮談時務者, 以宏集爲翹楚. 李裕元則素黨是應以拒日人者, 派爲全權大官, 亦欲以拒日人者和日人使, 不得藉口以拒外交云.

十五日, 晨, 慶軍會辦營務處袁慰亭至, 與密談勦除亂黨事, 請歸告吳軍門. 午後, 慰亭返, 云吳軍門如約. 慰亭卽欲指揮一切. 余謂, 是應雖已就逮, 而其子載冕尙以訓練大臣握兵柄, 恐亂黨一聞捕治, 或更奉以爲亂. 宜先誘而縶之, 然後行事. 於是五點鐘, 馳書召載冕來南別宮議事, 載冕鑒於其父, 作書以母病辭, 令其黨李永肅賚復. 余因謂永肅, 曰今之召載冕者, 亦欲相與設法爲太公寬免地耳.[47] 載冕如爲其父則至, 不然則止. 書片紙交永肅持去. 十點鐘金允植至, 余與慰亭促令入朝, 請國王手書來, 俾有把握. 允植去, 而載冕亦來, 因別置一室, 令軍士露刃以守. 二點鐘, 允植袖國王致吳軍門與余公函至, 略謂亂黨所居, 多在枉尋·利泰二里, 請速勒兵往討云云. 時慶字親兵後營張副將光前駐軍南別宮右, 遂令率隊出小東門, 會同右營吳總兵兆有·正營何副將乘鰲, 同赴枉尋里合圍搜捕, 而利泰里, 則由慰亭回營請吳軍門另派別將掩執焉. 部署旣定, 已三點鐘矣, 遂與友人兀坐帳中, 秉燭以待.

十六日, 晨, 張副將回, 詢知枉尋里在小東門外半里許, 其地兩面依山, 中闢街衢, 瓦屋鱗次. 吳總戎勒兵分扼兩頭, 張副將入巢搜捕. 時天色漸明, 該亂黨見我軍掩至, 一半持械走登山麓, 一半出街前抗拒, 里中間有居民雜處, 未敢輕用礮火爲崑岡之炎, 僅以短兵格鬪. 張副將生獲一百三十餘人, 何副將後至, 亦獲二十餘人, 餘悉鼠竄以散. 利泰里則吳軍門自往掩執, 以地近營址, 已先期聞風遠颺, 僅獲二十餘人. 是役共獲百七十餘人, 悉送致軍門營內. 余念亂黨已散, 載冕當無能爲, 遂溫言釋之去. 隨促備馬出城, 晤吳軍門相與分別懲治. 四點鐘, 歸館, 數日來, 國王皆早晩兩次遣中使起居, 是日, 聞余歸, 特遣都承旨尹用求持帖慰勞.

十七日, 晨, 李應俊歸自析津, 來謁, 謂長途車馬間關, 已一閱月矣. 寧夏·允中相繼至, 略談別去. 午後, 得宏集書, 知日條款成, 卽夕鈐印, 閱所定各條. [金宏集來函云, 僕十五晩抵仁川, 夜見花房於船次, 辨論七款, 仍無成議. 傍晨還花島. 十六晩, 又與之竆日爭詰, 彼終始要挾, 肆然不少讓, 仍促明

47) 간행본은 〈地〉 누락, 영인본은 〈地〉.

午鈐印. 事到此地, 厚貞[48]明教. 八款釐正, 彼才携歸舟中淨寫, 幷不及錄呈. 另有鈔槪一紙, 鑒燭是幸. 第一, 十五日改以二十日, 另注曰, 日本派員眼同究治, 若期未捕獲, 應由日本國辦理. 我以此事大欠體面, 屢回爭詰, 彼終肆不服. 第二, 第三, 仍本文許之. 第四, 公使館所損物及兵費, 始不言多少, 至今晩忽以五十萬圓, 限五年淸兌, 塡書, 故百船要減而不知意. 彼之狡黠不可理說憤不可堪, 賠償二字, 改以塡補. 第五, 閒行以五十里, 二年後百里. 楊花津市場, 竟不得已許之. 咸興·大邱則決意終不許之. 第六, 許之.第七, 改以公使館置兵員若干, 警備數則當勢多少云. 另注曰, 朝鮮兵民守律一年以後, 更無可警, 則不妨撤去. 第八, 派使後, 日本亦當以國書慰問云.]

雖尙無大失著, 而朝貧瘠, 花房勒書五十萬圓, 分年塡補, 未免重受其困. 初, 宏集將之仁川, 來館請辭, 余以此屬日·朝之事, 我中國僅能隱與維持, 不便顯相干預, 爰爲逐條剖決以去. 乃宏集等以內憂甫平, 深懼外患復起, 遂至受其偪迫, 勉就條議, 中心耿耿, 抱咎靡已. 亦可見日人遇事生風, 以求逞欲, 直行同無賴焉. 五點鐘, 輕騎繞王宮相我軍部勒形勢, 同人頗有以微行可慮爲戒者. 晩八點鐘, 高永喜以宏集命, 自仁川歸見國王, 王命之來謁, 詢知日廷續派井上毅爲議官, 此次款事, 多其主持云.

十八日, 晨, 無事. 午後, 金允植來館筆談, 允植爲人頗迂鈍, 每談一事, 輒不了了. 晩七點鐘, 允中以王命持節略來問, 手批答之. 允中去, 寧夏復來, 云已奉派爲大官, 宏集爲副官, 李祖淵爲從事官, 請附舶至津門, 謁傅相上憲言事, 幷詣京師進謝表. 無何, 宏集亦至, 謂甫自仁川歸. 與之筆談, 極道議款時威偪情狀, 聞之悵悵. [忠筆談曰第一條, 花房言明如何辦理. 金曰其另注, 初以應自日本差役自處辦爲文, 僕謂差役自處辦, 亦礙我人眼目, 不如辦理含混, 以是改之. 忠曰, 彼可言明何法辦理, 與懲辦何人, 及懲辦若干人乎. 金曰, 此事未曾如此詳問. 忠曰, 兵備之費五十萬圓, 彼如

48) 간행본은 〈負〉, 영인본은 〈貞〉.

何結算. 執事可將竹添之言告之乎. 金曰, 僕在大臣之後不敢言. 言自斷五十萬, 誠是料外, 故先言我帑藏空虛, 無可辦之力, 則彼亦曰固知其然. 日後開礦, 儘可辦此. 若不趁期清兒, 彼自行採礦, 足此數後當還之, 此甚無理. 竹添所言, 雖不露破, 概將次擧, 不欲開釁, 專爲維持亞細亞大局起見, 貴國用意可感. 今以賠償一事要挾, 是以仁始而以利終也. 因要減其數, 則彼又將礦師及器械皆延請于渠, 又日後設電線, 渠國當任之. 又咸興·大邱事預約三件爲請, 而只減一十萬之數. 故答以如此要挾, 不如不減, 而仍復爲五十萬矣. 又將俄國黑海之戰, 及中國雲南之案爲言, 則彼亦以爲然, 而此事非爲利也. 貴政府不能曉諭民人, 以致此變, 此次是罰款云. 其言無禮至此, 憤不可堪. 忠曰, 日人覬覦貴國礦山久矣. 今此執事等至中國, 面見中堂, 須祈爲作主, 以絶日人之望, 以立富國之基. 金曰, 日人言我國自有財而不能用, 其覬覦可知. 今此不允, 其請誠爲向已, 乞大人作主, 延師開採, 故開採伊始, 自我償其數, 綽有裕矣. 且敝國雖貧, 每年節省, 或可辦十萬圓耳. 寧失每年十萬, 不聽日人之任行開採也.]

因訂於二十日晨, 由漢城啓行. 夜間, 繕上傅相與振帥稟各二件, 稟傅相云, 自抵朝鮮漢城後, 所籌日·高交涉事宜與誘送李昰應情形, 業經稟報在案. 丁汝昌於十三日戌刻, 率水軍數十名護送李昰應登程. 是夜陰雨泥濘, 沿途不準停息, 軍士等冒雨忍飢, 約百七十里, 於次午抵馬山浦, 將昰應送至登瀛洲兵船安置. 維時日本兵船之泊仁川口者, 以次移椗來集, 因留海口部勒舟師, 期以壯聲援, 而示牽掣. 忠於十四日, 一面請朝鮮國王由其政府將願重修舊好之意, 函知花房, 隨派全權大官李裕元, 副官金宏集, 馳赴仁川會議. 一面査拿城東亂黨. 蓋王京隷兵籍者, 約近萬人, 半在枉尋·利泰二里, 聚族而居, 世世爲兵, 慢官厲民, 久成積習. 初, 朝鮮國王九齡嗣位, 是應以太公攝政十餘年間, 臣民交怨. 嗣國王年長, 王妃閔氏亦累世勳舊, 其父兄欲輔國王, 收回大柄. 於是朝臣之同志者, 擧是應頻年惡跡, 交章彈劾, 遂致失政家居. 無何, 王妃父兄皆死於火, 國人均渭是應所爲, 顧以其處不死之地, 國王亦姑爲隱忍, 仍以王妃從兄, 置顯要輔政. 是應乃以陳氏豆區之計, 陰結枉尋·利泰二里諸軍士, 以爲羽翼. 去年, 其次子載先與勳戚三五少年, 欲謀簒弑, 未發事泄, 庾死獄中. 用是積怨益深, 流毒愈甚, 遂有今年六月之事.

現雖是應就拘, 而其長子載冕新以訓練大將握兵柄, 恐亂黨一聞査拿, 或更奉以爲亂. 爰於十五日晩間, 先將載冕誘拘南別宮, 以水兵數十人守之, 然後部署一切. 是夜, 吳軍門派慶軍會辦營務處袁中書世凱, 來館幫同料理, 而金允植亦以國王致吳軍門及忠書至, 請速派兵至該二里, 勦除亂黨, 俾欹器復整, 情辭之間, 頗極迫切. 爰令慶字親兵後營張副將光前, 率領全隊, 出小東門, 會同慶字左營吳總兵兆有·慶字正營何副將乘鰲, 往捕往尋里亂黨. 其地兩面依山, 中列街衢, 瓦屋鱗次. 吳總兵率軍分扼兩頭, 張副將直入其巢. 時天色漸明, 該亂黨等突見我軍掩至, 一半持械走登山麓, 一半出街前死拒. 里中間有居民雜處, 不敢輕用礮火, 短兵巷戰兩時許, 張副將生獲一百三十餘人, 何副將以親兵輔之, 亦獲二十餘人, 其餘悉由屋後竄去, 我軍帶傷者二人. 當攢捕之時, 亂黨之勢窮力蹙, 度將就獲者, 每以刃自剚其腹, 腸胃畢露, 其悍不畏死, 於此可見. 利泰里, 吳軍門自往掩執, 以地近營址, 已先期聞風遠颺, 僅獲二十餘人. 是役所獲者共一百七十餘人, 忠當至吳軍門營內會訊, 戮其首領及罪狀較審者十人, 其餘情有可原者, 概予釋放, 蓋以六月初九日之變, 其中不無脅從, 設所獲者不爲分別輕重, 盡置諸法, 則此輩知罪皆不赦, 必聚而爲走險之謀. 惟第戮其首領, 則凡脅從者, 咸知爲法所不誅, 將安然解散以去, 而潢池之禍, 可以不興, 亦潛消反測[49]之意也. 雖亂黨數千, 僅戮此十人, 猶恐未

49) '測'은 '側'의 誤字이다.

足以示儆, 而天威震讋, 羣凶奔竄, 巢穴旣覆, 嘯聚無方, 此後散處四方, 不難隨時續捕, 而載冕不安於位, 亦旣於是日請釋兵柄.

方辨理間, 接奉振憲來函與抄示總署函稿, 所籌先後機宜與現在辨理情形, 節節脗合. 猶憶汝昌等甫至朝鮮, 亦卽以生致昰應爲先著, 故方汝昌回津時, 忠卽借調停日本之說, 與昰應深相結納, 冀使弗疑. 迨陸軍旣至, 忠先率小隊二百名, 直趣王宮, 昰應請住城內南別宮, 其時頗有勸令勿入者. 忠以向日住此, 玆忽遲留城外, 彼心因疑生懼, 預爲防備, 則辨理卽難得手. 遂毅然入居. 復與謬爲親近, 彼果深相傾信, 終以就逮, 而後乃得査拿亂黨. 不特朝鮮之宗社危而復安, 亦且日本之奸謀隱而難肆, 此皆仰賴皇上聲靈, 中堂威望與夫振憲之當機立斷, 乃克收此寸效, 在事諸員, 不無著有微勞, 除陸軍應由吳軍門開單請獎外, 其水師於汝昌前乘威遠回津請師後, 仁川口內, 僅超勇·揚威二快船, 而日本兵舶乃有七艘. 該管駕等皆能相機酬答, 示以鎭靜, 使之不敢輕肆而登陸. 後護送昰應, 使元惡不至逭逃. 拘守載冕, 俾亂黨無從推戴. 其後日艦移椗南陽, 各舶又能隱示牽掣, 俾日兵不敢輕動, 而忠乃得與吳軍門捕治亂黨, 使日人始終未得攙越, 陸軍爲其顯, 水師爲其隱, 其勞亦足相當, 其可否擇尤酌保. 以示鼓勵之處, 已稟請振憲, 批示遵行矣.

十九日, 晨, 聞吳軍門移軍東門, 策馬往視, 因告行焉. 九點鐘回館, 檢點巾篋. 允中以王命袖示謝表, 曁咨總署與北洋大臣文稿. 午後, 國王·世子幷遣中使饋禮各四事, 固辭不獲, 乃受之. 於是朝鮮官來館送行者, 屨滿戶外.

二十日, 晨, 國王遣承旨官賚帖送行, 訂繼見期, 且謂趙·金二使至津門, 務乞傅相上憲, 進際前席, 親賜敎誨. 囑余爲之先容焉. 旋接津來函札. 十點鐘, 偕趙·金諸君自南別宮啓行. 一點鐘, 次果川,國王復遣中使起居. 七點鐘, 次水原, 以日中熱甚, 乘夜復行五十里, 至南陽行館, 時漏箭已四下矣.

二十一日, 晨, 南陽行館作二書, 致吳軍門與花房公使. 尋發馬山浦, 午後, 抵埠, 潮落待渡. 復接津來函件, 乃昨由鎭海輪船賫至者, 內有張振帥手札, 錄譯署公函謂, 此役也, 如能生致李昰應, 則探驪得珠矣. 又錄傅相與我駐倭星使黎君蒓齋兩電, 亦皆以此役要領, 在制服昰應, 則他皆迎刃而解云. 計此時昰應當已抵津門矣. 四點鐘, 乘半潮, 刺小艇, 渡至鎭海, 命駛出口外, 薄威遠以登. 丁軍門飭管駕官, 遲明起椗, 幷安置朝鮮各官艙位.

二十二日, 晨五點二刻, 起椗, 海天澄淨, 如行鏡中. 入夜, 風自舵旁來, 舟甚傾側.

二十三日, 午前九點鐘, 駛抵之罘, 知傅相已於昨日十點鐘乘保大鼓輪北上矣. 遂登岸, 拜方佑民觀察, 幷晤仲兄相伯. 四點鐘, 登船, 擧椗回津, 恭錄八月十二十六諭旨兩道. 光緖八年八月十二日, 內閣奉上諭, 朝鮮爲我國大淸屬國, 世守藩封, 素稱恭謹, 朝廷視同內服, 休戚相關. 前據張樹聲奏, 朝鮮國亂軍生變, 突於六月間, 圍逼王宮, 王妃被難, 大臣被戕, 日本使館亦被橫害. 當諭令張樹聲調派水陸各軍, 前往援勦. 又以李鴻章假期屆滿, 召赴天津, 會同查辦. 旋經提督吳長慶·丁汝昌·道員馬建忠等, 率師東渡, 進抵該國都城, 拿獲亂黨一百數十人, 珍[50]厥渠魁, 赦其脅從. 旬日之間, 禍亂悉平, 人心大定. 探訪該國輿論, 咸稱衅起兵丁索餉, 而激之使變者, 皆出自李昰應主謀. 經吳長慶等, 將其解送天津, 降旨, 交李鴻章·張樹聲究明情由具奏. 李昰應當國王沖年, 專權虐民, 惡跡昭著, 迨致政後, 日深怨望. 上年卽有伊子李載先謀逆情事,

50) ‘珍’은 ‘殄’의 誤字이다.

此次亂軍初起, 先赴伊家申訴, 既不能正言禁止, 乃於事後擅攬庶務, 威福自由, 獨置亂黨於不問. 及李鴻章等遵旨詰訊, 猶復多方掩飾, 不肯吐實. 其爲黨惡首禍, 實屬百喙難逃, 論其積威震主, 謀危宗社之罪, 本應執法嚴懲. 惟念朝鮮國王, 於李是應誼屬尊親, 若竟置之重典, 轉令該國王無以自處, 是用特沛恩施, 姑從寬減. 李是應著免其治罪, 安置直隷保定府地方, 永不准回國. 仍著直隷總督優給廩餼, 嚴其防閑, 以弭該國禍亂之端, 卽以維該國王倫紀之變. 吳長慶所部官軍, 仍著暫留朝鮮彈壓, 該國善後事宜, 幷著李鴻章等悉心商查, 用副朝廷酌法準情綵靖藩服至意. 欽此.

光緖八年八月十六日, 內閣奉上諭, 禮部奏接, 據朝鮮國王來咨轉奏各一摺, 幷抄錄原咨呈覽. 該國此次亂軍之變, 經朝廷發兵戡定, 深知感激. 殊堪嘉尙. 至所稱中情震迫, 瀝懇天恩, 准令李是應歸國一節. 李是應以宗屬至親, 積威震主, 謀危宗社, 罪無可逭. 朝廷酌法准情, 姑從寬減. 前已明降諭旨, 擇地安置, 優給廩餼, 原屬格外施恩. 該國王顧念天倫, 係懷定省. 以李是應年老多疾, 咨由禮部代奏乞恩, 詞意迫切, 自屬人子至情. 惟李是應獲罪於該國宗社者甚大, 該國王旣承先統, 應以宗社爲重, 不能復顧一己之私, 所請將李是應釋迴之處, 著毋庸議. 仍准其歲時派員省問, 以慰該國王思慕之情. 嗣後不得再行瀆請, 該部知道. 欽此. [謹案, 嗣於光緖十一年八月間, 釋是應還國.]

29

朝俄交界考

丹徒 馬建忠 著

朝鮮與俄國本非接境, 自咸豊十年, 中國與俄羅斯立約分界, 以圖們江口以東地, 歸俄羅斯. 於是, 朝鮮與俄國, 始有交界之處. 則欲考朝鮮與俄國交界之處, 當先考朝鮮與中國交界之處. 謹案≪會典≫, 康熙五十一年, 烏剌總管穆克登奉旨查邊, 至白頭山卽長白山審視, 西爲鴨綠, 東爲土門, 遂於分水嶺勒石爲記, 蓋中國與朝鮮, 以南北分界, 自長白山迤西則鴨綠江閒之, 北爲中國, 南爲朝鮮, 迤東則土門江之北爲中國, 南爲朝鮮. 以咸豊十年中·俄和約, 第一條則中國與俄羅斯, 係以東西分界, 自松阿察河, 經琿春河迤南盡圖們江口, 東爲俄羅斯, 西爲中國. 圖們江卽土門江, 又名豆滿江. 審是, 則土門江口迤西, 朝鮮仍與中國隔江接境, 而與俄羅斯交界, 僅在江口一隅. 又朝鮮≪通文館記≫, 丁卯年, 咸鏡道觀察使金有源稱, 有異樣人至慶興府東門外, 聲稱爲俄羅斯人, 該國都統遣其在對岸界牌近處築室. 稽諸地圖, 則慶興府東門對岸, 卽土門江口之穆湖崴地, 則兩國交界, 僅在土門江口, 其證尤明. 且查中·俄和約稱, 兩國交界, 與土門江之會處及該江口, 相距不過二十里. 當時以爲中·俄分界之所, 如春秋吳·越具區, 均不得有不得謂之俄境, 則朝鮮與俄國接境, 僅在江口出海一隅. 其地甚小, 且隔江相望, 界劃判然, 非若他國壤地毘連, 必須派員會勘乃明者比.[51]

51) '比'는 '也'의 誤字이다.

30

鎭南浦開埠記

日本 古城貞吉 譯

鎭南浦在平安道, 屬三和邑治, 朝鮮人多稱爲甑南浦. 其地在大同江上游左岸, 距漁隱洞十里, 南枕江, 北控飛拔島, 而西則小崗起伏. 江廣約四十有餘町, 下流約計一里, 有馬馳津. 山端向南突出, 上流約一里, 有小島向北突出. 退潮每聚其間, 繫船甚便, 足泊輪艦千五百噸有餘者三十隻, 且頗離海口, 雖有暴風, 無惡浪掀飜之虞, 上下貨物, 埠頭極便, 但潮汐漲滿, 高低無定, 較諸仁川[卽濟物浦], 稍覺異耳. 是浦氣候溫煖, 江水結冰, 自每年十二月上浣, 至下年三月下浣, 冰卽融解. 接近之地有泉水二三, 又有湧井, 味甚佳, 可供飮料. 是處泉水, 汲至三四十噸, 亦不竭焉. 且地形饒沃, 若闢租界, 當勝於仁川三倍. 若稍加人工, 則舟泊得所, 定爲佳好埠頭. 自平壤息爭, 黃州一帶, 日益繁盛, 蓋由大同江水運所致也. 若增廣水利, 開平安·黃海二道, 其利更溥. 近自仁川至萬量岱[卽平壤也]開行輪船, 來往人皆稱便矣. 在昔貨物, 每經由元山津而出入於此地, 其不便可知. 今開埠於此, 內外貨物, 麕集輻輳, 行旅咸歸. 惟時屆冬季, 江水結冰, 船舶難行, 頗行窒礙, 然於平安道一帶沿岸欲求一不凍港, 亦不易得焉, 故以鎭南浦爲貿易埠頭, 洵至當矣.

31

遊三仙洞記

闕名

朝鮮漢城東門外三十餘里, 有高山, 雄峻嵬峨, 突出雲表. 其下有三仙洞遺蹟, 秋日多暇. 約伴前往, 抵一村落, 居民數十家, 稻田鷺浴, 松磴螺盤, 瀑布之聲, 不絶於耳. 步步入勝, 不覺山列目前矣. 山之陽有石洞, 額曰三仙, 花草淸幽, 水泉繚繞, 洵洞天之仙境. 洞府之大觀也. 入其中甚平坦. 石均白色, 如虛室然. 約一二里外, 崎嶇凹, 頗不易行. 石之如笏如筍者, 聳峙嵯岈, 惟妙惟肖. 又有隱約爲人物像者, 參差作臺閣形者, 皆鐘乳所結成, 鬼斧神斤, 雕鏤亦不過如是, 化工之妙, 至此已極. 又轉而南, 忽黑暗如漆, 面不見人, 須於此處敲火然燭, 待照以進, 陰森之氣, 逼人肌膚. 其中石多奇狀, 不暇遍視, 急趨而前, 又約二里許, 則天開一線, 微露日光. 其地周圍數畝, 石罏石灶, 位置咸宜, 傳爲三仙修眞處. 再進有石像三, 趺坐地上, 服本國衣冠, 左手執數珠, 右手執書卷, 低首若誦經狀. 遍處皆有泥土, 惟像之前後左右, 絶無纖塵, 亦一異事. 詢之土人, 終莫得仙人之姓名. 或曰, 聞諸故老云, 八九十年前, 肉軀尙在, 後有無知愚氓每加侮弄, 婦卽得狂疾而終, 居民遂將肉骸掩埋, 各刻石以肖其像, 然耶否耶, 亦焉得而知之耶. 自洞口至此, 約有八九里, 遊之者亦覺其遙, 幷不覺步步直上也, 從日光透露處斜窺之, 始知將及其巓. 石有玲瓏闢透者, 故日光得射人耳. 由此而下, 則到山之陰矣, 曲折彎環, 僅容步履. 行數里, 稍寬敞, 有狐獾數十, 見人驚奔, 各竄入亂石間. 中有淸水一灣, 深數丈, 魚之游泳其中者, 多如擲梭, 大且盈尺, 人不敢設網罟以取之, 聞下有潛龍, 恐驚擾之耳. 循水而北, 有石高懸若鐘式, 扣之鏗然, 又里許, 路平如鏡, 兩壁如削, 苔蘚斑駁, 如鳥篆蟲文. 行不數十步, 忽兩石對峙, 髣髴人形. 側身而出, 又極高聳. 有白鶴二, 巢於石隙, 見人不驚, 聞係數百年物. 如欲弋取之, 則走石飛涉, 遠不得出, 若有山靈呵護之者. 又里餘, 則抵溪洞口矣. 蓋此山懸崖陡壁, 人莫能攀, 非由洞中行, 無以達山之陰也. 出洞口里許, 遙望之. 小槁流水, 茅舍槿籬, 紅葉千林, 靑山一抹, 秫禾晩稻, 尙掩映於田疇野水間, 桃花源洞, 依稀似之. 去村數十步, 有稚兒幼子, 歡笑相迎. 雖言語不通, 爭牽衣以爲引導. 忽聞讀書聲, 以手示之, 卽趨入其門. 有峨冠廣袖者出, 揖客而進, 蓋卽課讀之先生也. 室無他物, 入卽盤膝而坐, 以筆代言, 爭詢當今時事. 自謂此村之人, 有生平未至城市者, 少選出酒菓款客. 菓頗適口, 惟酒色混濁, 以不解飮對, 彼亦不相强也. 村中婦女聞而畢集布裙荊釵, 無粉黛氣. 爭於簾幕下窺之, 談笑自如, 絶不羞避, 頗有魚鳥親人之意. 時將黃昏, 起辭欲去, 而堅持襟袂, 雅意挽留, 遂止宿焉. 殺雞爲黍, 倍極殷勤, 席地而眠, 無所謂被褥也. 翌辰告辭, 意尙戀戀, 出松子柿梨相贈, 携有中國茶食數品, 持以報之, 喜形於色. 其隣舍來觀者, 均有垂涎之意, 遂取少許以分嘗之. 點頭感謝而去, 出門循舊路而行, 入後洞, 出前洞, 及抵寓所, 午漏鳴矣.

32

高麗新開埠記

闕名

西曆本年[一千八百九十七]十月朔日, 高麗將於鎭南浦·木浦[從西音譯出]二處, 開設新埠. 鎭南浦係密邇平壤之地, 在平安道之西, 海邊物産富饒, 素稱天府之區, 而礦尤首屈一指. 雖是處初未開礦, 不能知其底蘊, 而據識者細加考察, 謂苟能盡力搜取, 寶藏之興, 必獲大利. 平壤距鎭南浦僅三十英里, 在大同江畔, 人傑地靈, 自古多磊落英奇之士. 昔年高麗國君嘗建都於此, 爲高麗最大之城之一. 西曆一千八百九十四年中日之役, 此城與西方諸城, 同遭大劫. 中國敗北, 華兵逐出高麗之境, 吾見其師之出不復見其矣, 是役也. 百姓扶老携幼, 悉避於內地, 近二年來, 漸歸故土, 建屋設肆, 頓復舊觀. 此聞該處商務日興, 進口出口貨頗不少, 除漢城及各處通商口岸而外, 西人指此爲大都市矣. 西數省土産, 以菽麥煙絲皮貨爲大宗. 其鄰省黃海道, 則爲魚米之鄕, 亦甚殷富. 鎭南浦去漢城一百八十英里, 去威遠城亦一百八十英里, 威遠城在鴨綠江畔, 曩年華人與高人貿易於此. 鎭南浦港深而且濶, 極大輪船可以駛進灣泊. 高麗百姓向推平安道爲第一, 勤儉篤實, 有志自立, 他處皆不及也. 凡高國商人, 一聞平安道之百姓, 雖素昧平生, 競願以物相賒, 不卽索値, 其誠謹可靠可知. 西人以此一端, 常念念不能去諸懷, 謂日後此埠旣開, 必能大興商務, 不待數年, 吾知其將超出於各舊埠之上矣.

木浦, 在全羅道南海邊榮山江之口, 此江所經, 皆通省膏腴之地, 江水悠長, 船艘可直至內地全羅道. 人烟稠密, 出産繁盛, 如米, 如緜, 如烟葉, 如竹器, 如水族海鮮. 不勝枚擧, 地土之沃, 水土之佳, 亦莫是過, 誠高麗至富之區也. 木浦離釜山僅一日水程, 在海參葳·長崎之適中. 慶尙道之外, 是地産米最夥, 他日出口之貨, 必以米爲大宗. 木浦離漢城祇二百五十英里, 距全羅道著名繁華之處, 亦僅一日程. 人謂全羅之民, 誠實不如平安道之民, 而聰穎過之, 雅好一切製造工作, 考究不厭求詳, 故高麗之帽及紙及扇及蓆及竹簾, 各種竹器, 皆出於此, 精美絶倫, 平安·全羅二道, 本爲高地之冠. 今所開新埠, 適當此二地, 自今以往, 吾知高國農工, 亦將爲之興起, 商務更受其和益不淺, 高廷之福, 亦通國高民之福也.

33

平壤濟南浦記

英國… 著

自中日戰後, 吾英人行商於平壤者不少, 計外人駐該地者, 美國居十之七八, 此等美人均信從耶蘇教, 其教分二會, 一長老會, 一浸理會, 頗興盛. 長老會已在該地西門外購地五六畝, 建屋居住, 除教堂及住宅外, 又造一醫院. 一千八百九十六年, 統計來從教者, 約一萬一千餘人, 敎士皆言, 平壤之民最易勸化, 如居二年半, 至少能勸化一千人. 高麗北教省人, 性情較南方柔順, 敬遇教士, 蓋商人與南北方人交涉, 故能深悉其性情也.

現在外國人有一定居住之所, 從前則不然. 夫平壤是通商之地, 數年前濟南浦地方不過存貯貨物, 倘無西人通商, 決不能興旺也.

吾在平壤居四日, 曾遇電報局總辦云, 此地電報公司生意, 當首屈一指, 現又新設郵政局, 未能十分興旺. 吾英工部書信館貿易尚好, 當初到時, 遣一通事, 至城內巡撫衙門, 問其何時可謁, 見此巡撫管轄南半省政務, 及通事回云, 巡撫將來拜, 已首途, 夫吾之職, 豈當巡撫來拜, 實奇甚, 及見後, 頗謙遜. 至明晨, 許多官員來請余飯, 惟巡撫不到, 因本國太后之喪也. 是日舉行跳舞會, 是城中希見之事, 該處護城兵有四百名, 係前日本人教訓者, 迎余亦誠敬.

後坐高麗船, 離平壤而至新開口岸濟南浦, 在平壤與孟養灘之間, 有一灘樹林茂盛. 約離城四里, 水流於下, 若有許多小島, 此處水極淺, 不論大小船隻, 俱有阻滯之患, 而孟養灘地方水最深, 海船似亦可行, 小船喫水須有八尺, 或一丈, 乃能穩過. 往下十里, 在江之左, 有一城名寶山, 高麗輪船俱泊於此. 此等船如載物重十四尺至十五尺喫水, 須待潮漲, 方能行動, 至機輕浦水流猛捷, 船極難行. 平壤與寶山之間, 田土肥沃, 外國人過是處者, 皆言宜於種植, 而本國人亦盡力耕種焉. 吾觀將來孟養灘與寶山, 倘有小輪船行駛, 兩地卽能連絡, 猶平壤至勞山, 勞山至高京, 以小輪船接續也. 鄙意孟養灘與寶山作爲通商之地有二益, 一來往便捷, 一商務有利.

從機輕浦向上約五英里, 卽基而土島, 此地爲是江第二有利之所, 并可爲內地之商埠. 人皆思之, 距平壤二十英里於漲潮之時, 行喫水二十尺之船, 不致阻礙, 如爲租界甚佳. 但有一事不妙, 如逆流而至基而土, 殊難行, 緣此江向上漸狹, 而從內地流出之水甚猛, 約一點鐘, 水流六諾脫, 或七諾脫. 且基而土島北面, 約二英里, 有沙灘二, 現新査出, 是處一帶, 直至平壤, 山巒綿亘, 所以自平壤至基而土, 較自濟南浦往更難.

從平壤至濟南浦, 坐本地民船, 約二十八點鐘, 遇三次漲潮, 此次適遇順風, 如到濟南浦海口, 須有四十八點鐘始到.

現在新開濟南浦, 通商地在江之北, 離江口約二十英里, 生化府在商埠北, 約華十里. 知縣卽駐城內, 而濟南浦地居江鄕, 但有董事數人, 生化一府, 約有三萬人, 濟南浦共一百四十家人口, 約有七百人. 在向南小灣之中, 西有一山, 長約一英里四分之三, 斜立水中, 從水面測高約百尺. 東有樹林茂盛之島, 名僻配渡, 自北至南, 約一英里三分之一. 又南又有一小島, 東西二面合計之, 計有八百碼, 水甚淺, 約五十碼之間, 有一港, 通至南濟浦鎭. 是處爲日本人造一碼頭, 猶憶日高開戰時, 濟南爲極要之地, 凡運糧餉器械, 俱由此登岸, 弁築活鐵路一條, 當時日商均避往他處, 西面祇餘一碼頭, 及房屋等, 現在爲日人所佔. 此港如水退時, 不能通行, 所以築碼頭, 爲貨物起落之所. 必須在西面高麗海關之處, 有三萬至四萬平方米, 而停船最相宜之處, 相近僻配渡地方. 是處有一百碼地, 水最淺時, 從八至十七尋[英六尺爲一尋]. 是江約濶一英里, 潮漲潮退, 其高低有二十尺, 退潮甚速, 每一點鐘能行四英里. 隆冬不冰, 惟江口則冰, 雖去年正月底已開凍, 然常年英十二月至三月中, 冰封不解.

現濟南浦雖開口岸, 然該地近邊, 俱係泥灘, 不易築碼頭, 如欲在江邊通商, 恐難興旺. 此等泥灘, 俱高低不平, 斜入水內, 如此情形, 令人不愜意, 進內之小港亦如此, 倘稍寬深, 亦可爲貨物上下之所.

如濟南浦地欲興旺, 輪船祇可椗泊於外, 俟潮漲時駛至小港口, 上下貨物, 故小港之處, 亦應爲租界.

從平壤至濟南浦海口, 約有四十英里, 弁無天成阻礙, 前日本人造活鐵路亦不難, 以現在情形觀之, 通至城內鐵路, 萬不可少.

濟南浦海關稅務司名奧司抱五, 在一千八百九十五年夏間稟報, 亦言應造鐵路, 吾始疑之今信其言不謬.

34

朝鮮海道圖說

懷遠 王德均 述

可豆島者, 在緯北三十六度五十五分, 幷緯北三十七度三十分, 又緯北三十八度三分之處. 有法國兵船屢擬測至朝鮮國海岸, 因隔淺灘, 初探水深四十四拓, 旋探忽淺至十四拓, 故不果. 後於咸豐六年西八月底, 在緯北三十八度二十七分偏東一百二十四度二十七分, 距可豆島西南相近之處, 又欲測至海岸而不能. 可豆島南角, 距赤道北三十八度二十七分, 經度偏東一百二十四度三十四分半. 其南角伸入陸岸間之澳內南面有二鎭, 爲華船停泊之所. 可豆島東角, 距陸岸七里, 彼此相連, 有一淺灘, 潮退盡時, 有數處露出水面, 遠視淺灘, 北伸入海, 其勢甚遠. 近西角有一小島, 距西南面一里, 有一大平灘, 向南鋪入海二里. 此平灘與可豆島間之水道, 均深八拓. 小島與平灘北角間之水道, 深十四拓至十六拓. 近小島之處, 水深五拓. 可豆島南面相近之處, 水深八拓至九拓. 此水道通可豆東面陸岸間之澳. 探得內有一平灘, 距水面三拓, 水道內深八拓至十拓至處, 船可停泊. 泊船處東北面, 有可豆島以障風. 西面有平灘遮護, 澳岸多田原. [【潮信】咸豐六年, 西九月初三初四二日, 可豆島南面之澳內, 潮漲於八小時二刻十分, 高十尺, 朔望日潮約張於六小時一刻五分, 約高十一尺, 至十二尺.]

牀山[亦名單也爾斯島]. 道光十二年間, 西七月十七日, 有一英國商船在色爾遮墨斯合爾列島, 北面相近之處, 見陸地間有一大島, 曰牀山. 南角有一陡山, 近角有一大石. 角東面有一大灣, 此灣北面無障風之處. 牀島幷南面各島, 山頂多叢林. 近海岸之山坡, 多耕種. 英國商船曾在牀山西面, 緯北三十八度十七分, 偏東一百二十四度五十六分之處停泊. 測此島距色爾遮墨斯合爾島, 最北者之北面十二里.

邑爾遮墨斯合爾列島. 其三島最向北者之西角, 經度偏東一百二十四度四十四分半, 最向南者之南角, 距赤道北緯三十七度四十四分半. 各島居中者西面, 有一白石小島, 近南島西南角, 水深二十拓至三十拓. 其島南面澳之中界海底爲黑砂, 水深七拓之處, 可泊船. 其澳內惟西西南與南幷東南間, 無障風處. 澳岸有兩村, 此島最高者, 七百五十尺. 登最高頂, 能見朝鮮之最高陸岸. 一帶亂石山迴合, 又見海岸曲折向南西南, 與北西北相距二十五里至三十里, 近岸多小島, 中列島南列島間之水道, 闊而穩便. 惟中島與北島間, 水內多石行, 間有露出水面者.

約押金澳. 昔有法國兵船, 由他得分西面三里之處經過. 探得列島間水深十一拓, 島中多漁民, 田肥美, 多耕種. 克里福列島與陸岸間, 水深三十三拓, 詳探之後, 復向前行, 距約押金澳西角一里, 水深九拓之處停泊. 測澳口, 距赤道北緯三十六度五十三分半, 偏東一百二十六度七分又四分分之三. 此澳伸入陸地, 向東南頗遠. 澳口有兩石行, 其東面有一水道, 潮退盡時, 深十六尺, 過此水深七拓至九拓, 海底爲輭泥質. 大鎭對面爲兵船停泊之所, 一鎭中居民衆約四千口. 約押金澳向東南幷向東分爲二, 長四里至五里, 但澳內水道甚淺, 潮退祇深三尺.

海岸. 自約押金澳海岸曲折向東北而成一大灣, 內有叢島, 灣首曰日羅木灣, 灣南岸有兩澳, 一曰迷澳, 一曰克洛林澳.

設色里阿灘. 此淺灘南尾, 距赤道北尾緯三十六度五十九分二十秒, 偏東一百二十六度十八分. 自此處起, 淺灘與陸岸平行, 至緯北三十七度六分半, 偏東一百二十六度三十一分半之處止. 淺灘闊約四分里之一, 至四分里之三. 灘之各段, 距水面深淺不一, 探兩尾水深不過六尺至九尺, 其東西二面爲陡界, 近東界之處, 水深十一拓至十二拓, 近西界水深十二拓至十五拓. 此灘能障入迷澳、克洛林澳之海浪, 灘與陸岸間有一長水道, 闊約二里, 水深過十二拓, 水道間俱便泊船.

克洛林澳. 此澳西角, 距赤道北緯三十七度一分半, 偏東一百二十六度二十五分. 近澳口西角可摩藍底也勒石, 與亞勒佛得舌間, 深九拓之水道內. 爲此澳外面穩便泊船處, 陸岸多村庄. 澳內無河口, 此間潮漲高二十六尺. 此澳口, 闊約一里, 其東角有一砂嘴, 向西面伸入水道, 四分里之三, 潮退盡卽現. 嘴之西界, 與澳口西角之間, 有水道深十一拓, 澳內與約押金澳同.

迷澳. 迷澳口, 距赤道北緯二十七度三分, 偏東一百二十六度三十三分. 其南首有窄水道, 深五拓半, 遠視形如河口, 故曰迷澳. 近此窄水道口, 爲穩便泊船處, 但澳口外面, 多淺灘小島, 甚不易到, 且泊船處之水道間, 潮流行之力甚疾, 每小時五里. 近此澳岸, 幷日羅木灣岸, 爲棹山一帶之脈, 昔有法國兵船在日羅木灣水深十五拓, 北緯三十七度十一分, 偏東一百二十六度三十五分之處停泊, 探得阿得爾夫島以南, 與佛爾灘得島以北, 兩島間之水道, 深二十一拓.

因皮里阿爾列島. 按前泊船處北面, 有因皮里阿爾列島一帶叢, 東南有日羅木灣之海岸, 距此海岸一里半, 有水道深十一拓, 距海岸不及一里半則深淺不一. 此灣東南偏南, 又有一澳, 長十里, 闊約一里, 此間約有一大河口, 澳岸人煙稠密, 爲華船停泊之所. 澳內有兩帶山, 山間有大平原, 其北面之山有陡石崖, 其南面爲棹山相連之脈. 遠視此山, 卽可知河口方向, 遡河之故道, 曲注東南, 後遷徙向東, 曾詢諸朝鮮國舟人. 視西爾[朝鮮都邑]爲東東北之向, 時有朝鮮官民窺探法國兵船測量水道, 故知都邑距河口不甚遠. 日羅木灣內, 潮流行之力甚疾, 速率每小時四里至五里, 大潮高二十二尺半, 至二十六尺. 西八月二十六日, 法國兵船至此處開行. 適値南西南之風, 未免曲折强行, 擬過列島最東者之上風面, 行時順探水之深淺, 各處皆同. 已過帽石, 卽抵阿得爾夫, 與木爾·羅爾兩島之間, 探水深二十七拓, 過此探得十七拓, 又探得八拓, 船隨淺於水深十四尺. 海底爲砂之處, 帽石距赤道北緯三十七度十五分, 此砂灘距佛爾難得島高頂, 西北偏北又北三分之向, 又距西勒佛得島高頂, 北又西一分之向. 佛爾灘得島, 距緯北三十七度九分, 偏東一百二十六度三十分. 阿得爾夫島東南角, 距赤道北緯三十七度十二分十秒, 偏東一百二十六度二十四分. 兵船所淺之灘, 距赤道北緯三十七度十三分, 偏東一百二十六度二十七分.

馬角里板克斯港幷淺灣. 道光十二年, 西七月二十日, 有英國商船自牀山南面泊船處南駛. 一日之中, 已歷多島, 近鹿格島, 距建陸山鎭約二里許, 棹山西面停泊. 二十五日更向東行十里, 自鹿格島向東北前行七里, 至一叢島間, 於近鎭穩便之處停泊. 此列島北面有一大灣, 名淺灣, 淺灣內之島中多農民. 測灣口闊約五里, 距口北面十里之處, 闊約九里, 灣內深淺不一, 其中水道深八拓至十二拓. 灣之西岸有大島, 曰林奇島, 淺灣首分爲二, 西首自南至北長七里至八里, 東首自南西南, 向北東北, 內多帆檣往來, 不知長爲幾許. 距林奇島南面約一里半, 淺灣口外面有三島. 成馬角里板克司港, 港西北曰長亘山, 島東面曰戈田, 南面曰南島, 西面近長亘, 山南角又有一小島曰茅石, 周圍有石行. 戈田島南角對面, 港之中界, 深八拓至十二拓, 探得北水道深淺, 約二十尺至十二尺. 港之北面有數蕩石, 距港南面, 島之北角西西北一里, 露石間所湌之直線, 爲水深五拓之界, 稍向北, 水深六拓, 更向北, 水深十二拓半. 茅石距赤道北緯三十六度二十六分, 又四分分之三, 經度偏東一百二十六度二十八分. 長亘山西岸中段近山谷之處, 有淺澳內, 多低砂岸. 戈田島西北岸有大鎭, 距戈田島東面有一大島, 曰如心島, 横遮淺灣之口, 島上有三村. 如心島與林奇島南面間之水道, 長二里, 闊約一里半, 內有小島弁石, 礙難行船, 凡擬抵馬角里板克司港者, 可視高三千二百八十尺之棹山爲標準. 棹山距泊船處東偏北又北三分之二, 通此港各水道間, 多小島亂石, 須謹防之. 昔法國兵船赴此港時, 在格林島南面二里半之處, 探水深二十七拓. 格林島高九百五十一尺, 距赤道北緯三十六度七分, 偏東一百二十六度一分, 後自此處前行多時, 已過外洋島, 高一千五十尺者. 東面四里之處, 探水深十四拓至十六拓, 更向東行七里, 始改向北行, 此第過卡迷勒島·拍連島·乂納島, 距東面稍遠, 自此三島對面, 至他得分島對面之處, 探水深八拓至十拓. 他得分距赤道北緯三十六度二十四分半, 經度偏東一百二十六度三十四分, 過此卽抵馬角里板克司港. 淺灣自南至北, 長約三十里, 自如心島起, 至距北面二十五里之處止, 約水深十一拓. 淺灣之西半, 墨剔爾列島, 水深六拓至十拓. 墨剔爾列島距赤道北緯三十六度四十四分, 其北面澳內探深四拓至五拓, 東東北面之澳內近岸處, 水深二十二尺, 至二十六尺. 淺灣內潮漲高二十六尺, 灣內多旋溜, 西船入水過深, 礙難經過. 此灣內多貿易, 各危險處有號燈, 行船者易於識別. 鎭之最大者, 在如心島, 弁蘆美港. 距如心島北面三里, 有拍斯哇爾列島, 距東角東北面一里半, 爲拍那島. 淺灣南口有三水道,如心島西面之兩水道, 華船可通. 第三水道, 在馬角里板克司港列島南與東面, 此水道至如心島東南角, 深六拓半至二十二拓. 其東南角與相近之步位島, 成一圓澳, 爲穩便泊船處, 拍斯哇爾列島與如心島間近陸岸之處, 亦可穩便泊船, 拍那島潮力較灣內稍緩, 更爲穩便. 自淺灣至距北面十里之露體列島, 水深九拓至十六拓, 海底爲砂幷蛤. 距露體列島東中界南面一里, 水深八拓, 海底爲砂. 灣口對面之處, 可停泊避風, 華船亦常停泊候潮. 距露體列島北西北一里半, 有長四百拓之平灘, 距水面二十六尺, 行船者應於平灘西面, 與林奇島間行過. 過此水道, 卽能見墨剔爾列島. 距北偏東面六里, 其列島分淺灣爲兩大澳, 一曲折自南向北, 一曲折自西南向東北. 距此列島最南者南面半里, 有一小島, 遙見叢林間有一白塔, 其頂爲瓦. 距此小島西南偏西三里, 與距林奇島最近之角, 里數相同, 亦有一平灘, 較前二灘稍小, 距水面二十六尺, 行船者應由此平灘西面前行. 過此稍向林奇島以北, 卽能見西偏北之蘆美港, 港內成一澳, 長一里半. 山坡有一大鎭, 爲淺灘最大之埔頭, 通此港水道, 深六拓半至九拓, 可避各方之風. 港西有一大澳, 出澳之潮力甚大, 泊船不甚穩便. 大潮時, 華船可通大澳, 過蘆美港北面之小島, 水道甚窄, 深淺不一, 有一水道長六里至七里, 僅深二十六尺. 近此處有一圓錐山, 分列三峰, 狀如懸乳, 此山最易識別, 適當三澳之中. 蘆美港東面爲淺灣東北澳之口, 西南面某障風處, 此澳內水深不過三十二尺, 且潮退盡時, 近大官角有一灘, 長一里半, 斜鋪入海. [【潮信】馬馬角里板克司港, 朔望日潮漲於三小時二刻, 大潮高盆二十九尺, 淺灣內潮漲高二十六尺.]

巴西爾灣[亦名駐因]. 距格林島東面, 約四十里, 有陸舌稍曲, 成巴西爾灣. 陸舌南界, 距赤道北緯三十六度七分三十八秒, 經度偏東一百二十六度四十二分半. 巴西爾灣闊四里, 南面無障風處, 澳口內水深二拓半至三拓, 故大船不能入澳, 昔有兩西兵船在澳口外面水深五拓之處停泊. 距灣口西角西南五里, 有尖小島, 高九百三十尺, 曰黑倫島, 爲赴此灣之標準, 灣岸多村鎭田原, 并多叢林. [【潮信】嘉慶二十年間, 西九月初四日, 望前二日半, 在巴西爾灣, 見見潮漲高十五尺半, 潮退盡時爲戌正, 又見潮漲滿於丑正, 故知朔望日. 潮漲約於四小時一刻, 大潮高十七尺至十八尺.]

高麗列島. 有西船自巴西爾灣開行向南於高麗列島間, 探水深七拓至十七拓之處, 停泊一宿. 數日後, 又在某雷灣內水深十一拓, 海底爲輭泥質, 距刺草島東面二百拓之處停泊一日. 測得距赤道北緯三十四度二十二分三十九秒, 偏東一百二十六度三分, 此間列島爲最穩便泊船處. 各向俱有水道可通, 潮漲向東北, 大潮流行速率, 每小時三里半, 高十五尺. 登此島之山峰, 高八百尺者, 能遠見大小二百餘島.

古公列島. 此列島自東至西長九里, 若列入尖島, 自南至北, 亦九里, 土瘠不毛. 島間有窄水道, 潮流行之力甚疾, 當大西風時, 此間有臣浪衝激. 向內數島, 間有植物之處, 砂岸間有居民. 古公列島最向東而最大者, 曰營島. 自東至西長二里, 闊一里, 其東角距赤道北緯三十五度四十八分八秒, 偏東一百二十六度三十一分. 此島稍高, 上多矮樹, 向西漸低, 西角外多露石. 當東恒風時, 可在此島南面停泊, 若値西南大風, 恐不能敵此巨浪, 距泊船處二里, 可得淡水. [【潮信】營島朔望日, 潮漲於二小時一刻十分, 大潮高二十尺, 常日小潮十尺, 潮順水道流行, 每小時三里. 【行船流程】凡自西面向古公列島行船者, 必須先視馬鞍島, 其西高峰, 距赤道北緯三十五度三十六分五十秒, 偏東一百二十六度六分. 此島兩角, 各有一峯, 故自遠視之, 形如馬鞍. 距北面一里半, 有一小島距東面一里, 又有兩相近之小島. 自馬鞍島相距五里之處, 向東前行, 能見尖島, 其北面能見古公列島. 此間潮漲向北流行之力甚大, 水深十拓至三拓, 又四分拓之一. 距尖島北面有一角, 近水面之石有一穴, 曰乳石. 自西面行船者, 易於識別, 抵孔石與尖島間, 卽可向東北偏東前行, 或向營島東角前行, 卽於水深九拓海底爲輭泥之處停泊. 自此處視尖島中界, 爲南偏西又西一分之向, 相距一里, 又視營島東角爲東北之向. 凡曲折强行而赴此泊船處者, 尤須加意, 因此間有陡界, 自深六拓忽淺至三拓.【風信】高麗國西岸東北與西南西恒風, 七八月間, 方向不一, 大風時多雨.]

無産列島. 此三島幷數小島, 自西南向東北, 長約五里, 距赤道北緯三十五度二十一分, 偏東一百二十五度五十八分. 其列島中之最大者, 有一山, 形如圓錐, 高六百尺. 列島最南者有山數座, 最高者五百尺. 列島北者高三百尺, 此爲石崔. 近東南角, 有二小島, 大風時, 列島間不能行過. 北面之水道雖闊, 乃其南口有一盤石, 北口有兩小島, 距大角東南, 陡角東北又東二分, 一里半, 潮退四分之一卽現. 若當避北風, 或西北風時, 船退至此處, 卽可距東南陡角西面, 或西南面半里, 水深十二拓. 海底爲砂幷蛤之處, 停泊以避風, 更近角, 水深十四拓. 咸豊十一年西十二月, 曾有英國兵船在此處避西北大風, 海底受錨甚牢, 而海浪甚大, 潮漲落甚高, 是兵船後繞北島而行, 相距半里, 近島形狀, 疑有陡界. 距列島西北面一里半, 有一小島, 高二十尺. 距小島一里, 有一露石, 高十尺. 露石與小島間, 復有一小石. 距露石東南偏南二百拓, 又有一石. 距此列石東東南三里, 有兩小島, 其北者高五十尺, 南者高一百尺, 周圍有乱形露石. 是英國兵船於此小島西南, 距二百拓至三百拓, 更行向東北, 探水忽淺至五拓, 海底爲泥質, 且有大浪, 故不能更向前行.

沒得司島. 高麗列島南半最向西北之島, 爲沒得司島. 自北東北至南西南, 長三里. 島有二高峯, 其北最高者, 一千二百二十八尺. 距赤道北緯三十四度四十二分半, 經度偏東一百二十五度十六分.

馬口島. 距沒得司島東面八里, 有一島高一千四百五十七尺, 自北至南長六里, 曰馬口島. 其中界距赤道北緯三十四度四十分五秒, 偏東一百二十五度二十八分半, 沒得司島與馬口島間, 探得深五十一拓.

繪圖列島. 此列島有三長島, 高二百尺至三百尺, 其北面有兩小島, 與此列島成一曲形. 過北南二尾之東角, 爲北又西一分與南又東一分之向. 北面四島, 如有石行, 交互相連. 南島爲最大而高者, 其島與北面四島間, 約有一穩水道. 此列島北尾爲一陡山, 距此陡山西北又西一分, 又距列島西界, 北偏東又東三分之向, 有一小露石, 高約五尺. 近此露石與島間, 視海浪如擊淺處, 距陡山與露石東北面一里可行. [【潮信】此間潮流行之向, 自東向西, 近繪圖列島北面流行之力甚疾. 此英國兵船本擬向西北偏北而行, 恐爲潮力推至石淺故改向北行以避之.]

非闌克得石. 距繪圖列島最北者, 東北又北三分, 四里, 有圓頂石, 高五十尺, 曰非闌克得石.

壘列石. 距繪圖列島南角, 西南又南一分, 四里又三分里之一, 有一圖頂石, 周圍有陡石崖. 其北面有一露石, 距非闌克得石東面約六里至七里, 又有一同形石, 高約八十尺, 爲獨島.

爾六司島[亦名阿爾色拾得島]. 此島距赤道北緯三十四度八分, 偏東一百二十五度七分, 爲高麗列島最向西南者. 距西北角一里, 有一獨峯, 高一千九百三十五尺. 此島自西北至東南長三里, 西北東南兩界, 各爲陡山, 西面亦有陡岸, 南岸山坡間有二村, 自海面不易識別, 村之向東者較大. 距此島北面五里, 探水深四十八拓, 海底爲碎蛤. 距西面五里, 探水深五十一拓, 海底爲泥質. 又距南面一里, 水深四十拓, 海底爲軟泥質. 距島西北角北面一里半, 有三大露石, 自西至東, 同在直線內. 其露石居中最大者, 能遠見二十五里, 其三露石與爾六司島間, 有一石相連, 成大石行.

馬利列島. 距赤道北緯三十四度十二分, 偏東一百二十五度三十分, 有三島, 曰馬利列島. 其高頂能望遠北面與東面兩島, 高約七百尺, 西面者高三百五十尺. 自爾六司島高頂, 視馬利列島東面最高之島, 爲東東北之向, 相距二十里, 此三島有陡岸, 附近亦有陡界. 列島西北面相距一里至二里, 有四大露石, 其東面三露石, 同在直線內, 距東島北又東三分之向, 最近者相距一里又四分里之一, 稍遠者相距一里又四分里之三, 最遠者相距二里又四分里之一, 其三石居中者, 有雙尖石頂, 最高頂約六十尺, 距此石西西北一里, 又距馬利列島西北者, 北東北之向, 爲第四石, 上面有平頂. 列島西面相近處, 有數小島.

哈里押埸島[全名爲克雷格哈里押埸島]. 此島距馬利列島東又南二分十二里, 緯度距赤道北面三十四度十二分, 經度偏東一百二十五度五十一分. 島長二里半, 頂稍平, 中間最高處四百尺, 距東面并西面, 俱有一大尖露石, 其東面距島四分里之三者, 能自西南海面遠見二十三里, 其石爲某雷灣南口之標準, 西面者距島二里, 亦易識別.

磬列島[西者來拉列島]. 距赤道北緯三十四度八分, 經度偏東一百二十五度五十六分, 又距哈里押埸島東南四里, 有兩島, 高約五百尺, 曰磬列島. 二島相距甚近, 西南面互相遮蔽, 不能通見各水道. 此島最易識別, 其形與他島逈異, 左拏右攫, 怪石猙猛, 絶頂爲陡石崖, 其形如雞冠.

某雷灣. 距哈里押埸島與磬列島北面, 約十五里灣西面有刺草島, 距赤道北緯三十四度二十二分三十九秒, 經度偏東一百二十五度五十七分. 昔有一英國兵船, 欲赴此灣, 因見刺草島南面有數石行, 故繞刺草島北面行過, 探水深十七拓, 又十拓, 又十一拓, 又九拓, 其船在刺草島中界之東面, 相距二百拓, 水深十一拓, 海底爲軟泥之處停泊. 距此島東南面三里, 有一最高峯, 爲門得里拉島.

某雷灣內有大小高低各島, 但其奇異之形, 島內耕種者亦少. 灣之東面, 爲勒格爲勒峯, 形如駝背, 向西面爲懸崖. 距北峯十四里半, 有墨克司爲爾峯, 其峯甚尖, 距磬列島東北又東二分七里. 此列島最東者, 距赤道北緯三十四度十三分, 經度偏東一百二十六度九分, 曰爲西尼島, 自西南海間相距二十里視之, 形如平馬鞍.

朝鮮國西南海岸. 朝鮮國西南海岸幷相近之列島, 西船尚未探時, 昔有一英國兵船繞奇形如搭之溫司爾島, 而後向東南前行至某雷灣, 又有英國一兵船, 已抵沒得司島東面二里半之處, 又向東南前行, 因偶發濃霧, 擬近哈里押塌島泊船. 因近岸深十九拓, 海底爲粗砂和蛤, 且可避風之處, 故又向東北前行八里, 於兩島成澳之處停泊, 其島曰寧洛列島. 泊船處西南面亦無障風處, 東北面又有一窄水道, 約無隱險. 自此泊船處視磬島, 爲南偏西之向, 相距七里, 是兵船於此處敵受東東南之大風, 終二日而不息. 停泊之處海底爲砂和蛤, 間有石底. 澳內有數村, 澳之西面, 又有兩小澳, 其間水道深五拓, 海底爲泥之處, 不過大之船可避風, 島間亦可得淡水. 此泊船處雖不盡穩便, 若適値昏夜, 或霧日, 可蹔泊船, 此間潮漲向東北, 退向西南, 朔望漲八小時二刻. 昔有法國兵船, 繞某雷灣北列島間行過, 不能抵高麗海岸, 是兵船於西八月初二日, 自哈寬爾登港開行, 擬向西北前行, 抵高麗之海岸, 適遇逆潮, 且風向不一, 力亦甚小, 抵北緯三十四度十一分, 偏東一百二十六度二十七分半, 遇一大灣, 探得深淺相同, 俱深過十六拓, 旣而傍夕前行, 至北緯三十四度三十二分, 經度偏東一百二十六度, 又遇一大淺灘, 因此間無可通之水道, 故仍旋船而遇爲西尼島之東面, 復自此向西前行, 而過磬島寗洛島間之水道.

背得列島. 此列島有五小島, 幷數露石, 成一方形, 各面長九里, 其北面之島甚窄, 長一里, 高二百尺, 此島距克爾拍爾島高峯, 北偏西三十里, 其間不易行過, 東面有陡露石, 北面西面近小島之處, 有盪石行, 又距列島南面有奇形凸石, 曰乃尼賓石. 近背得列島北面處, 潮張退流行之力甚疾, 半張時潮力流行爲東東之向, 凡船往返, 皆應近北面之島行過, 然後直向東成直向西前行, 自東面視此列島, 南北排列如屛, 居中者爲最大.

克爾拍爾島. 距朝鮮西南岸各列島稍遠, 有大島如蠶繭, 自東東北至西西南, 長約四十里, 闊約十七里, 曰克爾拍爾, 海岸間大澳甚少, 東北一帶多耕種, 山田高二千尺, 多松柏雜樹, 其最高者爲扨克蘭島, 計高六千五百五十八尺, 上有叢林, 島之北半幷東半, 山成圓錐形者多, 惟高五百尺至八百尺之圓錐山頂, 有數礟臺. 島之北岸中界, 有曠大平原, 東面有一平面, 較平原稍高, 此間有一城臨海, 長一天五百尺, 城堞間有七臺. 克爾拍爾島之東角如舌, 曰登答四角, 距舌北二里, 有彼弗得島, 亦名牛島, 此島與城間近北岸之處, 探水深淺不一, 深六拓至二十七拓, 島之南岸與北城相望之處, 亦有一城, 城西有一小澳, 澳外有兩島, 最向內者爲琥珀島, 向外者爲波爾納得島, 其西面爲力吃生島, 其東面相距甚近者, 爲馬根島, 稍遠周圍有石行者, 爲巴鹿島, 此四島自西至東, 長約八里, 距克爾拍爾島一里至二里, 克爾拍爾南岸之西界, 有一陡山伸入海, 曰羅尼山, 其東面有一大澳, 澳內距陡山東北二里, 周圍有石行者, 爲馬利押島, 距陡山南面一里, 有一綠島, 周圍有石行, 曰巴爾羅島, 南面四里, 有印佛得島, 二島俱平而低, 距巴爾羅島西偏北二里, 又距羅尼陡山西南二里, 有色廡郎石. 克爾拍爾島南面水流行向東北甚疾, 咸豐十一年, 西五月間, 有一西船當東南與大東風時, 一晝夜間, 爲潮力推向東北三十里. 琥珀島間, 易得淡水, 巴爾羅島, 亦可得淡水, 但無穩便泊船處. 【泊船處】克爾拍爾島與波佛得島之南, 澳之東半, 爲穩便泊船處, 其間水道闊二里, 潮力流行, 向南甚疾, 近北岸城間亦有泊船處, 惟西北風乍起時, 卽須開行, 克爾拍爾島西角, 與伊登島間, 亦可避東南西各方之風, 若驀北與西北間之風, 卽可向下風南面開行, 近琥珀島, 及克爾拍爾南岸, 與城相近之處停泊, 惟西南與東南間, 無障風處, 若風浪陡作, 不能開行.]

朝鮮南岸. 朝鮮南岸, 自西面枯泊港與新屋島起, 至東面黑石勒島與城列石止, 其東西二界, 約有百餘大島, 高三百尺至二千尺, 各列島有居民者, 三分之二, 小島約二百有奇, 隱險甚少, 各島沿海爲陡界, 西六月間曾於列島東西兩處, 察寒暑表中數爲七十五島, 夜較晝降三度, 西七月間, 察寒暑表中數爲八十度, 因天空多濕氣, 故熱度減少, 春夏間風向不一, 又此列島有居民處, 可得淡水.

枯泊港. 枯泊港以南, 有覺悟司令與恒得爾兩島, 港北有一帶羣山, 形如鋸齒, 覺悟司令島東北角, 爲測量處, 緯度距赤道北三十四度十七分二十秒, 經度偏東一百二十六度三十五分二十八秒, 此間不甚熟悉者, 若能見鋸山, 高二千三百二十三尺, 至一千六百四十三尺者, 自北偏東至南偏西, 長二里餘, 卽可知此港方向, 凡赴此港, 可自東面覺悟司令與恒得爾兩島間行過, 復前行, 能見恒得爾島間二角, 一爲東偏北又北三分之向, 一爲東南偏南又南三分之向, 卽可泊船, 外面大潮時, 流行速率五里至六里, 準此停泊, 可避潮流行之力.

格里登列島. 覺司令島之南, 隔一水道, 闊一里半, 深十七拓至二十一拓, 有格里登列島, 大島有四, 小者甚多, 四島最北而高五百五十六尺者, 自東面視之, 如一帶平頂山, 南脈有一奇形陡石崖, 高四百尺, 最易識別, 曰克里克尼可爾島. 列島最東自南至北長五里者, 分爲二段, 中有窄頸相連, 島之北半東角, 高一千八十四尺, 幷有亂山, 曲折向西, 高九百十九尺, 窄頸之南, 有一陡峰, 曰哈爾弗得峰, 高一千一百四十八尺, 又有羣山, 自此曲折向南, 列島中最大者, 僅高五百二十五尺, 東南面有兩澳, 潮退晝卽涸. 列島西南者, 與中島間之水道, 闊約二百拓, 列島南半多叢林, 自東南視之, 甚易識別, 山頂最高者, 一千二百七十三尺, 山之西南角盡界, 曰疾潮角, 自此角又有一平頂山, 蜿蜒向東東北二里, 稍向東, 又有人乳山, 高九百五十六尺. 列島最南者, 自南至北長一里, 南半闊一里, 曰港門島, 多叢林, 最高之頂, 五百二十五尺, 南面甚陡, 島之北半, 高二百八十三尺, 爲陡嶺.

格里登港. 格里登列島間, 有格里登港, 可避各方之風, 凡向此港行者, 可自南面列島之最東者, 與港內島間之水道行過, 此間有陡界, 又距列島最東者之北角, 西北半里, 有高三百三十九尺之綠小島, 島與角間爲港之北口, 其間有二漲盪石, 一距東島之北角甚近, 曰南姊妹石, 一距北面四分里之三, 曰北姊妹石, 綠小島與南姊妹石間之水道, 闊四分里之一, 凡直向西行, 徑北水道, 可距綠小島百拓之處前行, 俟能視綠小島爲北偏東之向, 卽可向南面之泊船處而行, 及視克里克尼可爾島與錄小島西面稍相離爲北向, 又能視哈爾弗得峰, 爲東南偏東之向, 探水深十拓至十二拓之處, 卽可泊船, 此間海底受錨甚牢, 昔有西船於此停泊, 以避東南大風.

新屋島·門達爲勒島. 距格里列島南偏東十一里, 有平頂島, 高三百十四尺, 曰新屋島, 四周有陡石崖, 各面俱深二十八拓至三十拓, 距新屋島東偏北十五里, 緯度距赤道北三十三度五十九分, 經度偏東一百二十六度五十七分, 有門達爲勒島, 高一千四十一尺, 廣約一里, 自西面視之如圓山, 東北面有長角, 島岸頗陡, 北面澳岸村中居民約三百口, 凡自西面向哈覓爾登港前行者, 此二島爲必由之徑.

哈覓爾登港. 距克爾拍爾東北角東北偏北又北二分, 三十八里, 有兩大島, 曰南吼列島, 距兩島北角甚近, 東南兩角間有小島, 爲測量島, 列島間甚穩便之泊船處, 爲哈覓爾登港, 列島東南爲此港闊口之處, 南吼列島有陡岸, 且較相近各島稍大, 故此港易於識別,如不從東南面視之, 則兩島混而爲一, 測量島內可修船, 亦可得淡水. [【潮信】哈覓爾登島, 朔望日潮張於八小時二刻, 大潮高十一尺, 若綦南風, 較高於綦北風時, 二尺至三尺, 窄水道間潮流行速率甚疾, 入港內則無力.【行船流程】南面吼列島, 周圍有陡界, 無危險, 自東南面就之, 更爲穩便, 但距測量島以東二百拓, 港口間有一隱石, 曰薩勒生石, 距水面七尺, 此外無他隱險, 隱石以外有陡界, 凡行船者, 未能視鼻頭角與三角峰, 成直線時應視谷樹與測量島北面稍相離, 卽可避薩勒生石, 自薩勒生石, 視鼻頭角與三角峯成直線, 爲南西南之向, 港口內各處皆可停泊, 海底受錨甚牢, 然泊久又起錨不易. 凡曲折强行入此港者, 尤須加意, 近港口北岸有陡界, 近測量島北岸, 則海底爲斜坡, 尙属穩便, 惟淺角處有淺灘, 向測量島西角鋪至水道中界, 尙深三拓, 及距淺角二百拓至三百拓之處, 僅深二拓, 哈覓爾登港北面之水道, 闊二百拓, 船體入水不甚深者, 當天氣晴明, 風力稍緩時, 可以行過, 近西岸處, 有小半潮石, 東岸有一石行, 其間水道僅闊七百五十尺, 底有石行, 與兩島相連, 當石行處, 恰爲水道中界, 稍向西爲窄水道最深處, 大潮退盡, 深約十二尺, 若自陸岸來風, 行於水道北面兩島間, 約與無風時同, 又距北水道口東角, 東北偏北又北二分, 七百拓, 有薩木郎露石, 潮退盡時, 顯露二石, 更向東北偏北又北二分, 七百拓, 水深四拓, 除霧日昏暗時, 暮夜亦可入此港, 値大東風時, 擬赴此港者, 應先從港之南口, 橫向上風面, 俟能見蚊列島, 與圓錐島, 卽可駛向陡角, 將抵陡岸角, 更向測量處前行, 凡從淺灘經過時, 愈行向上, 風愈穩, 因港間風向不一也.]

圓錐島·蚊島. 距哈覓爾登港南口, 東東北三里, 有三角形島, 長四分里之三, 其東北面中界, 有奇形圓峯, 高五百五十四尺, 故名圓錐島, 周圍有矮石崖, 幷有陡界, 自此島至哈覓爾登港口間, 有數陡小島, 高約三百尺, 曰蚊列島, 附近爲陡界, 相距不遠可行過.

哇克島. 距圓錐東北偏東又東二分, 六里又四分里之三, 有乱形石, 高三百十四尺, 東西二角稍長者, 曰哇克島, 更向東北偏東又東二分, 距哇克島二里半, 有二凸石, 高於潮漲面約二十尺, 距此南面百拓, 又有數石行.

城列島·凸列島. 距哈覓爾登港口東面十四里, 有城列島, 爲高麗南岸最南之島, 値明朗時, 能見朝鮮南海岸高山, 惟北更偏東之向, 不能眺遠, 此列島爲三陡石, 高約三百尺, 自南至北排列, 東面與近南角之處, 各有一小島. 城列島之西北, 隔水道闊約一里, 深四十四拓, 有兩島, 曰凸列島, 距二島以東一里, 有小島, 約高六十尺, 形如削成, 二島向南者, 有尖峯如圓錐, 高三百三十三尺, 西面爲陡界, 有乱石, 自南角向東南伸入海, 牛里, 潮漲卽隱.

色爾勒島. 距凸列島北偏西十二里又四分里之一, 有色爾勒島, 高七百十四尺, 距山頂以下四百尺, 有村落, 島間有馬鞍頭, 非風平浪靜時, 不能近岸, 距此島高頂南面一里牛, 有一露石, 高於潮漲面四十尺, 又距高頂東南一里, 有數相連之露石.

農夫島. 距南吼列島東北偏北又北二分, 七里牛, 有農夫島, 高六百三十五尺, 近北角有一石, 潮漲即隱, 島周有陡界, 上多喬木, 高約三十尺, 石爲黧色.

棲克列島[亦名生棲克列島]. 列島爲三, 最東者有雙尖峰, 高一千有六十三尺, 西島高七百八十八尺, 自東至西長約一里, 恰遮東中島與東島間水道之北口, 此水道深七拓, 惟中島與東島內, 水道甚窄, 僅深二拓. 凡欲避北面各方之風者, 可於中島以南牛里, 水深八拓之處停泊, 西島之北面澳內, 水深六拓之處, 可避東南與西西南各方之風, 澳岸有大鎭, 可得淡水.

布洛克島. 距棲克島雙峰東南三里, 有五列島, 爲布洛克島中之最大者, 上有居民, 最南者高五百丨六尺, 近各島周圍有陡界, 俱有水 道可通行, 惟南島與中島間, 計深二十拓.

馬鞍島. 距雙峰中界, 北偏西又西三分二里, 有小島, 高三百二十三尺, 曰馬鞍島, 周圍有陡界.

草堆島. 距雙峰西北四里, 有小島, 高五百八十八尺, 曰草堆島, 自南面視之, 形如圓錐, 周圍有陡界.

禿石. 距雙峰中界, 東北又東二分, 九里, 有禿石, 其與黑石勒島間, 深八拓, 至十五拓.

黑石勒島. 距凸列島最高者, 北偏西二十三里, 爲黑石勒島最南之界, 曰隔次角, 有一帶叢林山自隔次角, 綿亘向北, 至黑石勒島, 高一千三百八十一尺, 距隔次角北偏西又西三分一里半, 爲枯泊頭, 有澳長約四分里之三, 大潮退盡時, 澳內尙深四拓, 近隔次角之處, 可停泊, 自此處視禿石, 恰與隔次角相遇, 若棊南東南與北西北間各方之風, 此間泊船, 不甚穩便. 自枯泊頭起, 至相距四里哈爾爲角之處, 則黑石勒島北岸, 卽曲折向北西北, 距此段海岸對面半里, 有三島, 其最向北而大者, 高七百六十七尺, 曰推鹿兒島, 此島與陸岸間, 爲黑石勒澳, 推鹿兒島與南面島間, 爲澳口, 闊四分里之一, 澳內水深四拓之處可停泊, 自此處視胡白島高頂, 與澳口成直線, 又視推鹿兒島東北界, 恰與哈爾爲角相遇.

企望頭[原名西山]. 距哈爾爲角西西南七里, 有華蓋島, 其與哈爾爲角間之企望頭東面各澳, 多小島, 弁潮漲隱石, 不能泊船, 約僅深二拓, 距華蓋島東面有小島, 形如馬蹄. 距此島南偏東三分里之一, 有一隱石, 海浪隱約擊之, 故能識別, 華蓋山南半, 高六百四十六尺, 其西面爲懸崖. 自華蓋島起, 企望頭西岸, 曲折向西北偏北, 七里, 北岸與西面之拗克蘭島間, 水道闊二里, 可避大東風, 如已行過華蓋山, 與北面之小島, 相距一里, 即應由企望頭, 與西伯里爾登角, 相距半里之處行過. 自此見有數小島, 其最向北高十尺者, 曰各爾島, 距各爾島五十拓, 水深七拓, 及過各爾島南面不遠, 即可向西偏北前行, 約一里半, 能視華蓋山高頂, 與拗克蘭島東北角成直線, 水深十四拓之處, 泊船甚穩.

拗克蘭島. 拗克蘭島, 高一千八百八十一尺, 上多叢林, 對面企望頭與此島高等, 而無叢林, 除南岸外, 俱未探明深淺, 西南岸有數沙澳.

美觀列島. 距拗克蘭西南角不遠, 有二島, 樹木數叢, 蒼翠欲滴者, 曰美觀島, 二島間水深十九拓.

胡白島. 胡白島自東南偏南, 長三里, 闊約一里, 頂高五百七十一尺, 形圓如斗, 距企望頭西北一里, 爲拗克蘭島東南角, 距島角東南一里又四分里之三, 爲企望頭北尾, 近島角對面小島與胡白島間之水道, 闊一里, 深十拓至十一拓, 海底爲泥質, 島之東西兩面, 深四拓, 或五拓, 海底亦爲泥質.

三角形島. 距胡白島高頂, 西偏南, 三里又四分里之一, 有三角形島, 高三百尺, 自周圍視之, 俱有高尖峰.

皮兒列島. 列島有四, 最易識別, 互視方向, 爲東北偏東與西南偏西, 各島又有相近之小島, 距凸列島最高者, 西北偏西, 二十里半, 爲皮兒列島. 居中最大者曰西士頗爾島, 有長林, 絶頂高一千有七十五尺, 任自南北視之, 尖如茅頭, 最易識別. 距西士頗兜島南角, 一里半, 高四百八十九尺, 頂有尖峰者, 爲皮兒列島之西島, 距南角二里半, 高五百五十九尺, 頂平, 四圍甚陡者, 爲皮兒列島之南島, 西士頗爾島與皮兒列島最向北, 高四百四十尺者, 兩間水道, 闊半里, 深十六拓. [【泊船處】距西士頗爾島西岸半里, 視其最高頂, 爲南東南之向, 水深五拓至八拓之處, 可泊船以避東北與西南各方之風.]

買忒爾石. 距棲克列島雙峰, 西又北三分, 五里, 有買忒爾石, 其與皮兒列島間, 有數低島, 高約百尺, 周圍有陡界.

東·中·西三灰塵島. 東島, 距草堆島西偏南又南一分, 六里, 高於潮漲面三十尺, 中島距西偏南又南二分, 九里半, 高於潮漲面十尺, 西島距西偏南又南二分, 十二里半, 高於潮漲面四十尺, 周圍有陡界, 各島間有深水道.

石崖島. 距中灰塵島東北又北二分, 約一里, 有石崖島, 高三百尺, 東面有平石, 高於潮漲面六尺.

舍拍島. 距草堆高頂, 西又南一分, 四里, 有舍拍島, 高二百五十尺, 附近陡界, 水深十一拓.

鼠列島. 距西士頗爾島高頂, 西偏南, 九里, 又距圓錐島, 西北偏西又西三分之一, 十八里半, 有鼠列島, 遠視混而爲一, 附近之陡界, 深十八拓至二十拓, 列島東面, 小艇可穩泊, 列島有高麗居民.

大小兄弟島. 有兩島, 一高五百二十三尺, 一高四百二十二尺, 形勢略同, 曰大小兄弟島. 各有叢林, 較他島石色稍黑, 距大弟島高頂南偏西一里, 又距東南一里, 又四分里之一, 有乱石, 高於潮漲面十尺, 故由大兄弟島南面行過者, 宜相距二里.

物伯司得島. 距大兄弟島北偏東一里, 有物伯司得島. 自西東視之, 高頂劈分爲二, 最高者, 出潮漲面四百三十五尺.

可隱島. 距大兄弟島北面, 三里又四分里之一, 有可隱島, 高二百十四尺, 距此東面百拓, 有一石, 潮退晝時, 海浪擊之, 近東南角有一斜坡石, 又距西偏南, 三分里之一, 有一平石, 高於潮漲面十尺.

可倫島. 距大兄弟島北面五里, 爲此各列島間最易識別者, 曰可倫島, 有二高頂, 北頂高一千五百三十七尺, 上面稍平, 南頂稍低, 高一千一百四十六尺, 形如兩乳, 島之東面山脈爲斜坡, 西面甚陡, 東南面相近處, 有三低小島, 近島處不能停泊.

得格勒斯島. 得格勒斯島, 自東東南至西西北, 長六里, 闊二里餘, 其與可倫島間, 有穩水道, 闊約半里, 深八拓, 至十拓, 海低爲泥質, 可倫島東北岸爲陡界, 可就近行過, 得格勒斯島之西南, 有一澳, 海底爲泥質. 內有數石小島. 潮退盡時. 澳內泥灘. 自石小島最向外者, 鋪入水道. 得格勒斯島與拗克蘭島形相似而較低, 高七百九十四尺. 西南角之西面甚陡, 高五百十六尺. 東南角高六百有五尺. 又東南面有數沙澳. 對岸有六島, 曰小綠島.

克拍爾島. 距得格勒斯島最高峰, 東北三里. 有島頂稍平, 高七百尺者, 曰克拍爾島. 北面爲陡石崖. 東南角與得格勒斯島之東角間, 有三小島, 附近水深十七拓.

飽克島. 此島與克拍爾島同形, 與得格勒斯島北角間, 成一水道, 闊一百五十拓, 深十六拓, 至十八拓.

漁翁石. 距飽克島高頂, 西又南一分, 一里半. 有潮漲滿最險之隱石, 曰漁翁石. 附近水深十六拓. 居民於石上立標桿爲記.

南北點列島. 此列島爲魚貫小島. 自北偏東, 至南偏西, 長約四里. 南點列島自北偏東至南偏西. 長約二里, 平頂高約百尺. 最向南之小島, 爲橢圓形. 距可倫島高頂, 北又東三分四里. 小島以西, 自十三拓, 潮淺至五拓. 距列島最向北者以北百拓, 有一石, 潮退盡卽現. 北點列島爲四小島. 與南點列島間之水道, 闊四分里之三, 居中最高者, 一百四十尺.

脫累西島. 距飽克島與克拍爾島以北, 有脫累西島, 自南至北, 長四里, 闊二里. 其西岸有三峰, 向北者高六百二十四尺, 居中最高者, 七百六十五尺, 向南最尖者, 六百四十六尺. 島之北東二面. 有陡石崖, 近岸深九拓, 至二十拓.

因生得島[原名逐尼島]. 距南北點列島西面一里半, 有因生得島. 島分二頂, 東面高一千一百八尺者, 尖而易別. 西面高一千二百七十尺者, 頂稍平, 如長嶺.

官島[原名申希島]. 因生得島以南, 有官島, 自東至西, 長九里. 最闊之處三里. 近西角, 有山高一千有五十八尺. 其與官島相連處, 爲低窄頸. 故自海面視之, 似不相聯絡. [【泊船處】此列島間最隱便泊船處, 爲因生得島與官島間之水道, 凡由此泊船處前行者, 應距官島以東半里, 由高二百尺之孔島東面繞行, 因此間甚深也, 又有泥灘. 自官島鋪入海二百餘拓, 行時必須視可倫島高頂, 與官島相離. 若大霧昏塞, 不能見可倫島高頂時, 可視因生得島高頂, 爲東北偏北之

向, 弁視孔島與官島東北角恰相遇之處, 可穩便泊船.]

十里壁島. 官島以西與十里壁島間之水道, 尙未探明深淺, 約略視之, 似無危險. 十里壁島東南至西北, 長八里, 闊四里, 上有長林. 居中有最高二峯, 北峯高一千九百六十二尺, 南峯高二千零三尺, 距此西南角以南半里, 又距最高峰以南, 有一石, 潮漲卽隱.

門得列梳島. 距十里壁島東南角之東南, 六里半, 有門得列梳島. 周十三里, 附近爲陡界. 近中界有山, 高一千一百六十七尺, 近東南岸有山, 高一千二百三十六尺. 近西北岸有兩小島, 自此距高十五尺之露石以北, 三分里之一, 水深八拓至九拓之處, 晴明天時可停泊.

鋸島. 距門得列梳島以西四里, 格里登列島以東, 有三島. 互視方向, 爲北偏東與南偏西. 居中最大者, 高七百五十六尺, 山頂形如鋸齒, 故曰鋸島. 距鋸島北面半里, 有士丹里島, 其間水道, 尙未探明深淺. 距士丹里島南角以西半里, 有一石, 潮漲滿卽隱. 鋸島以南, 有洛卜剌島, 二島間之水道, 闊一里半, 深十二拓至二十一拓, 海底爲泥質. 距洛卜剌島北角百拓, 有一石, 潮退卽現. [【潮信】高麗南岸各列島間, 朔望日, 哈覓爾登潮漲早於枯泊港, 哈覓爾登港爲八小時三刻十三分, 枯泊港爲九小時一刻十三分, 格里登港爲九小時三刻五分. 各列島間大潮高十一尺半. 小潮高八尺又四分尺之一. 漲時流行向東, 退時流行向西. 漲滿後二小時始流行向西, 退盡後二小時始流行向東, 格里登港內, 潮漲時刻不一. 當南風時, 漲早退遲. 哈覓爾登港與企望頭間, 潮力速率, 每小時偶有過二里者. 惟西面近格里登列島處, 潮力速率, 每小時竟有流行六里者, 且各島間疊浪極險.]

米亞哥列島. 臺灣與日本九修嶼南角間有一帶列島, 先自西向東, 復自西南向東北, 或斷或續. 最向西一段, 爲米亞哥列島. 南界距赤道北緯二十四度, 最西之界, 經度偏東一百二十度五十五分, 北界距赤道北緯二十五度六分, 最東之界, 經度偏東一百二十五度三十分. 米亞哥列島分爲二區, 西曰巴衝山, 東曰太平山. 巴衝分列十島, 有山者五, 餘平而低, 皆爲珊瑚島. 周圍島形如帶, 以東珊瑚行. 列島間有窮奇島, 絶頂亂石攢空, 素無居民. 距窮奇島西西北, 有孤米山, 夫峰高七百七十尺, 餘爲平頂.

孤米山[一作姑米]. 孤米山結珊瑚灰石之質所成, 樹木叢襍, 高低偃仰, 其色靑蒼. 有四鎭市, 西岸一, 北岸二, 山谷間一. 埠頭建於北岸, 見有中國數商船停泊此處. 澳口甚窄而淺, 非大潮平滿時, 不能抵此埠頭. 又北面沙灘間, 天晴朗時可停泊. 聞距孤米山西北偏西十里, 有淺甚險. 自東偏北自西偏南, 長三里. 昔有西船於西十一月十六日, 距孤米山西偏北九里, 自下風面視海浪如擊淺處, 爲西偏北至東偏南之向, 距孤米山西南偏西, 約十里半時, 雲氣溟濛, 疾雨如注, 海浪甚高, 天已向夕, 不便遣小艇探試淺處, 僅自申正二刻至酉正, 能見叠浪.

過箭山與巴衝山. 此二島間, 有數穩泊船處. 如有詳細海圖, 不難循. 至巴衝山之西, 有黑頂登港, 港面廣闊, 惟多珊瑚淺. 且淺界甚陡. 有自十五拓, 忽淺至十拓者. 若天氣晴朗時, 距水面五拓之珊瑚淺, 尙易識別. 過箭山除北岸幷黑頂登港以外, 其餘各河口, 俱有石行連貫, 不易入取淡水. 過箭山之西南, 西木爾澳內, 河口尙深, 可暫停泊. 就舟中汲取淡水, 毋須小艇轉運. 過箭山之數泊船處, 船體入水十八尺者, 可停泊修理. 當東北恒風時, 有兩澳可避風, 亦能得淡水. 惟距澳岸約百拓, 有最險珊瑚淺, 宜謹防之. 凡東北恒風時, 由臺灣與米亞哥列島間, 向北曲折强行者, 能見窮奇島, 卽不可更向東行, 因列島以北有淺灘, 且近島處較近臺灣岸處, 海水流行之力, 更自東而南, 然近列島西半, 風力更烈, 又不易曲折强行.

太平山. 米亞哥列島東半五山, 一曰太平山, 一曰伊勒布, 一曰亞溯馬, 一曰可魯馬, 一曰駝島. 太平山于巴衡山間, 有兩小島, 一曰迷初拏島, 一曰他拉勒島, 聞此兩島與太平山北與西北面之石行相連, 爲自東北又北以至西南之向. 嘉慶年間, 有英國兵船名布勒爲登司者, 爲石行觸沈, 卽以船名, 命此石行. 聞太平山以南, 有伊家馬島, 當測量米亞哥列島時, 未能識別此島. 太平山之四周, 有珊瑚石行. 西面有亞溯馬島, 西北有伊勒布島, 北有可魯馬島, 東北有駝島. 各島羅列珊瑚石行間, 自亞溯馬西岸石行, 稍伸入海, 又西有數處不相聯絡之珊瑚淺. 近伊勒布島, 珊瑚淺遠伸入海, 三里至四里. 近島之西北, 有深水道, 可達駝島, 或抵太平山埠頭. 可魯馬島西南岸, 亦有珊瑚淺, 斜伸入海, 初向北, 漸轉向東, 而至駝島東南面, 又距太平山北角, 約十里, 珊瑚淺之東北界有高露石, 當西南恒風時, 駝島以內淺處, 泊船甚穩. 卽東北恒風時, 亦可停泊. 前測量時陡遇暴風, 未能詳細探試深淺. 出港駛行, 未爲穩便. 且太平山以東, 亦多淺處, 伸入水道, 約五十拓. 惟自南岸之東南叠浪處起, 至西南泊船處止. 防險尙少, 然亦不可疎忽, 又太平山間, 無淡水與薪, 且多危險. [【行船流程】凡自東北, 或東面, 或南面, 就米亞哥列島者, 尤須加意. 若値昏暮, 珊瑚淺固難識別, 且荇草參差, 映水微綠, 更不易辨明. 又各淺處俱爲陡界, 亦不能賴鉛錘探行, 凡自西南就米亞哥列島者, 先能見過箭山之遠高頂, 有叢林, 高約二千尺. 自各方視之, 面面不同. 又爲近岸諸山所掩, 故不能詳測其高數. 列島之東南, 有亞當米司峰, 高一千三百尺. 凡準此就過箭山, 而能視此島西界, 爲東北偏北之向時, 卽能見窮奇島爲高陡之石小島. 測量至此, 天已將夕. 仍向前行, 因過箭山西北, 以至窮奇島一帶, 俱無危險. 昔有英國兵船. 擬在此間測量. 自西面就米亞哥列島, 已過近南面之沙島, 海浪擊淺之處, 仍復向東前行, 擬見伊家麻島, 而後曲折强行, 以抵北面之太平山, 行至次曉, 猶不能見此島, 約屬虛無. 嗣因風力甚烈, 遂旋船向西. 擬至巴衡山之下風面以避風. 已近此島沿東岸向南, 復沿南岸向西, 至申正始抵此島南岸珊瑚行之西南尾. 自此處見有一行淺處, 向西南遠伸. 約與沙島相連, 其間有水道可通

布勒登澳. 深十三拓之窄泊船處, 澳內珊瑚淺界. 深十三拓至七拓.]

布勒登澳. 布勒登澳儘可泊船. 凡自西面向此泊船處行者, 已近窮奇, 卽能見沙島. 因窮奇島與沙島直線以北. 不能行過. 故應距沙島南面一里, 向巴衡山西南角而行. 然亦刻須加意. 因沙島北角自東北至西南, 有一帶珊瑚行也. 巴衡山珊瑚淺界, 有高露石, 曰南石, 爲淺界標準, 巴衡山與南石間, 亦有數淺處, 雖距水面五拓六拓不等, 而水色甚清, 瑩徹如玻璃. 至距水面二三拓者, 常有海浪擊之, 故各淺易避. 巴衡山之低西南角稍北, 有珊瑚石行. 其間水道向右入港者, 爲最穩. 凡自東面向此澳行者, 險處俱易識別. 如已能見巴衡山可沿自南向東之淺處前行, 及能見叠浪成犄角形, 幷能見布勒登澳之西南角, 近叠浪處之海底甚平. 通此澳之水道, 深八拓至九拓. 近澳口深十四拓至十五拓. 若遇逆風, 欲泊澳外, 須先遣小艇探之. 若欲入泊澳內, 應拋一錨, 遣小艇爲前導, 次第移之, 兼可緣纜前進, 或不欲久停, 仍泊澳外亦可. 布勒登澳內, 不易得薪, 亦難得淡水, 设有在此列島南面, 猝遭風險, 而不能卽抵穩便泊船處, 故詳載赴布勒登澳之流程.

黑頂登港. 巴衡山以西, 爲黑頂登港. 布勒登澳與黑頂登港間, 両泊船處, 各有通行水道, 但多珊瑚淺. 巴衡山南面有數小澳, 當西南恒風時, 澳內可避風, 而不能修船. 已繞過巴衡山東北角, 能見海浪擊淺處, 則迷初拏與他拉勒両小島, 俱易識別. 若值昏夜, 須謹避之. 小島以北, 有數隱險. 昔有英國兵船, 於距二島十里水深七拓之處, 視前面隱險甚多, 遂旋船西行. 凡自布勒登澳向黑頂登港行者, 如已過巴衡山東北面海浪擊淺之處, 須向西行, 盡島之長, 而後繞西北相近之角, 旣過此角, 卽應沿海浪擊淺相距約一里之處, 漸行向南, 少頃, 卽能見黑頂登港口. 當東北恒風時, 須曲折強行, 以赴此港. 港之北角, 曰赫米爾登角, 近角有奇形凸處, 上有小石一堆. 距角一里餘, 有最險石淺, 登桅俯視, 易於識別. 距角內一里, 水深十拓, 海底無隱險處可停泊. 此間周圍能見陸岸, 更向內亦可停泊, 但多淺處. 凡自西面擬赴黑頂登港者, 如已過過箭山西北岸, 可繞衣薩島而向墨羅司角前行, 準此以入黑頂登港, 须繞至赫米爾登角一里餘, 水深十五拓之處, 停泊. 此間有數處, 小潮時甚淺, 然登桅俯視各淺, 俱易識別. 如船體靈便, 亦可暢行. 東北恒風時, 此港甚穩, 西南恒風時, 多颶風. 西南海面. 巨浪如山. 甚屬危險. 又此港有淡水. 并有可取木材. [【自黑頂登港, 至太平山, 行船流程】昔有英國兵船, 自黑頂登港之停泊處開行, 後曲折強行向北. 擬自迷初拏他拉勒両低珊瑚小島之上風面行過, 已過海浪擊淺處, 相距五里之上風面, 忽探水祇深七拓, 復旋向西北而行両小島間, 約有珊瑚淺, 與太平山北面相連. 已抵近太平山之西南面, 忽遇両灘随遣小艇, 詳探深淺, 後又稍向前行, 至水深十二拓之處, 停泊此爲太平山與亞溯馬島相連珊瑚淺間之凹處. 當東北恒風時, 亦甚穩便. 若遇南風, 海浪極大, 不便泊船. 太平山西南角珊瑚行間, 最易登岸之處, 爲長沙澳. 最近之石角, 距赤道北緯二十四度四十三分三十五秒, 經度偏東一百二十五度十七分四十九秒.]

琉球列島. 距米亞哥列島之東北, 有琉球列島. 其最大者曰阿其拏哇島, 一名大琉球島. 自東北至西南, 長五十六里, 闊十里至十二里, 民庶而貧, 北半高陡, 山巔多叢林. 東北海岸陡而瘠, 西北海濱一帶, 散乱無植物, 東南岸甚低, 亦無耕種. 自南至西半面海岸略低平, 率多農民. 周環小島, 皆海中拳石耳.

阿厤其里瑪列島[亦名克拉馬列島, 一名克拉列島]. 距大琉球南角以西, 有四島, 統曰阿厤其里瑪列島. 一曰薩馬米, 一曰亞柯, 一曰寄路馬, 一曰陀卡嶼. 四島之內, 陀卡嶼爲最大, 餘者皆甚小. 道光二十九年間, 有英國兵船抵此列島, 按海圖所載阿厤其里瑪列島, 其數六. 各島間爲穩便水道, 但駛行時曾見列島甚多, 且水道內多石行, 又是列島之最東者, 與大琉球之西南間, 有淺處, 常有海浪擊之.

又距此島西西北之可果島以東, 有額力沙白得石行, 向東遠列五里至六里.

那霸港對面, 有數珊瑚小島. 曰石行列島, 一名奇列島.

那霸港. 大琉球島西南岸之那霸港, 爲琉球國大埠頭. 港分爲二, 一外一內. 內港深二拓至三拓, 港面雖不甚廣闊, 亦可泊商船十五號, 至二十號. 常入內收泊者, 半係日本船隻, 間有中國商船, 暨琉球小艇. 外港泊船處. 東與南二面, 有陸岸障風其餘各方有珊瑚石行. 以抵海浪, 港底受錨甚牢, 可以敵風. 那霸港之南角, 與亞比角, 爲乱形. 距二角以南约一里半, 有小山, 多叢林, 故易識別. 小山陸岸, 環成一澳, 有珊瑚石行. 自亞比角向北蹴列, 擁護此澳. 珊瑚石行與亞比角間, 爲深水道, 大船可行. 自水道中界稍向外, 又有珊瑚行, 曰華石行, 两面俱可通行. 若遇南風并潮漲時, 卽應由華石行以南之南石行行過. 若風潮相反, 卽應由華石行以北行過. 又水道北面之珊瑚行, 曰阿爾石行, 水道曰阿爾水道, 亞比角之西南有石行, 角北亦有石行, 凡抵亞比角之對面處, 卽能見距镇北一里半之吐買頭陡石山. 及過吐買頭, 又見一帶高山間, 有三駝頂. 自駝頂右面之樹林左畔, 能遠見阿那達克山, 此山距赤道北緯二十六度二十七分, 自此稍前行, 卽能見奇形之石, 曰盤車頭. 又稍前行, 卽能見鎭北之石山巓, 有白屋者, 曰假盤車頭. 盤車頭負背有泖底山[原名首里], 琉球都邑, 跨山脊鳥.

淡水. 華船河內有泉源爲淡水, 且易登岸. 近吐買頭塚墓之處, 亦有淡水泉源, 但稍有海浪, 就有大潮, 不能登岸. [【浮標】華石行東西二界之中, 有黑浮標, 距亞比角西西北石行之界, 有紅浮標, 阿爾石行東南界有白浮標. 各標俱有同色旗幟, 操舟者準此前行, 卽可順抵華石行南北両水道. 北水道東西二面石行間, 各有木標作識, 本國商船向北駛者, 常由此水道. 【潮信】那霸港朔望日潮漲於六小時二刻, 漲髙五尺至七尺半, 潮信稍有不一. 【行船流程】凡自粤省或香港, 當西南恒風時,擬赴琉球者, 必經臺灣與福建間之水道, 後距福建臺灣北面之亞凸島·克来格島·挨金可爾特島, 相距稍遠之處行過. 因各島間多石行, 且近島之處, 海浪水流行之方向不一, 過此卽應向和平山·底牙吾蘇島·暨勒爾島以北, 然後向東前行, 俟能見可米山, 則或北或南, 皆可暢行. 多拏石與相近之小島間, 亦可暢行. 但其間多石行, 距可密島以北之高峯, 北偏東又東三分之一, 十三里又四分里之一.] 又距阿更亦島中界, 西又北二分之向, 有小石, 長四分里之一, 曰多西瑪石島. 高約八十尺, 爲乱形, 有石一行. 自此島向北遠列一里半, 他處又有數石行, 自多羈石分列約四百拓. 故由可密山以北經過者, 不宜逼近多羈石. 阿更亦島南角甚陡, 其形如劈, 頗易識別. 過此島以南而向東行者, 早能見南面之阿廍其里馬列島, 并南東南之大琉球島. 又前行卽能見南與東面之石行列島, 低而多沙, 草木不茂, 四周有珊瑚石行環之. 當東北恒風時, 凡自粤省赴琉球者, 如繞過臺灣南角, 已免海水向北流行之力, 卽可沿臺灣東岸, 向北曲折強行. 由可米亞哥列島與和平山之間行過, 準此向, 可於可米山之或南或北行過, 若由可米山以南行者, 近阿廍其里馬列島北岸而行, 亦無隱險. 當颶風期, 應由米亞哥之南面而行. 因北面水道不寬, 難避風險. 阿廍其里馬列島以南之水道, 除奚不爾石行與何爾石行外, 無他隱險. 距大琉球島南角, 西偏南又南三分, 七里, 有奚不爾露石, 周圍多石行. 距大琉球島南角, 西偏北又北二分, 七里, 有何爾石行, 亦名沙島, 稍出水面, 大琉球島南角, 亦名亞寄母角. 凡自南面向那霸港行者, 可先繞行亞寄母角甚近之處, 然後沿大琉球西岸, 相距三里至三里半之處, 由阿爾石行與西不爾石行以東行過, 而赴那霸港 [過南水道入那霸港行船流程]. 那霸港有三水道, 華石行與亞比角石行間, 曰南水道. 華石行與阿爾石行間, 曰阿爾水道. 阿爾石行北面各石行以北, 曰北水道口. 凡過南水道者, 俟能全見盤車頭, 卽應稍向亞比角石行而行, 及至能見右面之駝頂, 較吐買頭爲東南又南二分之向, 自水深七拓之處, 卽能過南水道, 并華石行之尾, 過此卽可繞亞比石行, 相距甚近之處, 而向假盤車頭北西北, 相距半里水深七拓之處, 停泊. 準此赴那霸港者. 須謹防英谷来爾淺處, 自此淺視盤車頭, 爲西又南一分之向. 視南礮臺爲北偏西又西三分之向. 道光十七年, 探此淺處, 距水面一拓. 二十六年, 又有法國兵船探得三隱淺, 一距水面二拓, 一距水面四拓, 一距水面四拓半. 自距水面二拓之淺處, 視亞比角爲南偏西又西三分之向, 視假盤車頭爲東偏南又南一分之向. 自距水面四拓之淺處, 視盤車頭爲東南偏東又東三分之向, 視亞比角爲西南又西三分之向. 自距水面四拓半之淺處, 視亞比角爲西南偏南又南三分之向, 視假盤車頭爲東南偏東又東三分之向. 凡赴此港時, 若風轉自東来, 不能向北前行, 能視叢林山脈以外之樹, 與棹山成直線, 或與棹山西面相離, 棹山頂平, 最易識別. 準此前行, 可避阿爾石行之尾. 前記假盤車頭北西北, 相距半里水深七拓之泊船處. 當大西風時, 甚不穩便. 昔有英國兵船, 於水深十四拓, 海底爲泥質之處, 停泊自此泊船處, 視亞比角之陡山, 爲西南又南一分之向, 視盤車頭爲東偏南又南一分之向. 較此處泊船更穩者, 爲巴納池·巴納頭, 與盤車頭之石行間, 卽巴納池口. 凡入此口時, 如已能視孔石之北界, 與溯底山以南之平面樹林成直線, 卽不可更就巴納頭. 俟能見塚角, 恰自假盤車頭負背現出, 爲巴納池內穩便泊船處. 咸豊三年間, 有美國兵船探此深淺, 又得二淺處. 一距亞比角西又南二分, 一里又四分里之一, 曰勒新登石行, 距水面二拓半. 一距亞比角, 西西南, 一里又四分里之三, 距水面一拓半. 美國由南水道入那霸港行船流程, 詳列於左. 凡自西面擬赴那霸港者, 應由阿麻其里馬北面行過, 俟已過阿更亦島, 即可向東南前行. 或北或南, 以過石行列島. 但此列島西面, 及南面之石行, 分列方向, 較圖中稍遠, 故駛行須随時測探. 已過石行列島, 即可向南东南之樹林山前行. 以抵南面水道口外, 但不宜距口過遠, 恐不能識別吐買頭南面之樹林與白塚. 此林與塚爲入南水道口之標準, 如已能視爲東偏北又北二分之向, 即準此向前行. 俟能視外樹林, 與亞比角成直線, 即可避西南石. 向吐買頭而行, 以抵假盤車頭. 西與北間, 相距半里之處, 此水道雖較窄於阿爾水道, 而其間甚直. 故行船不甚熟悉者, 宜就南水道而行[過阿爾水道行船流程]. 當東北風時, 擬入那霸港者, 曲折強行過阿爾水道, 較穩於南水道. 凡擬入阿爾水道者, 應視假盤車頭與瑚底山以南, 第一劈裂處之右, 平面樹林成直線. 依此向前行, 可避華石行之北尾. 若未及視棹山與樹林山東面相離, 則不可多行向南. 如探得深十二拓, 即須旋行, 仍準前法入港. 俟已能視樹林山在棹山之右, 即知已抵華石行之東北, 可向亞比角前行矣. 凡旋向阿爾石前行時, 應謹防西南石. 與自阿爾石行間, 有向東伸入那霸港之淺尾. 俟將見外樹林與亞比角相離, 即須轉向而行. 凡由阿爾水道, 或南水道, 以赴那霸港時, 不可忘阿爾石行間潮流之向. 漲向北, 退向南. 値順風時, 如擬直過阿爾水道, 應視華船港內之島, 適當南北二礮臺之空處, 準此可向東南又東二分前行. 俟能視盤車頭爲東向, 即可旋向東東北. 如上流程以至泊船處, 華船港間之島, 樹木蔚然蒼翠[過北水道行船流程]. 北水道以西, 石行以東, 有石淺. 故北水道甚窄, 潮漲滿時, 露石甚少, 非熟悉者行過甚難. 凡擬由此水道入那覇港者, 應視假盤車頭東面第一小山與南面一帶山間之奇形山成直線, 爲南偏東又東二分之向. 準此前行, 俟能視吐買頭爲東又北二分之向, 卽應稍偏南而行, 以避東面石行. 過此卽可隨意停泊. 凡東北恒風時, 自那覇港開行者, 應繞過大琉球島之南角. [因門答墨里列島間, 不便曲折强行, 闻此列島有五, 周圍有石行, 向未詳探深淺. 當南風時, 擬自大琉球島間行, 而赴波念列島者, 應繞行琉球島之北角. 旣過此角, 即可順流而

下, 向東前行.]

深澳. 大琉球西岸有大澳, 西與南無障風處. 測量處距赤道北緯, 二十六度三十五分三十五秒. 經度偏東, 一百二十七度五十九分四十二秒. 澳首拏古鎭對面相距半里, 卽便泊船. 且西與西南各方之風不常有, 卽偶有之, 海浪亦不甚大. 近澳首之陸岸, 多農民, 有最大兩鎭, 一曰拏古, 一曰莫土卜.

蘇柯島[一曰西提島]. 距大琉球西北岸約四分里之一. 深澳以北有蘇柯島, 東岸與琉球島間, 有泊船處, 可避多方風力. 併可得淡水米薪, 南北兩面皆可通行. 蘇柯島南角, 有石行向南東南列入海約半里, 以濩泊船處之南面. 又距深澳南岸數里之處, 泊船亦穩.

恩定港[一名墨爾福里港]. 大琉球西北岸有一陸舌, 伸入海五里至六里. 近舌之界有小島, 此舌與東面貴島間, 爲恩定港口. 距港口西面約十二里, 有伊挨島, 稍低而平. 東角有圓錐峰, 高五百六十一尺, 曰糖塔山. 凡擬赴恩定港者, 可以此山爲行船準的. 恩定鎭可得淡水. [【潮信】恩定港朔望日, 潮漲於六小時三十五分, 高約八尺. 【行船流程】凡自西面擬赴恩定港者, 如已過伊挨島以北, 可向東東南而行. 及抵港口時, 應先遣小艇往石行間設立數標. 因此水道闊不及百拓, 凡船體入水過深者, 必須先行設標, 始可循行而入. 凡擬入此水道者, 先應向貴島西岸前行, 俟能視洗里石與遠處之雙山成直淚, 爲東南又南二分之向, 準此前行, 及能視煙筒石, 爲南又東一分之向, 卽應向煙筒石前行. 又能視蘭進角爲西南又西二分之向, 卽向角而行, 以抵恩定鎭之相望處停泊, 此間有陸岸環之, 可障各方之風, 惟停泊時須防蘭進角向北伸入港內之石行.]

沙澳. 距恩定港東東南約八里, 有陸岸環抱之沙澳. 澳口有石行, 中國商船可入. 西船入水過深, 礙難行過. 石行以內, 深八拓至十二拓, 海底爲軟泥. 澳之南岸, 有産煤處.

伯羅澳. 大琉球島東岸中有大澳, 曰伯羅澳. 距大琉球島南角, 約五里, 有珊瑚一行, 向東北遠列, 而至壹岐島之東北角. 珊瑚行內, 有數小島, 除苦大卡島東北角對面之小島, 與大錦島間之水道, 餘皆係珊瑚行, 無水道可通. 伯羅澳東南角, 近壹岐島處, 不能避風浪, 惟壹岐島與哈納低島西面水深十五拓之處, 可泊以避風. 除此澳以外, 大琉球東岸, 無泊船處.

琉球國東南各島, 凡自臺灣東岸, 向波念與馬利亞納列島間駛行者, 極須加意, 因此間石淺等處經緯度尚未測明, 暮夜更宜詳察.

北波羅低那列島. 南·北兩波羅低那島, 互視之爲北東北, 與南西南之向, 相距四里, 其最南大而低者, 自東至西約三里, 爲珊瑚島, 其上草木叢生, 中峰距赤道北緯二十五度五十二分, 又四分之三, 經度偏東一百三十一度十二分又四分之一. 南岸有石一行, 遠列入海, 約無可泊船處. 北面島之北角, 有一稍高頂, 向海之面有斜坡.

比式柏列石. 嘉慶初年, 曾有人見此石, 測得距赤道北緯二十五度二十分, 經度偏東一百三十一度一十五分.

拉薩島. 嘉慶十二年, 及二十年, 有法國暨呂宋兵船曾抵拉薩島, 測得自西北至東南, 長約四里至五里, 低而陡, 多樹木, 周圍有石行, 距赤道北緯二十四度二十七分, 經度偏東一百三十度四十分. 又聞距赤道北緯二十四度三十五分, 經東偏東一百三十四度, 有一低島, 長約六里, 曰除墾得里克島, 其經緯度未曾詳細測明, 疑卽拉薩島之誤.

大琉球島北面各列島. 自大琉球島以北, 至距赤道北緯, 三十度五十一分, 有一帶列島, 其間穩便水道甚多, 但圖不甚精, 須隨時詳察, 不宜膠柱, 道光二十六年, 有法國兵船, 沿此列島行過時, 稍加測明, 惜未補 闕.

友利島[一名珠羅島]. 友利島中界, 距赤道北緯二十七度二分, 經度偏東一百二十八度二十五分二十四秒.

也拉布島[一名武進島]. 昔測此島南峰, 距赤道北緯二十七度十一分, 經度偏東一百二十八度三十一分三十四秒, 高八百八十九尺, 道光二十五年, 細測得緯度距赤道北二十七度四十分, 經度偏東一百二十八度三十三分.

卡奇路馬島[一名陀克島. 又名冠冕島]. 卡奇路馬島南面最高峰, 距赤道北緯二十七度四十四分, 經度偏東一百二十八度五十九分, 高二千四百六十一尺, 自南至北長十四里, 自東至西廣七里, 北峯高二千有三十四尺, 西北面有一鎭. 以上三島多樹木, 亦有居民.

依阿島[一名硫磺島]. 距赤道北緯二十七度五十一分, 經度偏東一百二十八度十四分, 有火山高五百四十一尺, 曰依阿島, 嗣又測定經度, 爲一百二十八度十九分.

阿何島[一名港島]. 大琉球與日本間一帶列島最大者, 爲阿何島, 亦曰港島. 北角距赤道北緯二十八度三十一分四十秒, 經度偏東一百二十九度四十分十二秒, 南角距赤道北緯二十八度六分三十秒, 經度偏東一百二十九度二十二秒, 自東北至西南長約三十里, 多農民. 南半有二峰一高一千六百七十四尺, 一高一千四百二十尺. 咸豊六年, 有美國兵船在此測量, 據云此間多澳, 俱爲陡界, 可得淡水, 米薪島之北半與南半相連處爲低頸, 故自遠視之, 形如二島. 北角有隱險, 向東北偏北伸入海二里半, 隱約間有兩露石, 北者高八十尺, 阿何島南角, 與卡吐納島間, 有窄水道, 闊半里, 水道西口內, 卡吐納北角間之溫生司澳內可停泊. 但入此水道, 須預抛錨, 因海水流行之力甚疾, 且水道較窄, [【潮信】溫生司島, 朔望日潮漲於五小時二刻, 高五尺半.]

旗開島. 距阿何島北角東南十五里, 有旗開島, 自北東北至南西南長七里, 有居民頂高八百六十七尺者, 距赤道北緯二十八度十八分, 經度偏東一百二十九度五十七分半.

日耳曼敦石行. 咸豊九年, 西三月二十三日, 有美國兵船名曰耳曼敦者, 由阿何東南面曲折强行時, 誤擱此珊瑚淺, 卽以命此珊瑚石行, 測得距赤道北緯二十八度十六分, 經度偏東一百二十九度五十八分, 自石行最淺距水面六尺之處, 視旗開島最高之形如階級者, 爲東北又北一分之向, 相距六里至七里, 又探得珊瑚行, 自北東北至南西南, 闊約半里, 長約一里. 距石行中界以北二里, 亦有淺處, 石行間約有一深水道, 登桅末俯視, 能見旗開島之東南與西南兩角, 各有石行, 列入海一里至二里. 按美國海圖, 曰耳曼敦石行, 距旗開島西南角南偏西, 又西三分二里, 又四分里之一, 又距此南面一里半, 有馬爾夫石行. [【泊船處】昔有美國兵船, 在旗開島以南距岸一里又四分里之一, 水深二十五拓, 海底爲珊瑚雜蛤質之處, 停泊. 自此處視旗開島東南角, 爲東南偏東又東二分之向, 視西南角爲北又東二分之向, 此間潮流行甚力, 漲自西與西西北間, 退自北東北與東北間. 水面流行速率, 每小時約二里, 水面下流行, 較疾一倍.]

三敦列石[一名馬士多年石]. 道光三十年西十二月初八日, 有商船過此列島, 測得距赤道北緯二十八度四十四分, 經度偏東一百二十九度三十八分, 列石最高者, 約二十尺, 西面有二低石, 不相聯絡, 其間亦有石行, 距石行西北二十五拓, 深十二拓, 及相距半里, 則深淺不一, 自十五拓至二十二拓之間, 海底爲珊瑚質, 其深淺不一之處, 恒激成叠浪.

林士可登列島[一名色西爾列島]. 自距赤道北緯, 二十八度四十九分, 至三十六度六分, 自經緯偏東一百二十九度, 至一百三十度三分, 有一帶列島, 曰林士可登列島.

尤可島[一名阿格爾島]. 距赤道北緯, 二十八度四十九分, 經度偏東一百二十八度五十九分, 有一島, 昔爲火山, 曰尤可島, 高一千六百二十三尺, 距此島北面約一里, 有小島, 曰卡米那納島.

妥卡拉島[一名拍勒爾島]. 妥卡拉島, 距赤道北緯二十九度八分, 經度偏東一百二十九度十一分, 高八百八十五尺.

洗馬戈[亦名枯泊列島]. 洗馬戈, 爲四小島, 最高者七百三十八尺, 距赤道北緯二十九度十三分, 經度偏東一百二十九度十九分, 距此東又北二分三里, 爲四列島之最向東者.

西規西[一名色木郎島]. 西規西島, 高二千一百八十四尺, 距赤道北緯二十九島二十七分, 經度偏東一百二十九度三十五分, 近此西北, 又有一小島.

餘洼島[一名亞棲米低士島]. 餘洼島, 爲火山, 高二千八百有五尺, 距赤道北緯二十九度三十八分.

非拉島[一名險島]. 距蘇洼島西西北, 有非拉島, 高八百七十九尺, 距赤道北緯二十九度四十一分, 經度偏東一百二十九度三十一分.

挐克島[一名高島]. 挐克島, 高三千二百八十七尺, 高峰距赤道北緯二十九度五十三分, 經度偏東一百二十九度五十分.

大西比島[一名登答司島]. 大西比島高一千八百二十尺, 高峰距赤道北緯二十九度五十五分, 經度偏東一百二十九度三十二分, 近此西北, 又有一小島.

小西比島[一名福爾卡特島]. 小西比島, 高九百八十四尺, 距赤道北緯二十九度五十三分, 經度偏東一百二十九度三十六分.

苦棲那島[一名也拉保忒]. 苦棲那島, 高二千一百十六尺, 其最高頂, 距赤道北緯二十九度五十九分, 經度偏東一百二十九度五十五分.

非拉列石[亦名卜勒克石行, 又名拉拍林列島]. 非拉列石, 自東北至西南, 長約三里, 最高者九十尺, 距赤道北緯三十度五分, 經度偏東一百三十度三分.

屋久島[日本音亞枯那島]. 非拉列石東北有大島, 曰屋久島. 最高之峰曰摩陀米山, 高五千八百四十八尺, 距赤道北緯三十度二十一分, 經度偏東一百三十度二十九分, 自東面視之爲雙山. 屋久島自南至北長十二里半, 水道向未探明.

種子島[日本音他風加島]. 此島向未探明, 聞頂爲平面, 有叢林. 南角距赤道北緯三十度二十二分, 北角距赤道北緯三十度四十三分. 其最向西之處, 經度偏東一百三十度五十四分. 最向東之處, 經度偏東一百三十一度五分. 聞西岸有泊船處, 併數鎭.

阿摩露石[一名色里付石]. 聞此石爲隱石, 距赤道北緯三十度四十四分, 經度偏東一百三十度四十五分.

牙路布島[一名拏家羅比島]. 此島有火山, 高二千有六十七尺, 最高峰距赤道北緯三十度二十七分, 經度偏東一百三十度十一分. 自東東南至西西北, 長六里, 最闊處三里.

大克島[一名亞羅司島]. 此島略高, 周圍二里, 距赤道北緯三十度四十八分, 經度偏東一百三十度二十四分.

宜波哥島. 此島爲火山, 最高頂距赤道北緯三十度四十二分, 經度偏東一百三十度十七分, 高二千三百四十五尺.

跎黑墩石[一名各臥石]. 咸豊十年, 西正月間, 美國兵船始見此石行最險處. 距赤道北緯三十度四十一分, 經度偏東一百三十度十九分. 自此石行中界高十八尺之處, 視宜波哥島西角, 爲西北之向, 視東角爲北又西二分之向. 視大克島東角, 爲東北又北二分之向. 石行內亦有僅平水面而稍露者, 此隱石與露石, 向各方分列. 約四分里之三, 又有數石行, 自宜波哥島東角列入海. 約四分里之三, 亦有石嘴, 自大克島東角伸入海四分里之一.

三石[一名鳥石]. 三石爲三小島, 居中者高二百二十三尺, 距赤道北緯三十度四十五分, 經度偏東一百三十度五分. 其餘二島, 高亦相埒.

枯羅島. 枯羅島, 高二千一百三十二尺, 距赤道北緯三十度五十分, 經度偏東一百二十九度五十五分.

摩利生列島[一名英格速爾列石, 又名拉爾納列石]. 此島爲八列石, 自東北至西南, 長五里半. 最高者距赤道北緯三十度五十一分, 經度偏東一百二十九度二十六分, 高四百四十六尺. 天色晴明時, 相距二十里, 卽能見之. [【風候氣候】西南恒風, 經過琉球而至日本國南岸倂波念列島. 咸豊四年, 西五六月間, 數美國兵船在那覇港停泊時, 常有西南恒風. 西七月間, 風轉爲東南向, 西八月間, 風向風力不一, 間有烈風大雨. 西九月, 朔始有東北恒風. 美國兵船至初七日開行, 前數日常有此風, 亦間有西北大風, 倂多大雨. 西四月, 波念列島間, 風向皆不一. 西六月間, 風向爲南與西間. 西九月間風向爲北與東間, 西十月間自琉球島至波念島一帶, 多遇大風, 天氣亦惡. 【颶風】風臺灣與波念列島間, 在颶風轍內, 颶風移向西時, 罕入日本境界. 日本海內颶風之轍, 大約爲東與北之向, 自西五月起, 至西十月止, 爲颶風限期. 近波念列島, 西十月間, 颶風較多於他處.]

찾아보기

[ㄴ]

[ㅂ]

[ㅅ]

[ㅇ]

[ㅈ]

[ㅊ]

[ㅌ]

[ㅍ]

[ㅎ]

동아시아한국학 자료총서 1

小方壺齋輿地叢鈔 朝鮮篇

1판 1쇄 인쇄_2010년 07월 20일
1판 1쇄 발행_2010년 07월 30일

엮은이_인하대학교 한국학연구소(http://www.inhakoreanology.kr)
펴낸이_이본수

펴낸곳_인하대학교출판부(Inha University Press)
등 록_1979년 5월 23일 남부 제13호
주 소_인천광역시 남구 용현동 253
253 Younghyeon-dong Nam-gu, Incheon, 402-751 Republic of Korea
홈페이지_http://press.inha.ac.kr
이메일_press@inha.ac.kr

공급처_(주)글로벌콘텐츠출판그룹
대 표_홍정표
주 소_서울특별시 강동구 길동 349-6 정일빌딩 401호
전 화_02-488-3280
팩 스_02-488-3281
홈페이지_http://www.gcbook.co.kr

값 22,000원
ISBN 978-89-7407-254-4 94910
978-89-7407-253-7 (set)

※ 이 도서의 국립중앙도서관 출판시도서목록(CIP)은 e-CIP 홈페이지(http://www.nl.go.kr/ecip)에서 이용하실 수 있습니다.(CIP제어번호: CIP2010002770)